日蓮の涙

その思想と実践

牛尾日秀

海鳥社

刊行によせて

吉永正春

日蓮といえば、福岡市博多区東公園に建つ日蓮上人の大きな銅像を思い出します。戦争中、日蓮は時流のなかで、国難時の救国僧として夷敵《いてき》伏滅のヒーローに祭りあげられたことがあります。彼が、『法華経』をもって民衆を導こうとし、「立正安国論」を引っ提げて、外敵（蒙古）来攻を予言したことに基づいています。

しかし、日蓮が予言した当時は、そうしたことが理解されることなく、多くの法難に遭い困難な道を歩いています。

第二次世界大戦下、私は旧制中学生だったのですが、漢文の教師から頼山陽の「蒙古来」の詩を学びました。

築海の颶気天《ぐきてん》に連なって黒し
海を蔽《わた》って来たるものは何の賊ぞ
蒙古来る北より来る……

全句十五行の楽府体の長詩ですが、詩とともに壱岐、対馬、博多湾に攻めよせたムクリ（蒙古）コクリ（高麗）の伝話をよく聞かされたものでした。それだけ、人々の記憶に蒙古襲来と日蓮の事は深く刻まれているのだと思います。

こんどの妙法寺管長牛尾日秀師の『日蓮の涙』の草稿を丹念に読ませていただきました。日蓮の生きた時代背景から苦難の修行時代、さらに立宗開教へと、多くの受難を経て六十一歳の生涯を閉じるまでの歩みと、その思想を克明に描いた力作で、日蓮が現われた歴史的意義や必然性がよくわかります。

著者の日蓮へのひたむきな熱情が行間から伝わり、ゆたかな詞藻《しそう》と迫真の筆致に惹《ひ》かれて、一度読んで心が滾《たぎ》り、二度読んで漣漣《れんれん》たるものがありました。

日蓮没後、七百年以上たった現在でも、人は精神面では、何も進化していないように思います。ハイテク化された高度な文明を誇っても、愛や慈しみの心から乖離《かいり》し、暴力、殺戮など邪悪が横行し荒ぶる世相は、日蓮が生き、末法といわれた中世と少しも変わっていないのではないでしょうか。むしろ、文化が発達しただけに、心が後退し悪化しているように思えます。

日蓮の涙をまずここに見ることができますし、人々と共に生きる宗教者の役割がいかに大きいかがわかります。

私は、戦国期の歴史を書くようになり、戦国時代の武将たちが、領国、領民を守るためとはいえ敵と戦い、権謀術数を巡らし、人間愛憎の呵責《かしゃく》に苛まされ、乱世の悲哀をかみしめていたことを知ることができました。彼らも救いを神仏のなかに求めました。苛酷な時代であっただけに、彼らの悩みは、現代人よりも深いものがあるように思います。

日蓮の思想は、「攝受《しょうじゅ》」という慈愛の綱を垂れて「南無妙法蓮華経」による善に目覚めさせる現身成仏の教えであったと思います。ただ、その布教法が他と妥協を許さぬ法華経一点張りの純粋さであったため、為政者や他宗からの迫害や法難にあったのですが、彼は常に不屈の気力で立ち向かいます。その布教法には批判があっても、日蓮の不動の信念は見事というほかありません。しかし、張りつめた彼の心も佐渡以後は、次第に静謐となり、悟道の心境にあったことがうかがえます。

蛇足ですが、私の家は代々神道を守り、妻の実家は日蓮宗です。私は宗教とは、揺らぎやすい弱い心を矯《た》めて善へと導く道しるべと思っていて、神仏一如と考えています。

著者は、日蓮の生涯を忠実に検証するため、遺文を渉猟《しょうりょう》し、丹念に故地を調査されました。その成果は、見事に結実し新しい日蓮像を見せています。そして、著者が人々を救う仏の心を探求されたものが本書だと思うのです。

読者は、この本からきっと勇気と励ましをうけ、大きな心の収穫を得られるにちがいありません。

牛尾日秀師の出版までのご苦労に深い敬意を表し、今後のご健康とご活躍を心から祈念申し上げます。

合掌

平成十三年二月吉日

（戦国史研究家・よしなが・まさはる）

はじめに

真一文字に結んだ口元と太い眉――。私の寺の日蓮聖人座像は不撓不屈《ふとうふくつ》の表情の中に、眼にいっぱいの涙を湛えている感じがする。

私は門前の小僧時代から、その姿を仰ぐたびにいつも勇気を鼓舞され、徹することの大切さを無言の説法に教えられた。そんな私が、五十歳になって日蓮上人の生涯記を出版することになろうとは夢にも思わなかった。不思議な因縁を感じるものがある。

大学から帰ってまもない頃、しばらく行堂《ぎょうどう》に籠《こも》って修行に明け暮れたことがある。そうしたある日、霊夢の中で日蓮上人に招き寄せられた。

呼ばれるままに近づいてみると、右手に持たれている笏《しゃく》をポンと壇上から投げ渡された。それを両手で受け止めると不思議なことに笏ではなく、朱塗りの中啓《ちゅうけい》（扇）に変わっていた。パラパラと開くと、そこには墨痕あざやかに「能解其義《のうげごぎ》」と書かれていた。だが、要の部分には留《と》め金がなかった。

中啓は「解脱《げだつ》の風を扇《あお》いで、法の清涼《しょうりょう》を致す」という煩悩の熱を鎮める意味の法具であるが、留め金がなければ扇ぐことができない。「能解其義」という意味は「能《よ》く其《そ》の義を解《げ》す」という『法華経』の一句で、「能く法華経の意味を悟る」という意味である。

早速、その霊夢を師匠にお尋ねすると、「自らの心を師とせず、法華経をもって心の師とするのだ。人の苦悩を除く法華経の根本義を理解せよということだ」と諭された。たしかに、その頃の私は修行者とはいえ、まだ『法華経』の要旨をまとめる力がなく、まったく「猫に小判」のようなものだった。

上人との二度目の出会いは、上人が本当に上行《じょうぎょう》菩薩《ぼさつ》の再誕であるのかという疑念を持っていた時である。ある夜、そのことについて法友と遅くまで法談を交して床についた時、座像の上人が枕元まで降りて来られ、『法華経』の経巻を畳の上に転がされたかと思うと、経文を指さしながら「自分は上行菩薩である」と説明された。

三度目は、千葉県上総《かずさ》一宮町で寺の開堂式をした夜のことである。それは人々が輪になって地下から何かを掘り起こしたような場面から始まった。人ごみの中に分け入っていくと、上人の小さな銅像であった。ところが、不思議なことにそれが等身大の日蓮上人そのものに変わり、「私の真意が正しく伝わっていないのが無念である」と、涙を流して語られたのである。

以上三つの霊夢は、今でもありありと思い出すことができる。単なる夢だろうと思われるかもしれないが、霊妙な世界を体験していた私は、それを素直に信じることができた。

ご存じのように、上人は幾度となない法難に屈することなく、法華経信仰に帰一させるために苦難と使命感のはざまで壮絶な生涯をまっとうされた。後世の人々の中にはその強靭な姿に惹かれる人もいるが、独善的、排他的と嫌う人も多い。人は信念が強ければ強いほど、周囲の神経を逆なですることがある。主体性と協調性のバランスは本当にむずかしい。

時あたかも蒙古《もうこ》襲来という国家存亡の時局、上人は、救国の鍵は『法華経』にあるとの信念から、命を顧ず、時の執権や既成仏教に対して破邪顕正《はじゃけんせい》の狼煙《のろし》を上げられた。のちの遺文に、「言わんとすれば世間恐ろし。黙止すれば仏の諫暁《かんぎょう》のがれ難し。進退ここに谷《きわ》まれり」と述べられている。悩みに悩み抜いた上での選択であったことがうかがえる。

困難に直面した時、人は二つの選択肢を持っている。捨て身でぶつかるか、逃げるか、である。だが、上人は自らを絶体絶命の境地に押し込めて、その信念に生きられた。

『法華経』は、すべての人が「仏」になれると教えている。上人は釈尊を主《しゅ》・師《し》・親《しん》として尊信されたが、一方において人間の心の仏性《ぶっしょう》を開く道を示された。内面の仏とは智慧であり、決断であり、慈悲である。上人は、題目を唱えることは心の仏を浮かび上がらせ、その智慧で今を強く生きる機縁とするためであると説かれた。

やがて私は、修行を通して霊妙な『法華経』の世界を回避するうちに、現在の題目信者で日蓮上人の真意を正しく理解している人は少ないのではないかと、感じるようになった。

上人の生涯には悲憤慷慨《ひふんこうがい》の涙、失意の涙、懺悔《ざんげ》の涙、感謝の涙がある。だが、何よりも残念なことは、明日を生きる智慧と勇気を与える『法華経』が弔祭仏事の手段となっているばかりか、みかけの繁栄の中で苦悩する人々の要求に応えていないことであろう。私はそこに無念の涙の正体があると思う。

そこで、その真意を抽出するために、収集した当時の文化、歴史などの史料を踏まえて遺文を渉猟《しょうりょう》し、思想と行動を検証してみることにした。また分かりやすくするために、小説風に上人の生涯を織り交ぜながら筆を進めていくことにした。検証と小説、そういう意味では変則的な筆致となるが、内容的には新しい日蓮を発見する書になろうと自負している。

なお、はなはだ主観的な部分もあり、文章の流れの都合で「上人」という尊称を省いてもいるが、別に他意はない。寛恕《かんじょ》を乞い願うものである。

牛尾日秀

日蓮の涙◉目次

日蓮の涙

第一章　潮騒の子

海人の苦屋

深夜の凪《なぎ》を照らす月明かりのもと、磯辺に点在する村落の一角に、ほのかな灯りが洩れる苫屋《とまや》がある。そこから突然赤子の泣き声がしたかと思うと、「湯じゃ」、「手ぬぐいじゃ」と騒々しい声が飛び交ってきた。

承久四年（一二二二）、二月十六日、安房《あわ》国東条小湊《こみなと》の一苦屋に丸々と太った赤子が生まれた。これが稀代《けだい》の名僧となろうとは誰が予想したであろう。海人《あまびと》、貫名《ぬきな》次郎重忠と梅菊の間に生まれた善日麿《ぜんにちまろ》。これが後の日蓮である。

もともと、この貫名という家は遠江《とおとうみ》国（現・静岡県浜松市袋井）で荘園を管理する一荘官であったが、重忠の父である重実が源平の合戦で伊勢平氏に与《くみ》したため、所領没収の上、安房国小湊（現・千葉県小湊町）へ配流《はいる》されたと伝えられている。

流罪という刑罰は、犯罪者を処罰する方法として奈良時代から用いられている。当時は「流刑《るけい》」と呼ばれていたが、流刑には「近流《きんる》」、「中流《ちゅうる》」、「遠流《おんる》」の三等級があった。期間は恩赦があるまで無期限。その実態は「捨て殺し」に似る苛酷なものであった。重実、重忠が流された安房の地はその中でも遠流に該当する。よほど罪科が重かったのだろう。

日蓮没後の室町時代には、日蓮は藤原冬嗣《ふじわらふゆつぐ》の末裔《まつえい》であるという説が定着した。藤原冬嗣という人物は藤原鎌足《かまたり》を祖とする平安初期、藤原北家出身の右大臣である。だが、日蓮は膨大な遺文の中で一言もそうは語っていない。

日蓮の生地、妙の浦を望む

「日蓮は日本国東夷《あずまえびす》東条安房の国、海辺の旃陀羅《せんだら》が子なり」

「日蓮今生《こんじょう》には貧窮《びんぐう》下賤《げせん》の者と生まれ、旃陀羅が家より出たり。（中略）身は人身に似て畜身なり、片海の海人が子なり」

「日蓮は中国、都の者にもあらず、辺国の将軍等の子息にもあらず。遠国の者、民の子にて候」

先祖が海辺に流されて来たかどうかは分からないが、これらから推測して、日蓮が漁師の倅《せがれ》であったことが分かる。

ちなみに、旃陀羅とは天竺《てんじく》（インド）の社会秩序として固定化されたカースト制度の枠外に置かれた不可触民《ふかしょくみん》、つまり最下級の身分のことを意味する。平安、鎌倉という時代にあっては漁師、猟師などは生類を殺生する「屠沽《とこ》の下類《げるい》」と見下されていた。「屠沽」とは食用とするために獣畜を殺生したり、売ったりすることである。

いずれにしても、藤原冬嗣の末裔であるとしたのは、室町時代に盛んに起こった「貴種化《きしゆか》」というものの影響であり、日蓮を美化するあまり、家系を粉飾したのだろう。

ともあれ、鎌倉新仏教の担い手として綺羅星《きらぼし》のごとく現れる法然《ほうねん》、親鸞《しんらん》、一遍《いっぺん》、道元《どうげん》たちが中央の貴族や地方の豪族出身者であるのに対して、己の素性について飄々《ひょうひょう》と語る日蓮の姿には一見して爽やかさがある。

日蓮が生まれたこの小湊、妙の浦という場所は太平洋に面する山辺の漁村である。山の幸にも不自由はなく、親潮と黒潮がもたらす海の幸にも恵まれ、金目鯛《きんめだい》、烏賊《いか》、鰹《かつお》、鮑《あわび》、栄螺《さざえ》、若布《わかめ》などが捕れる。妙の浦の沖には弁天島と呼ばれる突き立った小島がある。海の青と褐色の岩盤、その上に萌える緑が太陽の光で色鮮やかなコントラストを醸し出している。

この一帯は、室町明応年間、江戸元禄年間の二度の大地震で海没しており、すでに当時の地形をとどめていない。

だが、この磯辺にたたずむと、少年の日の彼の行動が私の脳裏にまばゆいばかりに描き出される。戦乱とは無縁のこの平和な村。その東に広がる海の彼方が白み始めると、漁業や農業に励む村人たちを横目に、鼻腔に染み入る潮風を受けながら黒潮洗う磯辺を飛び回って、小魚を捕ったり、トンボを追うなど所狭しと駆け回ったにちがいない。豊漁も不漁も月の満ち欠け、潮の流れなど、自然を読む知恵次第であることも学び取ったはずである。

無限に広がる大海原には、自由奔放に命がけで波に立ち向かう勇ましい漁師たちの姿があったが、運悪く瞬時にして舟から消え去る人間もいたであろう。そんな時、彼は人間がいかにちっぽけな存在であるかを思い知らされ、迅速な判断と行動力こそが運命を分ける鍵であることを痛感させられたにちがいない。

また、海人は漁勢と共に海上交通の担い手であることからして、この小湊の地にもさまざまな積み荷と共に新しい情報が伝わって来たのだろう。善日麿は、そうした新しい知識を海綿のように吸収していったはずである。後の遺文に見る彼の博識と論理性からは、広く鋭敏な知性がうかがえる。彼には幼少の頃から時を読む智慧と勇気、そして、知的探求心が細胞の隅々までぎっしりと注入されていたのである。

潮流

世は人をつくる。日蓮を語るために少し以前の歴史から振り返りたい。

一所懸命――。自分の領地に命を懸ける。鎌倉時代はそういう時代であった。

もともと、律令制度のもとでは土地はすべて国のものであったから、民衆は朝廷に平伏して生きる以外に術はなかった。ところが、「荘園」という私有地が認められ出すと、地方の豪族や中央貴族、有力寺社などが所領拡大を図る。平安時代の摂関《せっかん》政治の頃から、貴族や寺社などが地方の領主たちの寄進を受けて私有地を広げていく。そこに起こるのは領地争いである。

そこで武力によって荘園を防衛しようとする風潮が生まれ、農耕民、狩猟民をかき集めた武装集団が形成される。

だが、天皇家を初めとする貴族間の権力闘争に「武力」が必要になると、武装集団は恩賞として所領を安堵される。そして、馬にまたがり、きらびやかな鎧《よろい》で身を飾り立て、各地に進出して財と地位を築く。武士に一つの社会的身分が与えられたのは、平安時代後期以降のことである。この頃になると、もはや中央官僚主導による律令政治は限界に達し、腐敗堕落の風潮が強くなっていく。そうした時代に彗星《すいせい》のごとく現れたのが平清盛であった。

もともと平氏、特にその主流である板東《ばんどう》に拠点を置く伊勢平氏は、京都に活動の足場を持ち、伊勢方面に進出した軍事貴族である。彼らは海の武士団として伊勢湾の海上交通にかかわっていたが、中央政界に進出すると海賊追捕《ついふ》や寺院大衆の強訴《ごうそ》阻止などに活躍する。その流れを汲む平清盛は保元、平治の乱以降、武力を背景に躍進し、後白河法皇と連携して国政を掌握するまでになる。戦乱のたびに平氏に味方すれば所領が拡大するわけだから、武士たちからすると、清盛はまさに救世主的存在であった。

しかし、彼はそうした立場を忘れ、自らは太政大臣、長男の重盛は内大臣、身内の末端に至るまで続々と高官位に就かせ、ついには娘を高倉天皇の中宮に押し込んで天皇と姻戚関係を結ぶなど貴族化への野望をふくらませていく。貴族化するということは、天皇家を中心とすることになるから所領の拡大には限度がある。当然、貴族を排除して武家政権を志向した地方武士たちの失望と反感は大きいものがあった。

一方、清盛の専横に業を煮やした後白河法皇は、堪忍袋の緒を切り、ついに清盛打倒を決意する。その発端となったのが「鹿ケ谷《ししがだに》の陰謀」である。

安元三年（一一七七）、後白河法皇の側近である藤原成親《なりちか》、僧俊寛《しゅんかん》たちは京都大文字山の西麓、鹿ケ谷で清盛打倒の謀議を開いたが、それが発覚して関白以下多数の貴族の官職が奪われ、処刑されるという事件が起こった。そうした横暴が清盛自身を滅ぼすことになる。

治承四年（一一八〇）、後白河法皇の次男、以仁王《もちひとおう》と畿内に基盤を持つ源氏、源頼政は平氏打倒の兵を挙げ、地方の武士たちに「令旨《りょうじ》」を出して決起を呼びかけた。それを受けて木曽の源義仲や伊豆の源頼朝《よりとも》らが蜂起すると、諸国は内乱の様相を濃くしていく。

内乱の大きな力となったのは、やはり地方武士団の動きであった。彼らは中央政府から派遣された国司や荘園領主に対抗して所領の支配権を強化しようと、新たな政治体制を求めていたのである。

清盛はこの危機を乗り切るために京都から福原に遷都し、ふたたび京都に戻って防衛体制を固めようとしたが、熱病に侵されてあっけなく死んでしまう。求心力を失った平氏一門は西国へと落ち延びる。が、文治元年（一一八五）二月、屋島の合戦で完膚《かんぷ》なきまでに叩きのめされると、ついに清盛の孫、安徳天皇は入水自殺し、平氏一門は壇ノ浦《だんのうら》で滅んでしまった。

やがて、頼朝が鎌倉に幕府を開くと、源氏に味方した有力御家人が一国に一人、「守護」に任命され、それ以下の御家人は「地頭」として荘園や公領に入って来る。当然のことながら平氏方の領地は残らず没収されてしまった。かつて「平氏に非ずんば人に非ず」とまで称された平氏の栄耀栄華はここに果てる。

平氏を殲滅《せんめつ》した頼朝は源義朝《よしとも》の第三子であるが、平治の乱によって伊豆に流されている。本来は父義朝が殺された時、共に抹殺されてしかるべきだったが、皮肉なことに清盛の温情で助けられていた。

そして二十年という長い間、伊豆で流罪生活を強いられていた頼朝にチャンスが巡ってくる。平氏方の北条時政には長女の政子、長男の義時、次男の時房という二男一女がいたが、その政子と恋仲になった。時政は反対して、伊豆国目代《もくだい》、山木兼隆《かねたか》に嫁がせようとした。目代というのは、国司の代理となって任国に赴き、事務を取り扱う役人である。

一方、時政は伊豆国の役所に勤務する在庁官人、つまり、目代の下で働く役人であった。時政にとって相手に不足はない。ところが、政子はそれを蹴って深夜豪雨の中、「愛の逃避行」を決行した。

すでに、政子は頼朝の子を宿していた。天下の大罪人の子を生むとなると、清盛から咎《とが》めを受けるのは目に見えている。時政としては頼朝を一喝して清盛の前へ突き出すこともできたろうが、流罪人とはいえ由緒ある源氏の貴公子。どちらを取るべきか迷ったにちがいないが、結局、頼朝を選び、二人の仲を認めることにした。おそらく、「鹿ケ谷の陰謀」を契機として、反平氏の気運が高まっていたために、いち早く平氏に見切りをつけたのであろう。

それから三年後、時政は頼朝の挙兵に従って平氏から寝返る。反逆といっても頼朝はまだ流罪の身。給仕する程度の一、二人の郎党しかいない。時政の手勢をかき集めても三百人にも満たない。メダカがクジラに挑むようなものである。

しかし、清盛の専横に対する武士の離反は早く、崩壊現象は止まらない。石橋山の戦いで敗れて時政はいったん安房方面に逃げたが、頼朝が房総《ぼうそう》、武蔵《むさし》の武士たちを組織して再起しようとしたので、自ら甲斐《かい》に出向き、甲斐源氏、信濃《しなの》源氏などの説得交渉に当たる。その結果、政権掌握後の土地支配を保証することで味方につけ、結集地の駿河《するが》では二十万を越す軍勢を集める。そして富士川の決戦で、平氏が水鳥の羽音を源氏の猛襲と勘違いして陣が乱れる。これが平氏が源氏に打倒される緒《ちょ》となった。

奇跡の大勝利——。狡猾というか、知恵者というか、時政にはツキがあったことになる。源氏の勝利は彼の活躍によるところが大きい。鎌倉幕府の政治体制が整えられる中で、当然彼は幕府のトップに座るべきであった。が、頼朝の独裁を支えたのは梶原景時《かじわらかげとき》や大江広元《ひろもと》らで、まったく政務から離されている。何があったか定かではないが、内心苦々しく思っていたことだけはまちがいない。

着々と足場を固めてきた頼朝であったが、正治元年（一一九九）正月、相模《さがみ》川橋の落成式の帰途、落馬がもとで急死してしまう。五十三歳であった。

だが、武将ともあろうものが落馬したぐらいで死ぬとは思われない。征夷大将軍が鎌倉へ帰るとなれば、家臣を引き従っての悠々の帰還であろうから、馬を飛ばすことは考えられない。南北朝時代に書かれた『保暦間記《ほうりやくかんき》』には、帰途につく頼朝の前に自らが滅ぼした源義経《よしつね》、源行家《ゆきいえ》ら源氏一族の怨霊が現れ、さらに稲村ケ崎では十歳ぐらいの童子が海上に化けて出て「われは西海に沈んだ安徳天皇なり。積年の怨みを晴らさん……」と恨み言を吐いたと記されている。つまり怨霊による死を示唆しているが、真実は別だと思われる。おそらく祝い酒に毒でも盛られたのではないだろうか。

頼朝は流罪人の身から征夷大将軍の座まで上りつめたが、そこにも朝廷の支配から脱却して武士の所領支配を確固なものにしたいという、板東武者たちの支持があった。彼らは京に対抗する「関東独立国」を志向している。だからこそ、武家の棟梁としての頼朝を支えてきたわけである。

しかし、頼みとした頼朝は幕府を開設するや、朝廷との協調路線を志向し、長女大姫を天皇家に入内《じゅだい》させようと図り、その見返りとして貴族の荘園増大を保証しようとさえしている。それは、かつての平清盛が歩んだ「いつか来た道」である。それを御家人たちが許すはずがない。

幕府といっても、鎌倉時代の初期は盤石な組織ではない。朝廷からすると関東で勝手なことをしている「山猿ども」でしかないし、頼朝もまた山猿たちの御輿《みこし》に乗せられた存在でしかない。担い手が担ぎ棒を離すと、すぐ崩れるほどの代物である。

しかしなぜ、急死したのか——。不思議なのは、幕府の公式記録『吾妻鏡《あずまかがみ》』に、死亡前後の記事だけが欠落していることである。なぜか、書けない理由でもあったのか。このあたりが謎に包まれている。『吾妻鏡』は北条氏の執権《しっけん》政治が確立してから作られた歴史書である。いわば北条氏の「大本営発表」であるから、都合の悪いことは事実であろうともボツにすることもできる。

おもしろいテーマではあるが、先を急ぐとして、もう少し頼朝亡き後から、北条氏に至る歴史を見よう。これが後の日蓮の登場に大きな影響を与えているからである。

頼朝死後、残された妻政子の心情はどうであったろうか。政子には十八歳になる長男の頼家《よりいえ》、次男の実朝《さねとも》がいる。朝廷や有力御家人の中には、「隙あらば」と政権奪回の機会を狙っている者も多い。政子はなんとしても、この二人の子を武徳兼備の武将に育て上げなければならなかった。だが、二代目将軍になった頼家は、自分が気に入った側近だけを集めて政治を行ったり、蹴鞠《けまり》に耽るようになる。また、頼朝以来の重臣、安達景盛《あだちかげもり》の愛人に手をかけ、景盛が怒ると逆に討伐軍を送る始末であった。

その上、誤った訴訟処理の裁断を下す。たとえば、御家人同士の所領争いが幕府に持ち込まれると、現地調査もせず、その紛争場所の図面の中心のところに単純に線を引き、簡単に処理して追い返す。和を重んじたつもりかもしれないが、それでは法による正義というものは実現できない。訴訟処理を誤れば御家人たちの不満を招き、幕府の政権基盤も危うくなる。武士にとって土地は命である。頼朝も所領を保証することにより武士たちを固めたのである。

政子は頼家に、民衆の憂いを顧みず享楽に耽る行為を止めるよう説得した。だが、深い溝があったのだろう。頼家は政子の忠告も耳に入れようとはしなかった。そもそも、日常茶飯事のように持ち込まれる土地訴訟を頼家一人に任せることは土台無理な話であった。母政子の頼みの綱は北条時政しかない。

時政は早速、将軍頼家の独断専行を抑えるために比企能員《ひきよしかず》、大江広元、三浦義澄《よしずみ》、和田義盛《よしもり》、梶原景時ら、宿老《しゅくろう》十三名の合議によって訴訟問題を裁くことを決めた。武士の土地に対する権益を保護し、公平な裁断を下すためであった。

頼家の乳母は比企氏の出身であり、その縁によってか、頼家は比企能員の娘を嫁に迎え入れ、その間には一幡《いちまん》という男児が生まれていた。ところが、元来病弱だった頼家が重体に陥った。もし頼家が死ねば長男の一幡が将軍後継者となる。そうすると一幡の母、若狭《わかさ》の局《つぼね》は有力御家人、比企能員の娘であるから、一幡―若狭局―比企能員という構図ができる。だが、このラインは時政にとっては絶対に承服できない。時政にしてみれば、「オレがいたから幕府はある」という自負もあれば、権力欲もある。どうしても実朝―政子―北条時政という筋書きが捨てきれなか

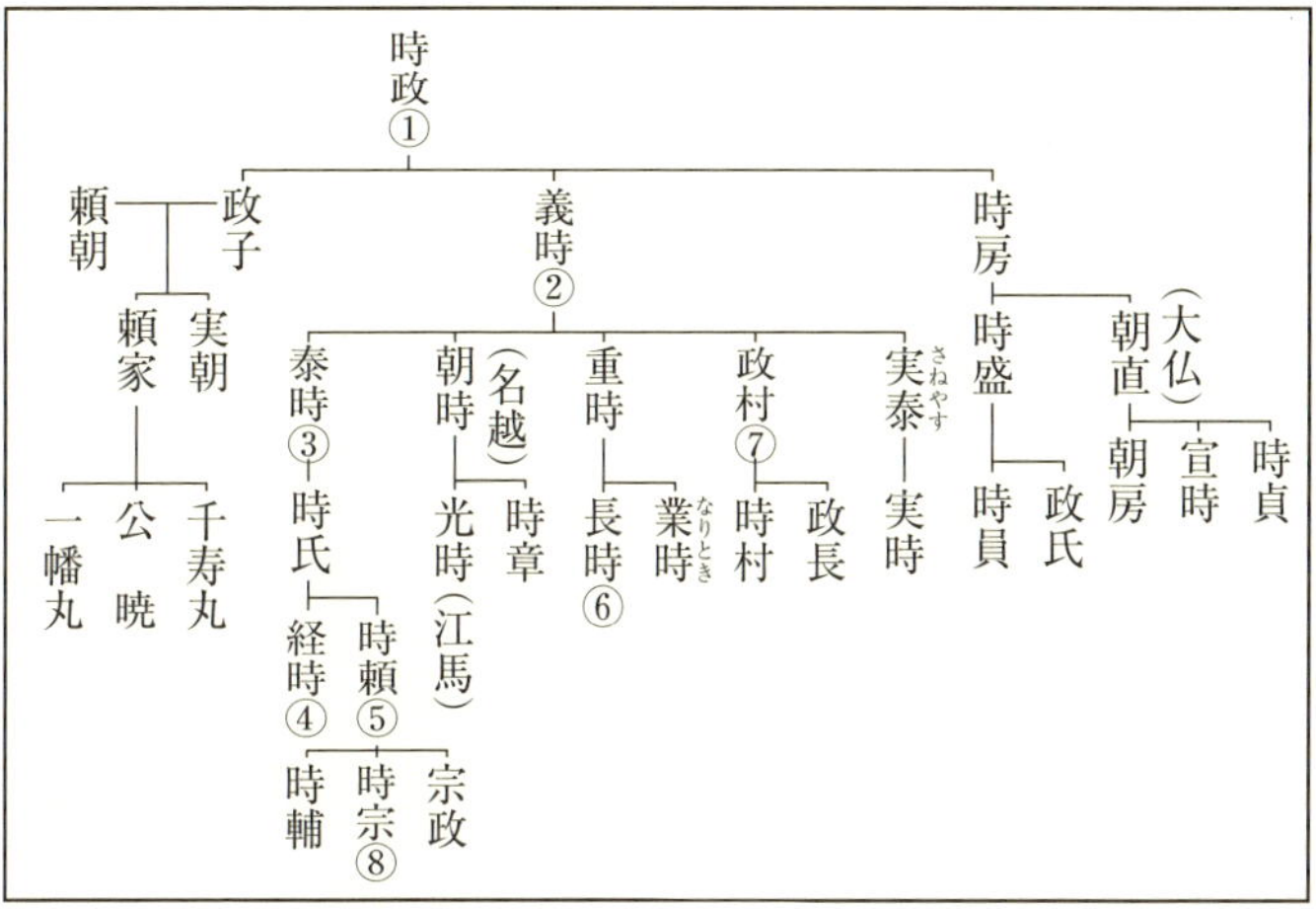

北条家系図（数字は執権への就任順位）

った。

頼家が病魔と必死で格闘している最中、すでに話は遺産分割問題に及んでいた。この時、時政は頼家の長男の一幡よりも、頼家の弟である実朝に有利な計らいを下した。この決定に比企能員が異論をはさまないわけがない。能員もつわものである。虎視眈々《こしたんたん》と独裁を狙う時政に対して対決姿勢を露《あらわ》にした。

そうこうするうちに死ぬと思われた頼家が快復した。頼家は即座に時政追討令を出す。ところが政子は、我が子であり、幕府将軍である頼家に与しなかった。情報を握るとただちに父、時政に伝える。彼は機先を制して、仏事にかこつけて言葉巧みに能員を名越《なごし》亭に誘うと、血祭りに上げ、間髪入れずに一幡をも殺してしまう。

もとより頼家と若狭局の嘆きは計り知れない。血涙をぬぐった頼家は今度は腹心の和田義盛と仁田忠常《にったただつね》に時政追討令を出すが、義盛が寝返ってそれを時政に洩らす。そのため頼家は伊豆修善寺に幽閉された後、二十三歳の若さで失意のうちに死去した。

このことについて『吾妻鏡』では、比企一族の方が先に反乱を画策したということになっている一方で、頼家の死についてはまったくの記述がない。だが、天台座主《ざす》、慈円《じえん》が著した『愚《ぐ》管抄《かんしょう》』には、北条氏の郎党が刺殺したと記されている。

ついに、時政は幕府の初代執権として、事実上実権を握った。しかし、そんな時政も牧《まき》の方《かた》という後妻には弱かったとみえて、妻に煽り立てられて身を滅ぼすことになる。

彼女は気が強くわがままな女性だったのだろう。政子からすると継母《ままはは》に当たるから、仲が悪かったのかもしれないが、自分の娘婿、平賀朝雅《あさまさ》という人物を将軍に据えようと考えた。もちろん将軍実朝を排除してである。この頃、将軍実朝は時政の館で暮らしていたが、牧の方が暗殺を目論《もくろ》んでいるとの情報が入る。政子にとっては十二歳という年端もいかない可愛い次男である。なんとか、牧の方から実朝を奪還しなければと考えていた。

ちょうどその頃、時政の先妻の娘婿で、頼朝時代以来功績のあった有力御家人、畠山重忠を失脚させるべく、「謀叛《むほん》の疑いあり」と、牧の方が時政に讒言《ざんげん》した。これは重忠の子供の重保《しげやす》が平賀朝雅に暴言を浴びせたことが原因とされている。

そこで時政は長男の義時に重忠征伐を相談した。義時は重忠の無実を信じて追討を止めさせようとしたが、最後は牧の方に屈して誅伐を受け入れざるを得なかった。仕方なく義時は幕府軍の

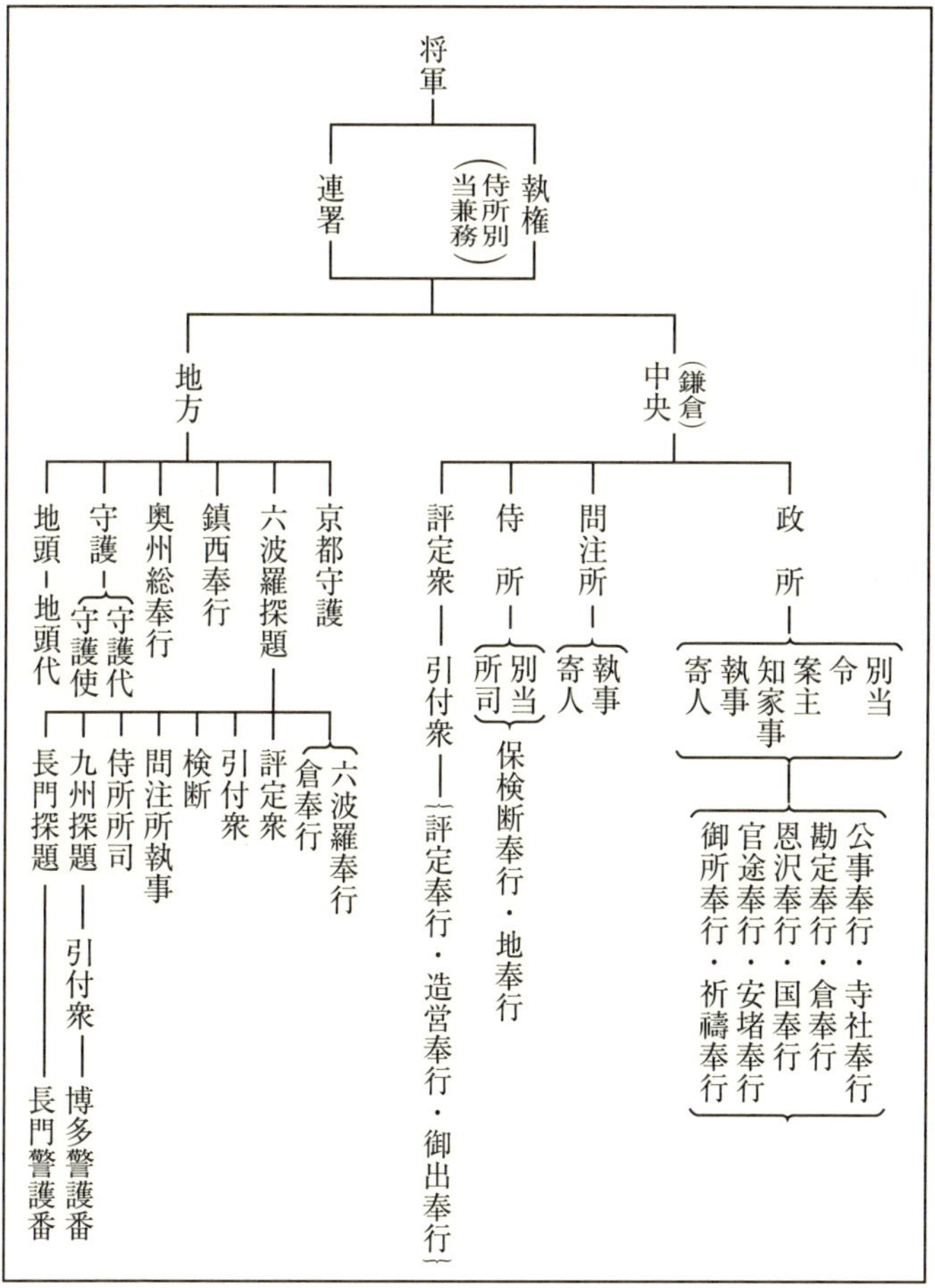
将軍
連署
執権（侍所別当兼務）
地方
中央（鎌倉）
地頭
地頭代
守護
守護代
守護使
奥州総奉行
鎮西奉行
六波羅探題
京都守護
長門探題
長門警護番
九州探題
引付衆
博多警護番
侍所所司
問注所執事
検断
引付衆
評定衆
倉奉行
六波羅奉行
評定衆
引付衆
評定奉行・造営奉行・御出奉行
侍所
別当
所司
保検断奉行・地奉行
問注所
執事
寄人
政所
別当
令
案主
知家事
執事
寄人
公事奉行・寺社奉行
勘定奉行・倉奉行
恩沢奉行・国奉行
官途奉行・安堵奉行
御所奉行・祈禱奉行
鎌倉幕府組織図

大将軍となり三浦義村、和田義盛などの幕府軍を派遣させ畠山一族を追討させる。ところが、初めから謀叛の疑いなどなかったことが判明したのである。

そこで、政子と義時は時政と牧の方の非を責め、実朝を牧の方から奪い返すと二人を幽閉する。子供たちの手によって第一線から引きずり下ろされた時政は、建保三年（一二一五）に幽閉先の伊豆で死ぬ。これで時政の舞台の幕は完全にひけた。

政子と義時は、おそらく将軍の「家」と北条の「家」に不安定さを持ち込もうとする継母、牧の方に踊らされ始めた時政を失脚させ、世代交代を図ったと考えられる。こうして義時は、実朝将軍のもとで第二代執権として北条独裁体制の地歩を固める。

頼家の跡目を相続したのは、その弟実朝であったが、実朝も政治への関心を失い、和歌の道に入り、後鳥羽上皇に心酔するようになる。将軍が朝廷に傾倒することは自主独立路線を歩もうとする御家人たちにとって許されないことであった。

そして、その将軍実朝が鶴岡八幡宮の別当公暁《くぎょう》に殺されるという事件が起こった。実朝にとって公暁は、兄頼家の子であるから甥に当たる。

承久元年（一二一九）一月二十七日、実朝は幕府の有力御家人や、京都から駆けつけた公家衆に囲まれて右大臣拝賀の就任式を鶴岡八幡宮で行った。ところが、雪の降り積もった社殿の石段を降りて帰ろうとしている時、銀杏《いちょう》の陰から頭巾をかぶった三人の男たちが突然襲いかかり、実朝に斬りつけた。

この時代、武器を携えて神社に入ることは不敬罪である。護衛の兵はものものしい数であったが、鳥居の外で待機しており、武器を持っている者は誰一人としていない。犯人は実朝を斬ってから石段を駆け上がると、暗闇の中で、「われこそは八幡宮別当阿闍梨《あじゃり》公暁、父の敵《かたき》を討ち取ったり！」と叫ぶと、そのまま姿をくらましたという。

この暗殺もまた多くの謎を含んでいる。少なくとも公暁は鶴岡八幡宮の別当である。別当というのは事務上の最高責任者に当たる。慇懃《いんぎん》に見送りに立たねばならないから、頭巾をかぶって見送ることはあり得ないだろう。だが、どういうわけか史料によると公暁が殺したことになっている。そして、その事件後公暁は三浦義村の館の塀を乗り越えようとしたところで、義村の家来たちに斬り殺されてしまったという。

したがって、真の犯人は推測するしかない。犯行に及んだのは、公暁の後見人である三浦義村であるとか、北条義時であるとか、関東武士団の策謀であるとか、さまざまな憶測があるが、真相は未だに謎のままである。

頼朝の死も不可解だが、頼家の死も、実朝の死も真相は分からない。ただいえるのは、頼朝の血筋が絶えることは、政子にとって深い悲しみであったろうということである。だが、征夷大将軍の座を空白にするわけにはいかない。実朝の妻は後鳥羽上皇の生母の弟、坊門信清《ぼうもんのぶきよ》の娘であるが、子供がなかった。

そこで政子は、実朝の後継として皇族将軍（後鳥羽院の皇子）を鎌倉へ迎え入れようとしたが、朝廷側は下向《げこう》を拒否した。やむを得ず、政子は頼朝の遠縁に当たる九条道家の四男の三寅《みとら》（後の四代将軍藤原頼経《よりつね》）を後継者として迎える。いわゆる摂家《せっけ》将軍と呼ばれるものであるが、三寅はまだ二歳と幼い。そこで政子はその幼将軍に代って奥座敷で政務を担当し、「尼将軍」と揶揄《やゆ》されるようになった。

どうにか頼朝の血筋を保った政子であったが、その胸中は複雑であったにちがいない。夫の頼朝が打ち立てた悲願の幕府。惜しむらくは自分の子供たちが頼朝のように器量ある武断派ではなかったことである。

激流は容赦なく政子に襲いかかる。

悲しみの涙が乾く暇もない承久三年（一二二一）、「承久《じょうきゅう》の乱」が起こった。日蓮が生まれる前年の出来事である。

かねてから政権を朝廷の手に取り返そうと考えていた後鳥羽上皇は、自分の愛人の土地を放棄せよと幕府に迫ったところ拒否され、これをきっかけに、第二代執権北条義時追討の宣旨《せんじ》を全国に出した。後鳥羽上皇は後白河上皇の孫に当たる。この頃の上皇は天皇よりも実権があり、「治天《ちてん》の君」と呼ばれている。後鳥羽上皇は血気にあふれ武芸に秀でていたためか、武力による倒幕を決意した。

これに対して政子は幕府御家人を招集すると、源家三代の恩を説き、幕府未曾有《みぞう》の危機を打開すべく声涙を交えて檄《げき》を下した。すると十九万の軍勢が幕府方に集まった。これに対して後鳥羽上皇は密教の高僧を招いて「義時が命を召し取れ」と、「壇法《だんぽう》」と呼ばれる加持祈禱《かじきとう》を繰り返して神仏に祈る一方、水面下で多数派工作や切り崩しを謀ってきたが、集まったのは一万の軍勢にすぎなかった。

「合戦無為にして天下静謐《せいひつ》」――。結局、朝廷側を一日で叩きのめした幕府は大弾圧に立ち上がり、後鳥羽上皇を隠岐《おき》へ、長男の土御門《つちみかど》上皇を土佐へ、次男の順徳上皇を佐渡へと流し、仲恭《ちゅうきょう》天皇を退位させた。

朝廷側の権威は完全に地に堕ちる。幕府に反旗を翻した武士の大半は殺され、朝廷の所領、約三千カ所はほとんど没収され、新たに東国の御家人武士たちが戦功の恩賞として守護や地頭に任命され各地になだれ込む。また、幕府はそれまで朝廷が持っていた行政権、徴税権、裁判権なども奪い取り、政治・経済・司法などあらゆる分野で幕府支配の基盤を固めていった。

すでに武断派の時代、所領の安堵と拡大を求める武士たちが朝廷方になびくわけがなかった。

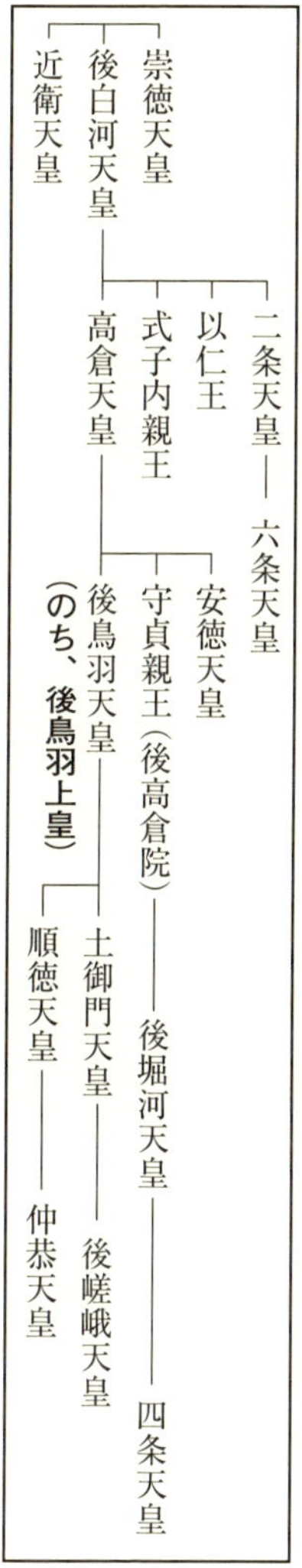

後鳥羽上皇略系図

後鳥羽上皇は、平氏打倒に成功した祖父後白河上皇の戦略を模倣したのかもしれないが、残念ながら時代の流れを読みちがえた。以後、武士の世の中は明治維新を迎えるまで六百年以上続くことになる。

話は少し戻る。

貴族に睥睨《へいげい》されてなす術もなかった武士たちが革命をはかると、朝廷中心の時代も終焉を迎える。聖徳太子の御代から続いてきた朝廷政治には、仏教が国家鎮護の役割を担ってきた。しかし、その仏教思想は末法思想が蔓延し始めた頃から個人の救済の方向へと大きく変わろうとしていた。それは浄土思想の影響によるものであった。

釈迦は、経典の中に滅後二千五百年間の仏教の推移を、五百年ごとに五つに分けて説明している。まず、釈迦滅後の五百年が「解脱堅固《げだつけんご》」、次の五百年が「禅定堅固《ぜんじょう》」の時代。これは僧侶たちが釈迦の教えを実践し、その結果悟りを得るという教・行・証の三つがそなわった時代であり、この千年を「正法《しょうほう》」としている。

次の五百年が「読誦多聞堅固《どくじゅたもん》」の時代、その後の五百年が「多像塔寺堅固《たぞうとうじ》」の時代で、経典や仏像、伽藍《がらん》など形式にこだわるが、教・行はあっても証を得る者がなくなる時代であり、この千年間を「像法《ぞうほう》」と呼んでいる。

そして「末法《まっぽう》」とは、行もなければ証もなく、教だけしか残らない時代をいう。末法は万年続くが、その最初の五百年は「闘諍堅固《とうじようけんご》」といわれ、宗教間の争いが続くというのである。

正法五百年説を主張する奈良仏教側は五五二年から末法に入ったと考えていたが、延暦二十四年（八〇五）に唐から帰国した伝教大師、つまり比叡山《ひえいざん》の開祖、最澄《さいちよう》（七六七〜八二二年）は、正法千年説を採っていた。また、当時、釈迦の入滅は西紀前九四九年と考えられていたから、我が国では永承七年（一〇五二）から末法に入ったものと信じられていた。

この末法思想の特徴は、仏法がまったく廃れて戦乱や悪疫がはびこり、さまざまな苦しみが地上を覆うということであった。

たしかに、永承七年以降、保元《ほうげん》の乱、平治《へいじ》の乱、源平争乱、承久の乱と打ち続き、骨肉を分けた兄弟までが殺し合い、猜疑《さいぎ》と怨嗟《えんさ》の渦中で貴族や武士たちは、夢も希望もない深海の底へ引きずり込まれている。既得権益の喪失、家の衰退から免れる方法は神仏の力に頼ることであった。そこで加持祈禱による現世利益を願う人々が増える。

末法という現実は悲惨きわまりない地獄であった。仏教がどんなに深遠な教義を持っていようと、それを学ぶゆとりもなければ味わう喜びもない。彼らを救うべき僧侶さえも権門に迎合して修行を放棄する。自戒意識が薄れ出すと、巷には破戒の僧があふれ、ついには無戒の世となる。そして世間には無軌道な享楽と我欲が乱舞し、依るべき支えを失った無力な民衆は現世に生きる夢を失い、悪道に堕ちていく。

そうしたあたかも末法思想に符合するかのような戦乱に呼応して、既存の価値観を痛撃する現世否定、来世肯定の風潮が強くなった。それが来世往生《おうじょう》を念じる浄土思想であった。浄土思想——。ここに当時の風潮が分かるいい例が残されている。十二世紀前半に書かれた『三外往生記《さんがいおうじょうき》』という著書の中の話である。

近江国《おうみ》（現・滋賀県）の三津浦という場所に、ある念仏聖《ひじり》がいた。ある日、彼は琵琶湖の沖合へと小舟を漕ぎ出すと、後を追ってきた五、六十艘の小舟に乗っている僧侶と民衆に対してこう叫んだ。

「もし、わしが極楽往生できたなら遺体はこの琵琶湖の西岸、地獄ならば東岸に打ち上げられるだろう！」

そう言うと、彼はざんぶと湖中に身を投げた。追ってきた人々は、ただそれを見守り、念仏を称《とな》えるだけで誰も助けようとはしない。何日かたって彼の遺体は結跏趺坐《けっかふざ》し、合掌したままの姿で西岸に打ち寄せられた。それを見聞きした民衆は、「さてこそ、聖は極楽に往生したまひぬ」と、揃って誉め讃えたという。

虚無感から起こる自殺の流行は平安時代後期から鎌倉時代初期にかけて頂点に達した。自殺の方法としては入水のほかには、縊死《いし》（首吊り）、焼身、絶食、埋身《りしん》（土中での窒息死）などがあった。また、手足の指に火をつけて仏に捧げる指灯《しとう》供養、あるいは両手を切断して仏へ供えるという行為も行われている。これらは、末法思想が当時の社会にどれだけ暗い影を落としていたかという証左である。

だが、それでも末法の潮流の中に藻屑《もくず》のように身を委ねることしかできない民衆にとって、癒しと救いを求める頼みの綱は神仏以外になかった。

悪鬼

日蓮が生まれた小湊という場所の西北、約二里ばかり離れた山上に「千光山清澄寺《せいちょうじ》」という寺院がある。この寺は当時、安房、上総《かずさ》一帯の総氏寺としての格式を誇る由緒ある天台宗の古刹《こさつ》で、奈良時代の宝亀二年（七七一）に不思議法師という行者によって開山され、山林修行を主眼とする天台密教の霊場となっていた。

その後、真言宗へと宗旨替えをし、昭和二十四年には日蓮宗の寺院となったが、まだ当時は比叡山延暦寺の末寺として天台宗に属していた。清澄寺は加持祈禱を行う密教寺院ではあったが、その頃は折からの全国的な浄土信仰の高まりに押されて、極楽往生を願う念仏寺としての色彩を濃くしていた。

時々、この寺から修行僧たちが小湊の浜辺に海藻を採りに下りて来た。善日麿はふとしたことから彼らと知り合いになったと思われる。海藻を集めながら、いつも修行僧たちは仏教や政治、歴史の話を交わすのが常であった。だが、若い僧侶のことである。その真剣な顔から時々冗談が飛び出る。まだ十歳の善日麿にとっては、その落差がたまらない魅力に映った。

それからというもの墨染の衣姿を浜辺に見つけると、瞳をキラキラと輝かせて矢のように家を飛び出して行く。それがいつしか彼の旺盛な向学心を煽《そそ》り、清澄寺への憧憬を強くさせていったのかもしれない。

この修行僧の中でも善日麿は、特に浄顕《じょうけん》と義浄《ぎじょう》を慕っていた。二人は善日麿が日頃から興味を抱く歴史について詳しかった。承久の乱は善日麿が生まれる前年の出来事であり、修行僧の間では大きな話題として論じられていた。

善日麿は物心ついた頃から、両親から、「天子《てんし》さまは、太陽の子孫じゃ」、「天地一切の神々が御加護されているのじゃ」と教え込まれてきた。

当時の日本では、王権を持つ天皇家は万世一系にして神の子孫として崇められている。その天皇家に反抗することはあっても天皇家の存在そのものを揺るがすことはなかった。少なくとも源氏三代が滅ぶまではそうである。だが、北条氏が起こした承久の乱による上皇、天皇の流罪は、皇室に対するあからさまな反逆であった。

そもそも幕府といっても、当時の日本では天皇家をさしおいて日本の統治を行う権利はない。日本の統治権はあくまで天皇家にあり、軍事・警察権の一部を委譲しただけの話である。武力があるからこそ恐れもするが、所詮は暴力で権力を掌握しようとする「山猿ども」でしかない。

したがって、武士が朝廷を破ったとしても、僧侶や底辺の民衆には受け入れがたい。末法とはいえ、まだ当時の民衆の心には「四恩義《しおんぎ》」という仏教思想が息づいている。四恩義とは「父母への恩」、「国主への恩」、「衆生への恩」、「三宝への恩」である。善日麿もまた、国主つまり天皇への恩は臣下として絶対に尊重すべき根本であると学んでいる。

ましてや、善日麿が育った東条郷は、かつて源頼朝が伊勢神宮に御厨《みくり》として寄進した土地である。御厨とは皇室や神社に食物や供物を献納する一種の神領である。この東条郷からは白布や紙などが貢進されている。神と皇室にゆかり深い土地で育った善日麿にとって、天に弓引く者を許せないと思うのは無理からぬことである。

「なぜじゃ、なぜ天子さまに対して武士がそのような暴虐を働く?」

善日麿にとっては、天地の道理を踏みにじった幕府に腹が立つ一方で、神仏というものは逆賊の暴挙を許すのかと納得がいかない。

しかし義浄にはその理由が答えられない。責めるように問いつめる善日麿の顔から目を背《そむ》けると、磯の岩場に腰を落としながらかろうじて善日麿に答えた。

「だから、天罰が下ったんじゃ……」

「天罰?」

「そうじゃ。承久の乱から三年後、時政殿を失脚させた義時殿が亡くなると、翌月、義時殿の後室、伊賀の方が幕府の実権争奪を巡って陰謀を企てられた。そこで尼将軍政子殿がお怒りになって伊賀の方を流罪に処せられた。おそらく義時殿は伊賀の方に毒殺されたんじゃ……。あれは天の祟《たた》りじゃ」

「祟りか……。当然じゃ！」

鎌倉幕府創設以来の歴史を耳にし、醜い権謀術策の世界を知らされてきた善日麿の眼には、末法の世に夢なく生きる民衆の憂いを顧みず、権力闘争を繰り返す幕府が悪鬼の集団に映った。その「悪鬼」たちは海の向こう、相模の国一帯に巨大な武士の都を造り棲《す》んでいる。彼はこの小湊から海の彼方を睨み、父母の苦労もすべて幕府のせいだと激しい憤りを覚える。

父母の苦労――。彼がそう思うのには深いわけがあった。

近所に「領家の尼」と呼ばれる女性がいた。領家というのは地方の領主のことである。この領主の中には天皇家や高級貴族、あるいは有力寺社に荘園を寄進した者が多い。この領家の尼も、清澄寺の本寺である比叡山延暦寺に荘園を寄進していた。寄進といっても名目的であり、実質的には領有していたわけであるが、夫が他界した後、出家していたので領家の尼と呼ばれていた。

経済的にはなんの不自由もないものの、彼女にも悩みがあった。それは、承久の乱後、幕府から派遣された地頭の東条景信《とうじようかげのぶ》が、領家の荘園を半ば暴力的に奪い取っていることであった。領家はそれまで年貢の取り立てを地頭の景信に一任していたが、景信は武力にものをいわせて分割（下地中分《したぢちゆうぶん》という）させ、所領を拡大しようと企んでいる。領家にとってみれば、平安時代にはいなかった地頭に土地を取られてしまうのだから大きな損失であった。

「景信殿は地頭の分際で、領家を領家とも思っておらぬ。後家と思って侮《あなど》っているんじゃ。泣く子と地頭には勝てぬわい」

領家に忠誠を尽くす重忠の家を訪れるたびに、彼女は愚痴をこぼす始末であった。領家の尼の嘆きを耳にするうちに、だんだん善日麿の心に憎悪の念がふくらんでいく。

こうした問題は全国で頻発していたので、幕府も膨大な土地訴訟問題を抱え込んでいたのだが、他聞に洩れず景信も欲が深く、やり口も相当に汚かったと思われる。領家は田畑だけではなく、漁場も領有している。当然、漁民たちは領家に漁獲品の大半を納める。だが、地頭の景信は領家に対して田畑のみならず、漁場権にまで口をはさむようになり、不漁の時でも強硬に魚介類を取り立てるなど情け容赦がない。

先述するように安房は流刑の地であったから、当時は流罪人が多い。小湊の浦一帯は農村もあったが、その規模は小さい。だが、前面には親潮と黒潮がぶつかり合う豊饒の海が広がっており、流罪人たちはここに糊口《ここう》の資を求め、漁師として定着する者が多かった。

善日麿の父重忠は「釣人権《つりびとごん》の守《かみ》」という地位にあったと伝えられている。この仕事は今でいうなら漁業組合長のようなものである。だが組合長とはいっても、やはり「屠沽《とこ》の下類《げるい》」として見下されていたことに変わりはない。

小湊一帯に住む漁師たちを取りまとめる重忠は、漁師たちが収穫した魚介類の数割を領家に送り届ける。だが、地頭の東条景信は冷酷で、何かにつけて漁師たちに因縁をつけ、収穫物を理不尽に横取りする。善日麿が景信を幕府の鬼の一人として憎む理由はそこにあった。

そうはいうものの、承久の乱が終わって十年も経ったその頃の社会は、比較的落ち着きを取り戻し、守護・地頭体制もほぼ定着しつつあった。だが、戦功による恩賞制度がなくなると、御家人たちは刀や槍を倉庫にしまい込み、領地や荘園の管理に没頭する以外にやることがない。庶民にとっても、平和であるということは立身出世の道が閉ざされることを意味する。

この時代、一般に公家や武士というものは庶民にとっては先天的に異なる別世界の人種と考えられている。公家はあくまで雲の上の存在であり、武士は武士、庶民として生まれた者はあくまで庶民でしかなく、別の生き方などできるはずもない。地頭の子は地頭、農民の子は農民、漁師の子は漁師として一生を送らざるを得ない。才能ある人間にとっては、まったく面白みのない社会である。

父母の苦労、学僧たちの疑問、あるいは領家の尼と地頭との軋轢《あつれき》など、身の回りに起こる不条理を通して、純粋な善日麿の心に反発の念が風船のようにふくらんでいく。邪智に長《た》けた権力者が天下を牛耳り、悪徳の地頭がのさばるという現実。神仏は天にあって、なぜそのような暴挙を許すのか、何をしているのかという疑念と不満が高まっていく。だが、漁師の小倅という身の上ではどうすることもできないではないか。

善日麿にできることは早暁の浜辺に立ち、潮風を胸いっぱい吸い込んでは打ち寄せる波に向かって雄叫びを上げ、やるせない気持ちを吐き出すことぐらいしかない。そうするうちに水平線の彼方が紅紫に染まり始め、真っ赤な日輪が顔を出し黒雲を払いのけるように光を放つ。その神秘さに善日麿は神を感じ取り、必ず正義は勝つはずだと一縷《いちる》の望みを抱くことができた。

「あのわっぱは賢い奴じゃ。まだ十一歳というのに頭がいいわい。あのまま漁師にしてしまうのはもったいない」

善日麿について学僧たちの噂を耳にしていた清澄寺の住職阿闍梨《あじゃり》道善房は、領家の尼の勧めもあって善日麿に会った。話すうちに、道善房も善日麿の才能が惜しまれてならなかった。

「どうじゃ、寺へ来ぬか。学問を教えて進ぜよう」

もとより、重忠の生き甲斐は善日麿であった。我が子をこのまま埋もれさせることを無念に思っている。厳然とした階級差別の中であえて立身出世の道を探すならば僧侶となる以外にはない。高徳の僧侶になりさえすれば、公家も武士も平伏して教えを請う。重忠にとってこの誘いは有り難かったし、善日麿にとっても「渡りに舟」であった。

善日麿像（誕生寺境内）

「漁師で一生を終わるのはいやじゃ。学問をしてえらくなりたい」

善日麿は大きな瞳を一段と輝かせながら答

える。

だが、清澄寺は女人禁制の場所。一旦預けると会いたくても踏み入ることはできない。母梅菊にとっては悲しい決断であったろう。

善日麿が「えらくなりたい」と思うのは、自己一身の出世という単純な発想からだけではない。日輪が闇を劈《つんざ》いて天空をつくように、真理は一つだという信念が培われている。「国乱れて忠臣出づる」という。動乱が長く打ち続いたこの時代、社会変革の波は思想を生む。大人たちの不安が子供たちの心に波及しないわけがない。わずか十一歳にすぎない善日麿の心にも、国を想う小さな炎が燃え盛っていた。

清澄入山

数日後、善日麿は重忠に連れられて小湊から西北に二里ほど離れた清澄山へと向かう。清澄寺は標高三八三メートルの清澄山の山頂にある。

天福元年（一二三三）、十一歳の善日麿は青葉に薫る山道をしっかりした足取りで駆け上がっていく。甍《いらか》の上を流れる雲も、そよ風に揺れる木々の梢も善日麿には歓迎の宴のように映った。

「薬王麿《やくおうまろ》」――。善日麿の稚児名《ちご》である。

道善房は料紙を渡して、その名前の由来について説明した。『法華経』に「薬王菩薩本事品《やくおうぼさつほんじほん》」

という経文がある。

「薬王菩薩は前世、日月浄明徳仏《にちがつじょうみょうとくぶつ》に仕え、身や手足を燃やして供養した。身も心もすべて師に捧げて、法の手伝いをせよ」

こうして薬王麿は清澄寺の小童となり、新しい生活に溶け込んでいく。水を汲んだり、薪を拾い集めたり、堂内や境内地の清掃、食事を運ぶ傍ら、道善房の身の回りの世話をすることが日課であった。薬王麿は道善房を初め、兄弟子たちからも可愛がられ、なじみの深い義浄と浄顕からは念仏の称え方や礼拝儀礼を教わり、仕事の合間には「四書・五経」や「史記」を読む。「四書」とは、儒教の経典たる大学、中庸、論語、孟子のことで、「五経」とは経書、易経、書経、春秋、礼記の五つである。また、「史記」とは漢の司馬遷《しばせん》が黄帝《こうてい》から前漢の武帝《ぶてい》までの出来事を著した中国の歴史書である。

千葉・清澄寺

しかし、そのうちに薬王麿は経文を知りたいという衝動に駆られていく。与えられた書籍だけでは満足できない。「四書・五経」には人間観、国家観が教えられているが、天の理は明確には示されていない。仏教にはそれがあるように思えてならない。大輪蔵《だいりんぞう》の中には天下の尼将軍が頼朝の追善《ついぜん》のために奉納した『一切経』がある。

『一切経』というのは釈迦の説法をまとめた「経《きょう》」、それについて後世の弟子たちが解釈した「論《ろん》」、そして戒律の「律《りつ》」の三つから構成されている。ちなみに、これら三つに熟達した法師を「三蔵法師」というが、この書籍は一万一千九百七十巻から成っている。薬王麿は湧き起こる好奇心を抑えきれない。だが、この中に入れるのは僧侶だけと決められている。そこで二カ月ほど過ぎた頃、とうとう決心して道善房に出家得度を願い出た。


薬王麿は林立した巨木の境内を掃き清めながら出家の時を待った。出家の許可が下りたのは、嘉禎三年（一二三七）の十月八日。この時、薬王麿は十五歳である。折からの冷気が凜と張りつめる本堂。清澄寺修行僧が見守る中で質素な得度式が挙行された。得度式とは俗世と訣別して仏僧となる重要な儀式である。香煙たなびく中で義浄は燭台《しょくだい》を持ち、浄顕は湯を注いで道善房の介添えを勤めた。

薬王麿は道善房に促されながら、一節ごとに呪文を唱える。

「流転三界中《るてんさんがいちゅう》　恩愛不能断《おんあいふのうだん》　棄恩入無為《きおんにゅうむい》　真実報恩者《しんじつほうおんしゃ》……」

「三界の中を流転し、恩愛断つこと能はず。恩を棄てて無為に入るは真実の報恩者なり」という意味である。父母の恩を捨てることはむずかしいが、それを断ちきり、親子の絆よりもっと深い仏の恩に報じよということである。

道善房が剃刀を執り、薬王麿の頭に静かにあてる。刃の冷たさが背筋を走ると黒髪がはらはらと肩に落ちた。薬王麿は灌頂《かんちょう》授戒《じゅかい》を受けると墨染の衣をまとった。

是聖房蓮長《ぜしょうぼうれんちょう》――。これが日蓮の最初の法名である。

「蓮華は泥水に咲く。泥水に染まらぬ修行をどこまでも継続していくという意味じゃ。出家は達悟の初門。今日より天台沙門《しゃもん》として立ち、心を求道に専らにせよ！」

師の言葉に蓮長の胸は震えた。すでに晩秋である。清澄の山には冷気がしのびより、剃ったばかりの青々とした頭はひんやりとして身を引き締める。憧れの法衣を着けた蓮長は毎日念仏を称え、呪文を学び、仏・菩薩・善神に給仕した。法務から解き放たれると大輪蔵に籠り、開祖天台大師智顗《ちぎ》が主経と定めた『法華経《ほけきょう》』や、その著書『摩訶止観《まかしかん》』にも深く目を通し、伝教大師最澄《さいちょう》の『守護国界章』、『顕戒論』なども繙く。また、手当たり次第に『一切経』の書籍を引っ張り出し、水を得た魚のようにその世界を回遊した。ただ、清澄寺の『一切経』には欠本が多く、天台大師の名著である『摩訶止観』すらも十巻すべて揃ってはいない。

それでも薬王麿は果敢に挑もうとするが、仏語の厚い壁はいとも簡単に彼をはじき返す。浄顕や義浄に尋ねても首をかしげるばかりである。むずかしい文字や理解できない箇所は別に書き写して道善房に聞く。その向学心に師匠も先輩たちも舌を巻くが、経文は分厚い果実の殻のように堅く、なかなか割ることができない。

そこで薬王麿は、まず頭から良くしなければならないと考え、虚空蔵菩薩《こくうぞうぼさつ》に「日本第一の智者になしたまへ」と誓願を立てた。虚空蔵菩薩というのは智慧の根本とも呼ばれる密教の菩薩である。「虚空蔵求聞持法《ぐもんじほう》」という秘法があるが、当時は虚空蔵菩薩に祈れば、抜群の智慧が授かると信じられていた。薬王麿は密教の「呪《じゅ》」と念仏を称え、至心に祈る。

一方、道善房は出家の心構えとして、まず修行上の戒律の基本、「十悪業《あくごう》」と「五逆罪《ぎゃくざい》」から教える。一に殺生《せっしょう》、二に偸盗《ちゅうとう》、三に邪婬《じゃいん》、四に妄語《もうご》、五に両舌《りょうぜつ》、六に悪口《あっく》、七に倚語《きご》、八に貪欲《どんよく》、九に瞋恚《しんい》、十に愚痴《ぐち》である。

殺生とは有情の動物を無益に殺すこと、偸盗とは盗みを働くこと、邪婬とは不倫、妄語とは嘘をつくこと、両舌とは二またをかけた言説、悪口とはわるぐち、倚語とは口先だけのお上手、貪欲とは過度の欲望、瞋恚とは自己中心のわがままな怒り、愚痴とは本能の衝動のままに行動する愚かさをいう。

また、「五逆罪」とは、一に父を殺すこと、二に母を殺すこと、三に僧侶を殺すこと、四に神仏を傷つけること、五に僧侶同士の和合を破ることで、これらは僧侶にとって最も極悪の罪といわれている。ただ、そうは言っても僧堂に入ると、性格の違いから起こる兄弟子同士の衝突もあり、すべて尊敬できることばかりではなかった。

だが、薬王麿は正義感が強い一方で人の善を学び、悪や欠点は摂《と》らない。善を摂ろうとすれば自然に対象と一体化し、不平や怒りは起こらない。第一そういうことに関っている暇などあろうはずがない。天の理、国家のありようを知るためには仏法の奥義を究めなければならない。経文を読んでは写し、写しては覚える求道の日々で、時間はいくらあっても足りなかった。

疑念

当時の仏教は、奈良仏教である倶舎《ぐしゃ》、成実《じょうじつ》、律《りつ》、法相《ほっそう》、三論《さんろん》、華厳《けごん》の六宗、そして平安初期に起こされた真言、天台の二宗があり、これを「八宗」と称している。

しかし、鎌倉では栄西《えいさい》の禅宗と、法然《ほうねん》の浄土宗の二宗が新興宗教として市民権を得て、大きく勢力を伸ばしていたために、人々はこれらを加えて「十宗」と呼んでいた。ただ、その中でも依然として真言と天台の二宗が抜きん出て、大きな勢力を誇っていた。

「円とは法華経、禅は座禅、戒は大乗戒、密は密教。この四つは仏教の奥義じゃ。真言は密教だけじゃが、天台は仏教のこの四つを含んでいる」

道善房は何かというといつも誇らしげに語る。だが、分からないのは清澄寺が密教による加持祈禱を行う一方で、四つの奥義に入ってもいない「念仏」をどうして称えるのかということである。蓮長は念仏を称えるたびに気分が落ち込む。末法とはいえ、阿弥陀の本願に任せれば誰でも極楽浄土に行ける、ただし死ななければならないという教えはどうも納得がいかない。

蓮長の五体には荒波と戦い抜く現実的な漁師の生き方が染み込んでいる。海は見知らぬ国への好奇心をそそり、浩然の気を養う。現世に疑問があるからといって、無常観に浸り後生《ごしょう》を祈るような修行は性に合わないし、そのために出家したのではないという不満が湧き立つ。

道善房は、念仏に不信を持つようになった蓮長に対して、比叡山に「天台浄土」と呼ばれる教えをもたらしたのは伝教大師最澄の弟子、比叡山第三世の座主《ざす》、慈覚大師円仁《えんにん》であり、それを大成したのが源信《げんしん》であると念仏の歴史を教えた。

かつて、源信は比叡山で修行をして、寛和元年（九八五）に『往生要集《おうじょうようしゅう》』という著書を残している。これが当時にわかに起こった末法思想と合わさり、燎原《りょうげん》の火のごとく浄土思想が流行し、それから約百九十年後に法然が浄土宗を開くことになる。蓮長が生まれる四十七年前のことである。

清澄寺ではその念仏を称える一方で、伝教大師が主教と定めた肝心の『法華経』については何ひとつ説かない。蓮長の心に不満と不審が渦巻くようになる。

また、比叡山で学んだ法然が天台宗を離脱して浄土宗を開き、栄西が禅を選択して臨済宗《りんざいしゅう》を立てたことは伝教大師への裏切り行為のような気がしてならない。だからこそ、そもそも仏教の教主釈尊を祖とする唯一の仏道がなぜ多く分かれるのか、どれが釈尊の意にかなう正しい経典なのかと、幾度となく詰め寄って尋ねるが、返ってくる答はいつも決まっていた。

「宗祖といえども仏弟子。さまざまな解釈があってかまわぬではないか」

「宗派はちがおうとも、行き着くところは釈尊の真意じゃ」

「河は多数あっても海は一つ。究めれば到達するのじゃ」

しかし、激動の時代を統合する理論を持つ経典は必ずあるはずだ、末法は正法に帰らなければならない、その正法こそが国を救う道のはずと、蓮長は思い悩むばかりであった。

人は、乗り越えようのない壁に直面すれば覇気《はき》がなくなる。もはや清澄寺の門をくぐった頃のような笑顔はない。そんな悩みを知らない母梅菊からは、折に触れて使いの者を通して衣類が送り届けられ、励ましの手紙も添えられているが、心はいっこうに晴れない。残された方法は一心に虚空蔵菩薩に祈る以外になかった。

二十一日の願を立てて持仏堂に籠っている時、不可思議なことが起こった。「定《じょう》」に入っていると、急に吐き気を催す。あわてて外に飛び出すと、蓮長は笹の葉の上にどっと血を吐いた。

清澄寺の虚空蔵菩薩

薄れゆく意識の中で魂は肉体を離れて空中へ導かれていく。闇が紫雲の世界に変わる。と、どこからか妙なる調べが耳に届き、光明の中から金色に輝く菩薩が現れた。しなやかな左手の掌には一つの宝珠がある。虚空蔵菩薩はそれを蓮長の前に差し出し、静かに眼で示された。蓮長は衣の右袖を広げてこれをしっかり受け止めた。

倒れた蓮長を発見した義浄は労咳《ろうがい》（肺結核）にか

かったと思った。堂内に横たえられた蓮長であったが、我に返ると即座に右の袖に手を当てた。だが、右袖の中には何もない。

（この宝珠は智慧の珠《たま》、吐いた血は凡夫《ぼんぷ》の悪血。これによって智慧を授かったにちがいない）

感応の不可思議――。この世にまぎれもなく虚空蔵菩薩は存在し、自分の修行すべてを見守られているのだと思うと感激の涙が枕を濡らす。

だが、どんなに虚空蔵菩薩が有り難くとも、このまま清澄寺にいては永久に疑念を晴らすことはできない。これ以上学ぶべき典書もなければ問うべき師もなく、語るべき友もいない。鎌倉に行けば一世を風靡《ふうび》している新仏教、浄土と禅についての豊富な情報がある。また、皇室を踏みにじった幕府の実体を見定めることもできる。こうした理由から蓮長は清澄を下って鎌倉へ上る決意を固めた。

もちろん、十一歳の頃からあしかけ五年もの間、育ててもらった師匠に遊学を願い出るのは忍びなかったし、道善房にとっても愛弟子を都へ留学させる不安は大きかったにちがいない。だが、雄飛しようとする愛弟子の成長を妨げることは器量ある師匠の取るべき態度ではない。

仕方なく遊学二カ年の許可を下すと、旅立つ蓮長に餞《はなむけ》として旅費と干飯《ほしいい》を与え、門の外まで見送りに出た。兄弟子の浄円だけは、「ただ、街を見たいだけの話だ」と腹を立てたが、義浄と浄顕は蓮長の学が成ることを祈って、喜んで見送った。

この遊学の挙に出た動機について、日蓮は後に綴った「報恩抄」の中で次のように述懐している。

世間をみるに、各々我も我もといへども国主は但《ただ》一人なり。二人となれば国土おだやかならず。家に二（二人）の主あれば、其の家必ずやぶる。一切経も又かくのごとくや有るらん。何《いずれ》の経にてもをはせ、一経こそ一切経の大王にてはをはすらめ。而《しか》るに、十宗七宗まで各々諍論《じょうろん》して随《したが》はず。国に七人十人の大王ありては、万民をだやか（穏やか）ならじ。いかんがせんと疑うところに、一《ひとつ》の願を立つ。我八宗十宗に随はじ。天台大師の、専《もっぱ》ら経文を師として一代の勝劣をかんがへしがごとく一切経を開き見る。　　　　　〔（　）は著者〕

これを意訳すると次の通りである。

国主が二人もいれば国は乱れる。家にも二人の主がいれば騒動の種は尽きない。釈尊がお説きになられた経典はたくさんあっても、必ず真実の経典は一つしかない。そこで私はある一つの願を立てた。既成宗派に惑わされないと。天台大師がかつて釈迦一代の説法をまとめた『一切経』から経典の優劣を決められたように真実の経典を探究し、それを以て真実の宗派を知るしか道はない。

思えば、わずか十六歳の少年。しかも出家して間もない小僧が国家や宗教について疑問を抱き、仏法の奥義を究めんと既成宗派に挑んでいく志には驚嘆のほかない。正義感と究明欲という生来の気性も大きく作用したのであろう。蓮長は「直球勝負型」の人間であった。

暦仁元年（一二三八）の秋、青雲の志を抱いて清澄の山を下る蓮長の編笠にひとひらの紅葉が舞い落ちた。迷雲を押し流すように風が西へ西へと吹く。眼下はるか遠くの白波騒ぐ海辺には懐かしい苫屋がある。

「父母、いかに在《まし》ますや？」

一日だけでも父母に挨拶をと思うが、「高僧となるまでは」と約束をした身である。今、父母を喜ばせたとしても、それは一時の孝養であって真の報恩ではない。蓮長は父母のつつがなきことを念じて静かに手を合わせると、潮騒の苫屋に背を向けてゆっくりと山道を下り、きっと『一切経』を究めて父母や師匠の恩に報じるのだと、渡る秋風を受けながら強く錫杖《しゃくじょう》を大地に突き下ろした。

生来の反骨精神、そして怒濤を超えて生きる環境の中で形成された現実主義。天性的な志学の精神と正義感。価値観が変わりつつある仏教界。舞台は蓮長にとって確実に整いつつあったのである。

第二章　武都の風景

華やかな要塞

誰にでも少年の日の夢があり、歩むにふさわしい道がある。だが、それを見出すことはなかなか困難である。つかんだとしても根性と粘りが必要になる。生きるということ、自分を実現するということは簡単なようでむずかしい。

しかし、閉ざされた階級社会の中で出家という道を見出し、蘇《よみがえ》った希望に燃えて歩く蓮長は幸せであった。鎌倉は彼にとって「悪鬼棲《す》む街」ではあるが、反面、『一切経』や多くの学僧、高僧にも会えると思うと、気力は漲《みなぎ》り、自然に足が早まる。歩きながら、「真実の経典は一つのはずだ」と何度も自分に言い聞かせていた。

鎌倉という土地は一方が海に面して、三方を小高い山に囲まれた天然の要害というべき地形である。あの頼朝が石橋山で敗れて安房に逃げた時、下総の千葉常胤《つねたね》から先祖伝来の鎌倉に拠を構えるよう説得されたことがあった。

やがて北条氏の時代になって七つの切り通しができるが、道を曲げ、岩石で路面に起伏をつけるなど、外敵が容易に侵入できないよう鎌倉全体を要塞化している。下総を経て隅田川を渡り、武蔵野を横切った蓮長が、その鎌倉の切り通しを越えると、世はまさに天下泰平といわんばかりに賑わいの街が繰り広がっていた。

軒を連ねる御家人屋敷は寺かと見まがうような風格を持ち、沿道に居並ぶ店も豊富な品を揃え、往来には人がひしめき、諸宗の寺院も参詣者で活気にあふれかえっている。民衆の顔にも暗さはなく、天下の政道に目を配る誉れ高い名君として執権北条泰時《やすとき》を仰いでいた。泰時は毒殺された義時の長男であり、時政の孫に当たる三代目の執権である。執権は京から派遣された将軍藤原頼経を補佐する立場にあるが、頼経は象徴、飾り物にすぎず、実権は執権泰時にあった。執権とは今でいう総理大臣に当たる。

「なぜ、鬼たちが繁栄の街を築くのか?」

蓮長にとって幕府は、かつて皇室に弓を引き、父母たちを苦しめた「悪鬼たち」であったが、街の賑わいに故郷で抱いていた幕府のイメージが崩れ去るような衝撃を受けた。

時代は大きく変わっていた。承久の乱から四年後には尼将軍の政子も他界し、流罪の身となっていた土御門《つちみかど》上皇は阿波の地で崩御《ほうぎょ》、仲恭天皇も京都で崩御し、すべて歴史の舞台から消え去っていた。その上、大飢饉となり、多くの餓死者も出た。

そうした政情の不安や忌むべき事象はあったが、蓮長が足を踏み入れた時は、泰時が執権となってすでに十四年の時が過ぎていて、鎌倉の地はそこそこに平和が続いていた。

かつて源頼朝が開いた鎌倉幕府――。由比ケ浜《ゆいがはま》と鶴岡八幡宮を結ぶ若宮大路は京都の朱雀《すざく》大路に対抗して造られており、その奥山の中腹には丹塗りの鮮やかな大社殿がずしりと鎮座している。御神体は八幡大菩薩。幕府の守護神であるが、これは京都の石清水《いわしみず》八幡宮と同じである。なぜ同じかというと、頼朝は公武合体を目指していたからである。

その幕府権力を数々の謀略によってせしめた北条一族にとって、鎌倉はますます京の都に対抗するにふさわしい武門象徴の街でなければならない。道路の要所にも京都に匹敵する大伽藍を建立する。鎌倉大仏の建立もこの頃である。これによって内には安堵感、外には威圧感を与え、その力を内外に誇示するという政治的効果を目論んだのであろう。

鶴岡八幡宮の舞殿は、その昔、義経の愛妾《あいしょう》だった静御前《しずかごぜん》が、

よし野山　みねの白雪ふみ分けて　いりにし人の　あとぞ恋しき
しずやしず　しずのをだまきくり返し　昔を今に　なすよしもがな

と、義経を偲びながら、頼朝と政子の前で舞った場所でもある。

先に、蓮長が鎌倉に足を踏み入れた頃は比較的平和な情勢にあったと述べたが、将軍を補佐すべき立場の執権北条泰時は、武家社会の秩序、特に訴訟問題を公平に裁くために「貞永式目《じょうえいしきもく》」を制定し、幕府体制を揺るぎないものにしていたし、協調を尊ぶ泰時の性格から幕府のありよう

は公家たちにも好感を持たれていたからである。この時代には朝廷との融和も進められ、公武合体、朝幕併存という色彩が濃くなっていた。

しかし、泰時にとってはまだ安心できる独裁体制ではない。これまで北条一族は各地の豪族を制圧し、その地歩を固めてきたが、いつか一戦交えるであろう強豪が残っていた。今まで親北条氏の立場を貫いて来た三浦一族であったが、その勢力は侮れないほど強大になっており、北条一族は三浦軍のまさかの侵入を防ぐために、鎌倉をさらに要塞化しておく必要があった。

(形だけの繁栄にだまされてはならぬぞ、この陰には権力の欲望が渦巻いているのだ)

蓮長は若宮大路を歩みながら、そう自分に言い聞かせた。だが、片田舎から出てきた十六歳の小僧が生まれて初めて街を知ったのである。雑踏の賑わいに沸きたってきそうな本能を抑えるのに精一杯であったろう。

残念ながら鎌倉における蓮長の具体的な行跡は分かっていない。おそらく道善房か領家の尼の知己、あるいは天台宗の寺院関係に寄宿し、そこから寺々を巡り歩いたにちがいない。当時の執筆としてかろうじて残っている「戒体即身成仏義《かいたいそくしんじょうぶつぎ》」という遺文からは、当時鎌倉の新仏教であった浄土宗と禅宗を重点的に研究したことが読み取れる。

当時、禅宗は幕府の御家人に支持されているのに対して、念仏は広く一般庶民に支持されていた。いずれも教勢拡大のために鎌倉に進出していたのである。

鎌倉の壁

蓮長は、その鎌倉でまず天台宗の歴史を学んだと思われる。自分が最も尊敬し、信奉する開祖最澄について知らねばならなかったし、道善房が口癖のようにいう「円、禅、戒、密」の由来を知ることも重要であったからである。

その総本山比叡山延暦寺《えんりやくじ》は、京都御所《ごしょ》の鬼門（東北）方向の山の上に立つ寺である。最澄は桓武《かんむ》天皇（七三七〜八〇六年）と深いつながりがあった。

延暦三年（七八四）十一月、桓武天皇は都を奈良から京都の長岡に移した。その時、東大寺や薬師寺など壮麗な寺院でひしめく平城京を切り捨て、唐の文化を摂取することよって新鮮な息吹を日本に導入しようと考えた。それまで精神的な最高権威を持つ「哲学大学」であり、「文化のシンボル」でもあった奈良仏教は、その堕落、腐敗ぶりから「ついて来るな！」と桓武天皇から一蹴された。

ところが、意気揚々と新政治を考えた桓武天皇は長岡遷都に失敗。造宮使、藤原種継は暗殺される。政策の目玉であった蝦夷《えぞ》征伐軍は敗れる。

過去を振り返ると、桓武天皇は権力を掌中にするため継母（井上内親王《いがみない》）や義弟（他戸《おさべ》親王）を殺したり、実弟（早良《さわら》親王）にさえも謀叛の罪を着せて死に追いやっている。そうした罪業のために政策が思うように進まないのではないかと、罪悪感に苛まれていた。また、桓武の長男の安殿《あて》親王も病弱であり、生母高野新笠《たかののにいがさ》は死に、皇后藤原乙牟漏《おとむろ》も崩御する。そこで延暦十三年十月、京都（平安京）に新都を遷《うつ》したが、その頃すでに半ばノイローゼ状態であったという。

古来より日本では原因不明の病気や死というものは、「物怪《もののけ》」のせいにするのが一般的な習わしであった。「物怪」には、生霊《いきりょう》（生きた人間の恨み）、死霊《しりょう》（死んだ人間の要求と報復）、神霊の祟《たた》りなどがあるが、そうした「物怪」が人間に付着したり、体内に入ると不幸が生じると考えられていた。陰陽寮《おんみようのつかさ》で卜定《ぼくじょう》した結果、安殿親王の病は早良親王の怨霊の祟りと判明する。そこで桓武天皇は延暦十一年（七九二）以来、早良親王への鎮謝を行うと同時に、怨霊から逃れるために平安京に遷都したのである。

さて、延暦二十三年、最澄は藤原葛野麻呂《くずのまろ》を代表とする遣唐使団の一員に加えられ、翌年帰朝。唐の天台宗を日本に伝え、円、禅、戒、密の四つをもたらす。

折しもこの時、桓武天皇は、新年の朝賀にも参列できないほどの重病であり、側近の関心はその病状回復にあった。側近たちは天皇の肉体に憑《つ》いている「物怪」を祈禱によって祓《はら》い落とせば病気が治ると考えていた。

このような思想は日本人の精神の奥底にひそむ情念の世界から起こったものであるが、そうした文化の深層は少なくとも律令国家の時代からある。

最近、奈良にあった平城京（七一〇〜七八四年）の発掘調査が行われた時、古井戸の中から長さ約十五センチほどの木製の薄板の人形が発見されたが、その人形の心臓部と両眼の部分にそれぞれ一センチの木釘が打ち込まれていたという。誰かを呪い殺すために作られたことは明らかである。

ともかく、そこで桓武天皇は帰朝したばかりの最澄と対面した。たぶんに最澄は桓武天皇に諸罪の懺悔《ざんげ》を勧めたし、天皇も最澄にすがる思いで救いを求めたのであろう。そこで最澄は宮中で密教の本尊である大日如来を前に、玉体除病の祈禱をしたと伝えられている。

最澄がここで密教を取り入れたのは、理を超越した「修法《しゆほう》」という世界に興味を感じたからであることはまちがいない。仏教が衆生救済の教えであるならば、不思議を現じることが何よりも優先される。大同元年（八〇六）、桓武天皇は祈禱の甲斐もなく崩御されるが、密教に対する最澄の熱意は深まっていった。

密教を唐から持ち込んだものの知識が十分ではなかったために、最澄は空海に教えを請おうとした。しばしば空海に密教経典の借覧《しやくらん》を申し込み、空海もまた当初はそれに快く応じている。しかし、最澄が『理趣経《りしゆきよう》』という経典の借覧を申し入れた時、空海はこれを断り、「文字とは、月をさす指にすぎないのだ」と伝えたという。

つまり、経典は真理を示す指ではあっても、指そのものが真理ではないという意味である。所詮、書斎的に密教を研究しても究めることはできないとはねのける。「密勝顕劣《みつしようけんれつ》」の信念に立つ空海の、教学を中心として立つ最澄に対する痛烈な皮肉であった。

最澄が『法華経』によって日本仏教界の刷新を図ろうとしているので、「オレを利用するのか」という反感が空海に起こったのかもしれないし、天皇の寵愛《ちようあい》に預かる最澄の華やかなエリート的身分が癪にさわったのかもしれない。だが最澄にとっては荒々しい中に自由にそれを操る独創的感性の強い空海は魅力に映ったのだろう。

ここで断っておくが、『法華経』は最澄が初めてもたらしたものではない。日本に伝えられた時期は明確ではないが、『日本書紀』に聖徳太子が『法華経』を講じたという記録があるから、六世紀の末頃には伝わっていたのだろう。奈良時代になると『法華経』は密教の『金光明経《こんこうみようきよう》』と並んで鎮護国家の経典とされ、光明皇后発願の国分尼寺《こくぶんにじ》も「法華滅罪の寺」と名づけられるなど、国家と重要な結びつきがあった。

最澄はあくまで『法華経』を上位とし、密教を下に置いていた。志半ばで最澄は死ぬことになるが、その十六年後には弟子の円仁《えんにん》（慈覚大師）が、三十一年後には円珍《えんちん》（智証大師）が唐に留学して以来、逆転して密教が優位になる。もちろん浄土思想も取り入れたのであるが、初期は密教の比でなかった。

彼らは天皇を初めとする皇族や上級貴族の要請を受け、弘法大師空海の「東密《とうみつ》」に対抗して、「台密《たいみつ》」を興した。東密の「東」とは京都の東寺（教王護国寺）を意味し、真言宗の宗祖空海が京都に開いた寺である。一方、「台密」とは天台の「台」から取ったものである。ここから密教が『法華経』を越えて比叡山に根を張ることになる。

円仁が取り入れたものは、密教だけではない。朝題目、夕念仏という例時作法を伝えている。これは午前中に『法華経』、午後からは『阿弥陀経』を修行するというものであった。

比叡山では『大日経』に基づく密教の修行、『法華経』による修行、『阿弥陀経』を通しての修行など、仏道修行者の自由な選択が許されていたのである。いわば、「比叡山大学」と表現してもいいような広さがあった。ただ永承七年（一〇五二）以降、当時の末法思想の勃興のために、草木がなびくように僧侶たちは浄土教に傾倒していった。彼らは、現世のはかなさから、しきりに西方《さいほう》浄土の阿弥陀仏に救いを求めた。

浄土教――。ややこしいが、これは浄土宗とは違う。浄土教は、お経に笛や琵琶《びわ》などの楽器による伴奏を加え、節をつけて称《とな》える一種の華麗な音楽仏教だった。極楽を思わせるようなきらびやかな堂内に阿弥陀仏を安置し、「引声《いんせい》阿弥陀経」といって音楽を奏でながら優雅な節回しでお経を称えつつ、心の中に極楽浄土をイメージする。それは貴族たちを陶酔させるのに十分な効果があった。

源信という比叡山の僧侶は、『往生要集《おうじょうようしゅう》』という著述の中で、瞑想して心を澄ませ、阿弥陀仏の美しい容貌を心の中にありありと思い描く、いわゆる没我の境地の中で阿弥陀仏を観想し、自分と阿弥陀仏が一体となることを強調している。現世にありながら阿弥陀仏を視覚的に思い描くことによって、心に極楽浄土を作ることに狙いがあった。

この頃の浄土思想には、念仏を称えることによって死後に西方浄土へ往生するという考え方はない。源信は「唯心《ゆいしん》の浄土」ということを説いた。浄土は現実の心を離れては存在しないということである。

「この世をば我が世とぞ思う望月の欠けたることのなしと思えば」という歌を詠んだ平安中期の摂政《せっしょう》・関白、藤原道長は、その源信と同年代で、ずいぶん栄華の限りを尽くした人物であるが、法成寺《ほうじょうじ》に無量寿院を建立すると、そこに籠って阿弥陀仏の姿を拝観し、口には念仏を称えつつ、浄土の世界に没入することが楽しみの一つであったという。また、その子頼通も宇治の平等院を建立し、壁には飛天を描き、美しい筆致で扉や板壁に仏の来迎図を描かせ、極楽世界への往生を志向している。

つまり、浄土教というのは極楽浄土の音楽や芸術に浸りながら、浄土経典を読み、阿弥陀と心で一体化するという、いわばリラクゼーション仏教であったわけである。

こうして比叡山で興こった観想念仏と呼ばれるものは、まず上級貴族に受け入れられ、高きから低きへと次第に民衆の間に広まっていく。だが、「浄土はこの世にある」という唯心浄土の考え方を、「あの世にある」という思想に一変させた僧侶が現れた。それが法然なのである。

法然は長承二年（一一三三）、美作国《みまさかのくに》（現・岡山県久米南町）に生まれた。父は漆間時国《うるまときくに》といい、母は秦《はた》氏の出身である。時国は久米の押領使《おうりょうし》といわれ、平安末期崩壊寸前にあった律令体制を立て直すために中央政府から派遣された地方官である。官僚といっても兵を率いて国内の凶徒を鎮圧するのであるから、悪党に勝る激しい気迫がなければならない。

押領使の中には、「横領」という言葉がここから出たともいわれるくらい、地位にものをいわせ、他人の土地を奪ったり我欲のために人を殺傷するなど、悪事を働く人間が多かった。時国がそういう人物であったかどうかは分からないが、保延七年（一一四一）、明石《あかし》定明という人物に夜討ちに遭い、時国は非業の最期を遂げ、妻と一人の少年が残される。この少年が当時九歳の法然であった。

一家没落という憂き目に遭った彼は、故郷の近くの那岐《なぎ》山菩提寺の観覚《かんかく》という僧侶に預けられた。だが、観覚は教えればたちまち習熟する法然の非凡さを見抜いて、十五歳になった時、比叡山の旧友、持宝房《じほうぼう》源光に預けた。ところが源光もまた法然の器量に驚き、もっと学問を身につけさせたいと功徳院《くどくいん》皇円のもとに法然の身柄を移す。皇円は『扶桑略記《ふそうりやくき》』の著者として知られている。法然はこの皇円のもとで剃髪出家した。だが、修学生活が進むにつれて名利栄達のために凌ぎを削る比叡山が嫌になり、遁世《とんせい》を考えた。

遁世――。無位無冠の身となって自由な宗教的思索をめぐらす求道生活のことである。当時は「ひじり」と呼ばれていた。比叡山では西塔に黒谷の別所があり、法然は黒谷のひじり慈眼房叡空の門を叩く。叡空は、ここで法然房源空の名を与えた。比叡山での最初の師源光の「源」と叡空の「空」の二文字から取ったのである。

黒谷に移ってから法然の心に変化が生まれる。求道の成就を祈願するために京都嵯峨の釈迦堂に参詣した時、救いを求める民衆の姿に接し、いまこそ大衆が救われる仏教が求められているのだと痛感した。この頃、叡山の下では平家の政治進出がめざましかったが、政争によって社会不安が増し、巷には貧窮者があふれていた。

そして、源信の『往生要集』に接し、その中に出てくる唐僧善導《ぜんどう》の『往生礼讃《おうじょうらいさん》』の一文に注目した法然は、時々刻々に念仏を称えれば阿弥陀仏の本願によって往生できると約束されていることを見出した。叡空は法然の将来を嘱望したが、観想念仏を支持していたために法然の心は次第に離れていく。

阿弥陀仏を観想できる人間はいいかもしれないが、心が散りやすい人間にとってはむずかしい修行であり、濁りきった世に心を濁して生きるしかない民衆たちには、阿弥陀の本願によるしかないと決断した。当然、叡空は怒った。

だが、四十三歳で比叡山を下りた法然は、比叡山天台宗から分離独立して安元元年（一一七五）に浄土宗を開く。法然が所依の経典としたのは、『大無量寿経』、『観無量寿経』、『阿弥陀経』であり、これらは総称して浄土三部経と呼ばれ、今日もなお浄土宗で用いられている。

『大無量寿経』には阿弥陀の本願の由来が説かれ、『観無量寿経』には王舎城の悲劇が機縁となって頻婆沙羅王《びんびさらおう》の妻、韋提希《いだいけ》のために極楽浄土の観察方法が説かれている。また、『阿弥陀経』には極楽の美しい有様と、そこに生まれ変わるための念仏の必要性が説かれている。

源信の「観想念仏」からモデルチェンジした「専修念仏」と呼ばれる法然の教えは天台座主、慈円を弟に持つ関白の九条兼実《かねざね》が帰依したことも手伝い、貴族の間でも庶民の巷でも爆発的に流行していった。事実、権力闘争による相次ぐ戦乱、飢餓や疫病、人身売買などが蔓延した風潮を考えると、現世に生きる夢も希望もない末法の時代。称えるだけで極楽に往生できるならと、簡単な念仏がもてはやされた理由はたしかにあった。

法然は門弟を統括する組織を作ろうとはしなかったが、信者は京に満ち、遠国に及んで、その勢力は既成教団が無視できないところまで成長していく。

こうしたことから奈良興福寺は専修念仏禁止の奏上《そうじょう》を朝廷に提出し、そのために弾圧が厳しくなり始めていた。興福寺がどうして朝廷に法然らの処罰を要求したかといえば、すべての人間に仏性があるとは限らないという「五性各別《ごしょうかくべつ》」という考え方を持っていたからである。ところが法然が凡夫往生、悪人往生、女人往生を平然と説き、それが貴族や庶民の間に広く浸透していくからおもしろくない。

そこに一つの事件が起こった。建永元年（一二〇六）十一月、法然の弟子住蓮と安楽が鹿ヶ谷《ししがだに》で念仏を称え、礼讃をしていたところ、折しも参詣した小御所の官女二名が出家したのである。これが後鳥羽上皇の逆鱗《げきりん》にふれ、住蓮と安楽の二人は斬罪された。承元元年（一二〇七）、結局、弟子の素行不良の責任を取らされる形で法然は土佐に流され、それから五年後の建暦二年（一二一二）に他界した。この流罪は、蓮長が生まれる十五年前のことになる。

法然と共に流罪に処せられ、越後に流されたのが親鸞《しんらん》である。この親鸞はもと天台座主慈円の弟子であったが、二十九歳の時に法然の弟子となっていた。師事したのは数年間であったが、その頃、九条兼実の娘と恋仲になっていたようである。
もとより絶対他力の教えには善根功徳を積む必要がない。そのために戒律を破り、女犯はするし、他宗の悪口は言う。しかしそれでも成仏するのだと吹聴する破天荒な僧侶や信者が現れる。

親鸞は法然の教義を一歩進めて「悪人正機説《あくにんしょうきせつ》」を説いた。人はみな体裁をとりつくろって善人ぶっているが、今を生きるすべての人は悪人ばかりであり、善人は一人もいない。したがって、自らの醜さと無力さを心の底から痛感して念仏を称え、弥陀の御計らいに身を任せれば救われるというのである。彼自身も人間の愚かさ、世のはかなさを説き、当時の戒律を無視して自ら妻帯した。既成仏教側からすれば、完全な破戒僧・異端児である。

とはいえ、単純に「南無阿弥陀仏」と称えさえすれば、悪人でさえも極楽浄土へ往生できるという簡単な教えは、殺生を生業《なりわい》とする武士にも猟師や漁民たちにも有り難い。貴族たちにとっても盛者必滅の不安は身にしみている。山に登れば登るほど谷は深くなる。高みにいるうちに、あの世の阿弥陀仏に来世を託し、極楽浄土の「予約席」を確保しておくことだけが頼みの綱であったろう。ましてや、それまで罪業が深く、成仏できないとされていた女性たちの感激は計り知れなかったにちがいない。

そのような風潮に対して蓮長は、たとえ末法であろうと、人間が現世を否定し、人生や社会改革の意欲を放棄すれば、無限に地獄の様相が打ち続くだけだと考えた。

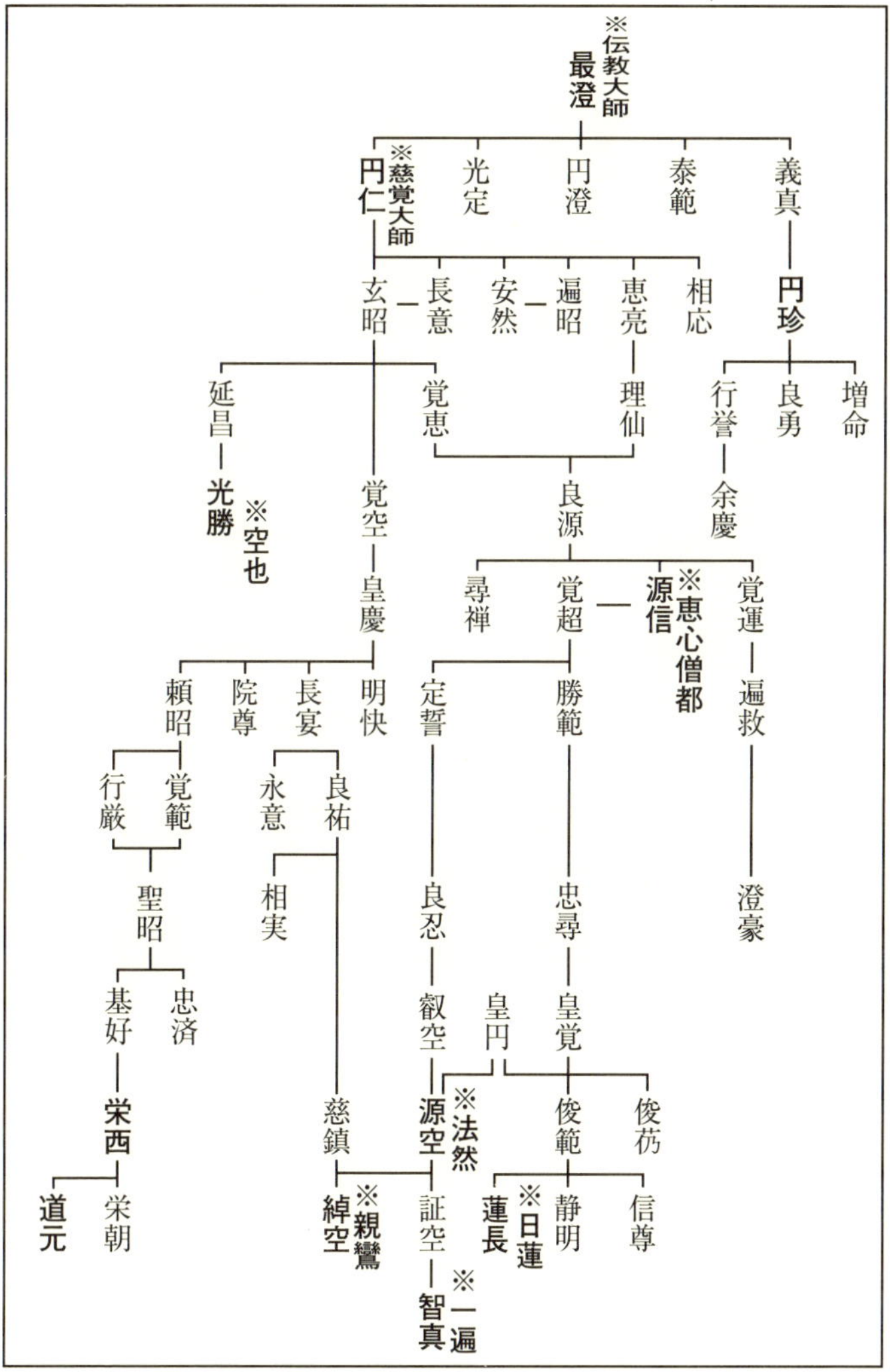
※伝教大師
最澄
義真
泰範
円澄
光定
※慈覚大師
円仁
円珍
増命
良勇
行誉
余慶
相応
恵亮
遍昭
安然
長意
玄昭
理仙
覚恵
延昌
光勝
※空也
良源
覚空
皇慶
覚運
遍救
澄豪
※恵心僧都
源信
覚超
尋禅
勝範
定誓
忠尋
良忍
明快
長宴
院尊
頼昭
覚範
行厳
聖昭
忠済
基好
栄西
栄朝
道元
良祐
永意
相実
慈鎮
皇覚
皇円
叡空
俊芿
俊範
※法然
源空
信尊
静明
※日蓮
蓮長
証空
※親鸞
綽空
※一遍
智真
日本天台宗系譜略図

次に、蓮長は栄西《えいさい》が開いた臨済宗の寺院へと向かい、円爾《えんじ》という禅僧のもとで臨済禅を学ぶ。栄西は比叡山で禅を選択して以来、臨済宗を興していた。ちなみに、栄西はもとは比叡山の祈禱僧であった。そもそも禅宗はインドの達磨《だるま》大師を始祖とするが、鎌倉時代には公武の権力者の厚い帰依を受け、著名な中国の禅僧が相次いで来日していた。

この禅は、いうまでもなく釈迦が菩提樹の下に座り、悟りを開いた姿を原点として興った宗派であり、座禅と内観によって心の本性を悟ることを目標とした。その点からいえば、仏と凡夫を峻別《しゅんべつ》する浄土宗とは異なっていたが、修行を通して仏性を開くことによって即身成仏をめざす最澄の思想とは共通する側面を有していた。

臨済宗では、釈迦御一代において説き続けられた法は『華厳経《けごん》』であれ、『涅槃経《ねはん》』であれ、『法華経』であれ、いずれも禅定から生まれた釈迦の悟りを説く指針にほかならず、そもそも釈迦の悟りそのものを文字によって表現すること自体が無理な話だというのである。

したがって、経文は「月を指す指のようなもの」で真理を差す矢印となっても、真理そのものではないから、真の仏法は経典の中にはない。無となり、空となる時、そのままが悟りであると主張する。

だが、蓮長は、己の心を安定させるだけで積極的に社会に働きかけようとはしない臨済宗に失望した。民衆は禅を組むより生活の糧を得る行動を優先する。ならば、ゆとりある人間は禅をして悟りを開くことができるかもしれないが、末法を生きる一般の民衆には無理な話である。

また、汚れた心でいくら禅をしてもドブ池の上水が澄むようなもので本質は変わらない。経典を学ばなければ智慧も起こらないし、明門《みょうもん》も開けないと思った。

やがて、蓮長は鶴岡八幡宮に所蔵された釈迦一代五十年説法を著した『一切経』に触れることが許される。この経蔵には実朝が朝鮮より取り寄せて寄進した宋版《そうばん》の『一切経』が納められていた。

神社に経蔵があるというのはいささか奇異に映るだろうが、その当時は「鶴岡八幡宮寺《はちまんぐうじ》」と呼ばれ、神道と仏教が混在しており、僧侶の方が神主よりも上位にあった。これは中世に興った「本地垂迹《ほんじすいじゃく》思想」によるもので、当時、日本の神は仏の使いとして渡来してきたもののように考えられていた。この頃の鶴岡八幡は祭神に本地の仏を立て、幕府鎮護の祈禱を行っていた。したがって、僧侶が上座に就いていたのである。

経蔵に入り、憧れの『一切経』を前にした蓮長の胸は高鳴ったが、膨大な法蔵経を読破するのに何年かかるだろう、遊学二カ年という師匠道善房との約束があるのにと、かすかな不安をよぎらせた。

だが、考えあぐねていても時間は過ぎ去るばかりである。「千里の道も一歩からだ。まず読み始める以外に道はない」と己を鼓舞すると、寝食を惜しんで、まず諸宗の所依の経典が釈迦一代五十年説法のどこから起こっているかを調べ始めた。

たとえ、宗派の宗祖が随意に解釈して、自分の教えが正しいと主張しても、本当にそうなのか、釈迦はそのように説いておられるのか、その解明のためには先人の論に惑わされることなく、原典を研究していく以外にない。真理追究の方法論として原典主義に立つ姿勢は現代学問の世界でも主流を占めているが、蓮長もその方法を用いた。

まず、真言宗の経典には、『大日経《だいにちきょう》』、『金剛戒経《こんごうかいきょう》』、『般若理趣経《はんにゃりしゅきょう》』などがあり、天台宗は『法華経』を根本聖典として『大日経』、『梵網《ぼんもう》菩薩《ぼさつ》戒経』、『阿弥陀経』を用いる。禅宗は教化別伝《きょうげべつでん》と主張し、経典には依らないが、一応『金剛経』、『大般若理趣分』などを読む。浄土宗は先述した『大無量寿経』、『観無量寿経』、『阿弥陀経』の浄土三部経である。

また、華厳《けごん》宗の東大寺は、全世界は毘盧遮那《びるしゃな》仏が創ったものであり、一微塵《みじん》の中に全世界を映じ、一瞬の中に永遠を含むという教えを『華厳経』に説いている。興福寺や薬師寺の法相《ほっそう》宗は、『解深密経《げじんみつきょう》』、『成唯識論《じょうゆいしきろん》』を所依の経典としている。

蓮長はその中でも末法における最高の経典があるはずだと考え、まず釈迦の一代五十年説法を経典化した『一切経』を順序よく、優劣を踏まえて整理した天台大師の「教相判釈《きょうそうはんじゃく》論」を参考として、諸宗の聖典を当てはめてみた。

華厳《けごん》時——伽耶城《がやじょう》近くの菩提樹下での二十一日間の説法をまとめた『華厳経』を拠り所とするのが華厳宗。

阿含時《あごん》――鹿野園《ろくやおん》における十二年間の説法をまとめた経典を拠り所とするのが成実宗《じょうじつ》と律宗。

方等時《ほうとう》――欲界、色界二界の中間大宝坊における八年の説法をまとめた経典を拠り所とするのが法相宗、浄土宗、禅宗、真言宗。

般若時《はんにゃ》――鷲峰山《じゅほうせん》での二十二年にわたる般若時の説法をまとめた経典を拠り所とするのが三論宗。

法華《ほっけ》・涅槃時《ねはん》――霊鷲山《りょうじゅせん》での釈迦最後の八年説法をまとめた『法華経』と、一日一夜の説法である『涅槃経』を拠り所とするのが天台宗。

蓮長は、狂ったようにおびただしい経典を読破した。その結果、内容を比較対照した上で天台大師の所説のとおり、『法華経』こそ末法の世に説き留められた最尊の経典であるとの結論に達し、「四十余年未顕《みけん》真実」という仏宣《ぶっせん》に釈迦の真意を見出す。

これは、『法華経』以前の四十余年の説法は方便の教えであり、最後八カ年の『法華経』こそが真実であると、釈迦自らが『法華経』に宣言した言葉であった。ちなみに華厳時の二十一日から般若時の二十二年までを加算すると、たしかに四十二年二十一日となり、「四十余年」の方便説法と合致している。

であるなら、『法華経』以前の教えをまとめた経典を拠り所とする華厳宗・成実宗・律宗・法相宗・浄土宗・禅宗・真言宗・三論宗の各宗は、末法の時代に拠り所とすべき真実の経典を選択していないということになる。なぜ真実ではないかというと、『法華経』以前の説法を伝える華厳・阿含・方等・般若の経典は、いずれも大衆の機根に合わせて説かれた、いわば方便的、迎合的なものであったからである。

方便的とか迎合的とかいうと、いったい仏教はどうなっているのかと思われるかもしれないが、人を教育するためには段階を踏まねばならない。釈迦はすべての人間を仏にすることが願いだった。だが、一度にそこに導くことはむずかしい。

たとえば、大学に入るためには、それ以前の基礎教育が必要であるのと同様である。これは学者にとっても同じことである。若い時に研究した内容も、歳を取るにつれて深みを増していく。そして、余命幾ばくもなくなった時「集大成作品」を発表しようとする。釈迦にとっても同様であり、その総括、本懐経ともいうべきものが『法華経』であった。

つまり、天台宗を除く各宗が用いている経典はすべて真の教えを理解させる準備段階での補助的な手段であって、釈迦の本懐経ではない。十分な用意を整えた後に語られた真意、それが『法華経』であるから、蓮長は末法には『法華経』を最高最尊の教えとしなければならないと考えたのである。

しかし、この頃の蓮長はまだ『法華経』が理解できなかったのか、密教を優位と考えていた節がある。のちにまとめられたもので、この鎌倉での「留学論文」である「戒体即身成仏義《かいたいそくしんじょうぶつぎ》」を見ると、『法華経』は言葉で示された教えであるが、密教は言葉を媒介としない直接即身成仏の秘密に参入する高度な教えであると思っていたようである。

おそらく蓮長は、清澄寺や鎌倉で密教による加持祈禱に興味を抱いていたのだろう。密教の諸尊を前にして護摩《ごま》を焚き、呪文《じゅもん》を唱える姿は純真な子供にとって意味不明のまま、畏敬の念すら起こさせる不思議な世界に映ったことだろう。

しかし、その一方では、偉大な巨星として信奉する最澄が密教の上に立てた円教、つまり『法華経』を否定することはできなかった。たとえ、『法華経』の価値をつかめないとしても、それは自分自身の未熟さのせいであり、最澄のせいではない。尊敬する最澄の教えに誤りなどあろうはずがなかった。


さて、蓮長が鎌倉へ出向いた頃、当時の新興宗教として民衆の心にしっかり浸透していた法然の専修《せんじゅう》念仏であったが、ある時、衝撃的な事実に直面する。大阿弥陀仏《だいあみだぶつ》という当時有名な念仏僧が悪瘡《あくそう》（疱瘡《ほうそう》）に侵されて悶死したという。しかも、その死骸が黒ずんで不気味な様相であったという噂が伝わってくる。当時、遺体が黒色に変化するのは地獄に堕ちていく証だと信じられていた。

「悪瘡等の重病を受けて臨終に狂乱して死するの由、之を聞き、之を知る」と、後に日蓮は遺文に述べている。蓮長には看過できない出来事だった。

（臨終の時まで五色の糸で阿弥陀と結ばれ、念仏を称えながら、狂死したあげく死骸が黒くなるのであろうか?)

その頃、念仏僧の間では阿弥陀が迎えに来る姿を確認するまでは死んではならなかった。浄土宗では平安末期から「臨終行儀《りんじゅうぎょうぎ》」というものがしきりに行われている。

おもしろい話がある。死期が目前に迫ると、伏した床の横に「山越え阿弥陀」の屏風を立てる。そこには極楽浄土から海を渡り、山を越えて、この世にやって来る弥陀の姿が描かれている。その阿弥陀仏と自分の親指を五色の糸で結び、合掌して臨終の最後まで念仏を称えさせる。その時、たしかに手を差し伸べて自分を浄土に迎え入れてくれる弥陀来迎の情景を臨終の枕辺で確認し、周囲の弟子たちに報告しなければならない。

そこで意識が朦朧《もうろう》となり始めると、周囲に侍る弟子たちが「お師匠さま、阿弥陀仏はお迎えに参られましたか?」と身体を揺すって耳元で囁く。もし、見えなければ念仏が足りないということになる。称えれば称えるほど、阿弥陀仏との縁は強くなるものとされていたから、極楽往生はまちがいないはずであった。師匠は残された弟子のためにも弥陀来迎を証明しなければならないから、死にそうになっても死ねなかった。

この鎌倉時代も、そういう儀式が続いていた。ところが真っ先に極楽へ行くはずの高僧が狂死したから市井は大変な騒ぎになったのである。

蓮長は不審に思い、数日間、その事実を確認するために市井の浄土宗の寺々を訪ね歩く。だが、極楽に行ったか地獄に堕ちたか、正直に答える浄土宗の寺などあるわけがない。それまで浄土宗か、密教か、法華経かについて迷っていた蓮長であったが、その点、最も切りやすいのは浄土宗であった。『法華経』の「譬喩品《ひゆほん》」には「此経を毀謗《きぼう》する罪」として阿鼻《あび》地獄に堕ちたり、良薬を飲んでも効かないなど、さまざまな罪報が説かれている。法然は浄土三部経こそ釈尊や、阿弥陀の真意にかなったものであると主張しているが、正法である『法華経』に背いたからこそ、念仏者たちは原因不明の悪瘡に侵されて悶死したのではないかと考えた。

（もし念仏が正法であるのなら、十人中九人が救われても、一人が救われなければ嘘である）

このように後の遺文に蓮長は綴っているが、ここに蓮長の潔癖主義な性分が読み取れる。黒白がはっきりすると、黒を断じて許さず、偏狭なまでにムキになる。直球勝負型のタイプによくあることである。

蓮長はあちこちの寺院を訪ね、大阿弥陀仏はなぜ死んだのかと浄土宗の名僧、高僧に教えを請うようになった。彼らは最初こそ快く会ってくれたが、蓮長が矛盾点をあげつらうと、すぐさま険悪な雰囲気に変わっていく。

やがて鎌倉の寺々に、「小うるさい坊主がいる」という風評が流れ始め、蓮長の名前は瞬く間に広がり、ことごとく門前払いの有様となった。たまに質問に応じてくれたとしても、最後は「青臭い理屈を振り回す奴だ」と相手にされず、法論の修羅場をくぐり抜けた海千山千の僧たちから風の前の塵のようにあしらわれてしまう。純粋な蓮長にはそれが悔しくてならない。表は民衆の味方のように振る舞い、真実を求めようとする求道僧に対しては、頑として門を閉ざす狭量な高僧たち……。不信と孤独は怒りとなって胸を突き上げる。浄土宗への疑問を究明しようとも誰も答えてくれない。『法華経』を自力で求めてもむずかしくて分からない。真実を求めようとも現実は別であった。もはや蓮長の眼には、都合が悪いから隠すのだと映った。ついに蓮長は浄土宗と決別する。

少なくとも蓮長にとって不可思議のない信仰は無意味であった。論より証拠、理を越えた救済力、これこそが大衆の目を開く。その点、真言密教が優位であるような気がする。だが、理論上は明らかに『法華経』が最高の経典である。

孔子は「朝《あした》に道を聞かば、夕べに死すとも可なり」といった。どこかに『法華経』を説いてくれる高僧はいないか、もしいるならば、『法華経』の「提婆達多品《だいばだったほん》」にあるごとく、国王が妙法蓮華経の極意《ごくい》を求めて阿私仙《あしせん》のために木の実、草の実を拾い集めて給仕し、身体を床座《しょうざ》として提供したように、その人に仕えても決して厭わないとも思う。

そんな時、草を枕に天を仰ぐ。満天の星が胸を切なくすると瞼に懐かしい小湊の山や海が浮かび、父や母の温かい眼差《まなざし》が思い出される。

しかし、帰ればふたたび清澄寺での修行が始まる。もはや蓮長にとって清澄寺は矛盾のある寺でしかない。だが、蓮長はなんとしてでも疑念を晴らしたいと思った。そこで、とりあえず清澄寺へ戻って師へ相談し、これらの謎を究明するために引き続き比叡山遊学の許可をいただこうと考えた。約束の期限はとうの昔に過ぎ去り、およそ四年の歳月が流れている。

夜露に濡れた体を起こすと、蓮長は海沿いの道を小走りに急ぐ。鎌倉の潮の匂いが、そこはかとなく小湊の浜辺を思い出させた。

桜船

仁治三年（一二四二）、小湊の浜辺はいつもと変わらない。空の雲、波のざわめき、頰をなでる潮風の匂い。キラキラと日が射す川面に魚が泳ぐ。どれもこれも幼い頃の思い出を呼び起こさせてくれるものばかりである。

清澄寺に向かいながら、張りつめていた緊張の糸が緩んだのか、ふと蓮長は、のどかなこの村で名もなく一生を終えるのもいいかもしれないという気持ちになった。「どうせ、難信難解《なんしんなんげ》の法華経じゃ。法然上人も、栄西上人も捨てるほどの代物だ」、「密教が上かもしれないのだ」という思いが込み上げてくる。既成宗教の壁の厚みにはじき飛ばされた疲れもあった。気分は緩み、いそいそと足は懐かしい実家の方へ進んでいく。軽い気持ちで蓮長は玄関をくぐった。

「どなたじゃ?」

そう尋ねながら、振り返りもせず梅菊は台所でもくもくと食事の支度をしている。蓮長は心なしかやつれた母の姿を見てしばらく立ちすくんでいた。

「ああ、善日……」

梅菊は蓮長に駆け寄ってきた。何ひとつ親孝行ができないでいると思うと、とめどなく涙があふれた。梅菊はあらかたの話を聞き終えると、ふたたび台所に戻った。

「ゆるりとなされや。ほどなく父者も戻られよう」

蓮長はしばらく横になった。目覚めると、昼間は晴れ渡っていた空もいつしか雨に変わっている。叩きつける雨音に交じって台所からは包丁の音が聞こえる。童《わらべ》の頃、いつもその響きと朝餉《あさげ》の匂いで目を覚ましたものである。何も知らなかった昔が幸せだったのかもしれないと思う。

「蓮長どの……」

梅菊の声で目を覚ますと、横には食膳が準備され、玄米の強飯《こわいい》、味噌汁、塩菜、海藻などが飯台に所狭しと並べられている。梅菊は我が子のために生類を避けて腕をふるっていた。

「長旅でさぞ疲れなさったであろう……」

梅菊はあれこれと気づかう。そうすることが母としての大きな喜びであった。蓮長もまた笑顔で応えながら、その温かさに胸を熱くする。かろうじて母のぬくもりに救われるような気がした。

蓮長は久しぶりのごちそうを前に、差し出された昆布湯をすすっていた。いつの間にか外はどしゃぶりになっている。そこへ重忠が海から帰って来た。

蓮長はあわてて姿勢を正して合掌すると、懐かしそうに挨拶した。

「父者、久しくご無沙汰しておりました……」

重忠も驚いた。たくましく成長した我が子の姿。思わず懐かしさが込み上げてきたが、先に濡れた蓑《みの》を壁に掛け、手ぬぐいで身体を拭きながらどっかと腰を下ろすと、蓮長と目線を合わせることなく憮然とした表情で尋ねた。

「それで出家の本懐は遂げられましたのか?」

蓮長は返答に窮した。

「鎌倉に遊学されたことは聞いておりましたが、いつ戻って来られたのじゃ?」

「さきほどにござりまする……」

「阿闍梨《あじゃり》さまへの報告はおすみか?」

「いえ、これからでござりまする」

「順序が逆。礼を失してなんの僧侶でござろうか?」

蓮長は、高僧になるまでは敷居をまたがぬという誓いを忘れていた。

「申し訳ございませぬ。まだまだ未熟、汗顔の至り……」

蓮長は逃げるように飛び出すと清澄寺へと向かった。どしゃぶりの雨に打たれながら遠ざかる蓮長の後ろ姿を見送りながら、梅菊は両手で顔をおおった。

蓮長は親思いであった。十一歳で親もとを離れたためか、折に触れて両親のことを思い出した。恩愛の情を断つのが出家者の心構えであるが、蓮長はこまめに消息を父母に伝えている。だが、この帰省の本心は少しそれとは違っていた。鎌倉の壁の厚さに打ちひしがれた弱気が、真綿にくるまれたような温かさを求めさせていた。

一方、重忠には、求道のためとはいえ恩顧ある道善房との約束の年限を破った蓮長の気持ちが理解できなかった。重忠は重忠なりに律儀さゆえの良心の呵責に苛まれていたのである。

昼下がりの清澄山は雨にけむっていた。まず、本堂の虚空蔵菩薩に礼経を唱えて帰山の報告。虚空蔵菩薩はいつもと変わらぬ優しい慈顔を湛えておられる。手を合わせて静かに見上げると、その眼差が一層蓮長の心を切なくする。虚空蔵菩薩の守護によって『一切経』を読破させていただいたとお礼を言上するが、気持ちは晴れない。流れる星に誘われて清澄寺に帰ったものの、鎌倉で誓った叡山遊学も挫折しそうになる。虚空蔵菩薩を前に長い自問自答が続いた。

その時、蓮長はいずこからともなく響いてくる虚空蔵菩薩の声を聞いた。

（弱音を吐くか、見損なったぞ。蓮長！）

蓮長はついに「初心を貫くべきだ」と決断した。惰性に流されるのも人生、信念を貫くのも人生であるならば、後悔しない方を選択しなければならない。もはや、それ以外に自分の歩むべき道はないのだ。ただ、更なる遊学を許してもらえるであろうか、もし駄目ならどうする、だが、相談してみなければ話は進まないではないかと己を鼓舞する。

蓮長は、不安をよぎらせながら師匠道善房の住む庫裡《くり》へと挨拶に出向く。障子を開く手が心なしか重かった。

「蓮長にございます。今、戻りました」

道善房は書物を読む手を休めると、部屋に入った蓮長の顔を見上げて驚いた。汗臭いが全身の筋肉が引き締まった堂々とした体躯。かといって大きいばかりではない。眼光は鋭いが澄み切って美しい。道善房は瞬間的に蓮長に真摯な求道者の魂を感じ取った。

「すっかりたくましゅうなって。何歳になられたかのう?」

「はい、二十歳を過ぎました」

「おお、もうそんなになるか。歳月は人を大きく変えるものじゃ……」

道善房は眼を細めた。

「申し訳ございませぬ。お約束を破りました」

「よい、よい。最初は腹も立ったが、求道心のゆえだと思えば腹の虫も治まったわい」

道善房はいつになく饒舌《じょうぜつ》であった。

「どうかのう。遊学の甲斐はあったか?」

鎌倉の僧たちに比べると師匠は優しかった。

「鎌倉には失望しました……」

意外な答えに道善房は驚いた。

「はて、京の栄華を凌ぐ鎌倉に何ゆえ失望した?」

「僧侶は正道を説かず、伽藍は形式ばかりとなり、心は満たされませんでした。ただ……」

「ただ、なんじゃ?」

「ただ、やはり法華経にこそ釈尊の真意があると確信しておりまする」

「いまさら何を申す。法華経は天台の経文。当然のことじゃ」

「しかし、これを会得した高僧には会うことが叶いませんでした。もはや、鎌倉は学ぶ所ではなく民衆を救うべき場所にござりまする。己の未熟さも思い知らされました……」

道善房は鎌倉での一部始終を聞いた。意志強固であるはずの蓮長が弱音を吐くことが不憫でならない。清澄寺の将来を担わせるためにも、なんとか元気を取り戻させようと思った。

「何を言うか、仏道修行に限界はあらず。そなたはまだ若い。それくらいのことでくじけてしまってなんとする！」

蓮長の瞳がかっと輝いた。

「まだ、この上も学んでよろしゅうございましょうか？」

「当然じゃ」

「ならば、引き続き、比叡山への遊学をお許しくだされまし」

「なに、叡山？」

道善房は驚いた。即座に蓮長は頭を下げ、両手をついた。

「はい、叡山にございまする」

ふだんは、いたってもの静かな道善房が珍しく声を荒げた。

「やっと帰ったばかりというに、叡山などならぬ！」

「わがままの数々、申し訳ありませぬ。なれど私の求道の炎は消えませせぬ」

「ええい、ならぬ、ならぬ！」

「お願いでございまする」

板張に深々と頭をこすりつけても、道善房は顔をそむけた。

「これ以上、そなただけの自由を許すわけにはいかぬのじゃ」

そう言われると返答のしようがない。蓮長は板張に両手をついたまま、はらはらと大粒の涙を落とした。庭の水溜りには雨で散った桜の花びらが舟を浮かべている。かすかな風が吹いているのであろう、ゆっくり動きながら船どまりの状態を醸し出している。風に身を委ねる桜をうらやましく思った。

道善房は溜息《ためいき》をもらしながら、静かに口を開いた。

「蓮長よ。これ以上、何を知ろうというのじゃ」

蓮長は涙を拭いて、衣をつくろった上で答えた。

「清澄寺は由緒ある天台宗の寺院でありますが、念仏を称えております。法華経は現世成仏、浄土宗は来世成仏。この二つは絶対に相容れませぬ。そこで古来より護国の経典として尊信されてまいりました密教と法華経を知ること。併《あわ》せて南都の諸宗も見極めたいと願っております。その上で、この世を救うべき国家観を修得することでありまする」

蓮長は、かつて承久の乱によって上皇や天皇が流罪され、己の所領拡大のために武力によって国家を仕切るという、地が天を覆す行為に納得がいかないことを述べた。また、聖徳太子以来、鎮護国家の拠り所とされた『法華経』がどうして地に堕ちたのか、その疑念を晴らしたいと持論を語るが、道善房は返答に窮するばかりであった。

「国家観とは、また大きな話じゃのう。しかし、それはともかくとしても、法華経だけが正しく、その他は邪教であると考える姿勢はいかがなものかのう」

道善房は首を振る。しかし、蓮長は仏法に妥協はあり得ないと確信して、鶴岡八幡宮の経蔵で学んだ成果について説明した。

「釈尊の『四十余年未顕真実』の仏宣がある以上、ひとり法華経のみが真実のはず。そもそも法華経の第五の巻に、『文殊師利菩薩、此の法華経は諸仏如来の秘密の蔵なり。諸経の中に於て最も其の上《かみ》にあり』とありまする。この経文が真実ならば、すべての宗派の頂上にある経文でありましょう」

道善房は『法華経』の経文を諳《そら》んじている蓮長に驚いた。蓮長は矢継ぎ早にいう。

「伝教大師は法華経を主経とせよと仰せになりました。しかるに、鎌倉で聞けば叡山は密教が主流といい、浄土教も盛んだと聞き及んでおりまする。いったい、比叡山の実状はどうなっているのでございましょうか。もし法華経が主経ならば、その他の宗派はまちがいではござりませぬのか?」

「理屈ではそうかもしれぬ。じゃがのう、宗祖はそれぞれ血のにじむような修行を経て、自らの信じる経典を依正として立宗されたはずじゃ」

「なれど、伝教大師は『天台法華《てんだいほっけ》所持の法華経は、最も第一なるゆえに能く法華を持《たも》つ者もまた衆生の中の第一なり』と仰せでござりまする。蓮長は自分の目で比叡山の実態を知りとうございます。そして、究め尽くして戻ってまいります。どうか叡山参籠《さんろう》をお許しくださりませ」

蓮長は、三つ指をつき深々と頭を垂れた。だが、道善房はすぐには許可を下さない。蓮長は万が一の時には破門を覚悟しなければならないとも思った。ただ、そうなると僧籍は剥奪《はくだつ》され、比叡山への道は閉ざされる。

かといって清澄寺はあまりにも狭すぎる寺であった。師匠道善房は人格的には温厚であったが、自分の求道心には応えてくれない。また法論を戦わせたくても兄弟子とでは糠に釘である。知識が足りない兄弟子たちであれば、蓮長が一方的に責める立場になる。すると周囲の敬遠を誘い、ますます孤立する。

『法華経』の奥義を体得して諸宗に打ち勝つためには、徹底した法論で自分を切瑳琢磨するしかない。こうしているうちにも念仏がはぶりを利かせ、ますます『法華経』は地に堕ちることになる。蓮長が考える「末法」とは、正法が邪法に踏みつぶされることを意味していた。蓮長はひとまず「戒体即身成仏義」という「留学論文」をまとめ、道善房に提出した。だが、まだそこには天台大師、伝教大師が諸経の王と立てる『法華経』と、祈禱中心の密教の迷いがうかがえる。

ただ、まだ二十一歳にもかかわらず文章の脈絡、響きが醸し出す説得力に道善房は改めて蓮長の非凡さを思い知らされた。有能な弟子を雄飛させることは師の役目である。幾度か迷ったが、道善房は根負けしてとうとう叡山遊学を許した。

「かたじけのうございます。御恩は決して忘れませぬ」

蓮長に笑顔がよみがえった。

廊下から片耳を立てていたのか、部屋を出ると、すぐ義浄が耳打ちした。

「蓮長、叡山の修行は狸もあきれると聞いておるぞ。やめておけ、悪いことは言わぬ」

浄顕もうなずいて説得に当たる。

「そうじゃ、そうじゃ。湿《しつ》、寒《かん》、貧《ひん》、論《ろん》が叡山じゃ。辛いぞ」

「それはどういう意味でござるか?」

蓮長が浄顕に尋ねると、義浄が答えた。

「湿気が多く、寒く、貧しい中で法論ばかりを繰り返すのじゃ。苦しいぞ」

義浄は浄顕と二人がかりで説得にかかる。だが、蓮長はただ笑ってうなずくばかりであった。

それからしばらくして、蓮長は水を得た魚のように意気揚々と清澄寺の山門をあとにした。

第三章　比叡の嵐

国宝道心

蓮長が比叡山延暦寺《えんりやくじ》に着いたのは、寛元元年（一二四三）というから、最澄が入滅してから、すでに約四百二十年の時が流れている。

比叡山は広大な面積を持ち、東塔《とうとう》、西塔《さいとう》、横川《よかわ》の三塔に分かれ、十六の谷があり、当時、五百の坊舎、三千人以上の学僧を擁する日本最大の寺院であった。ここは当時のあらゆる文献資料を所蔵しており、『法華経』あり、禅あり、律あり、密教あり、そしてこれらの経典を研鑽する者であふれていた。

最澄の立宗の精神は、「道心《どうしん》の書」にうかがい知ることができる。

国宝とは何物ぞ。宝とは道心《どうしん》なり。道心ある人を名づけて国宝と為す。
故に故人の曰《いわ》く。径寸《けいすん》十枚、是《こ》れ国宝に非ず。一隅を照らす。此《こ》れ即ち国宝なりと。
古哲《こてつ》また曰く、

能く言ひて行ふこと能はざるは国の師なり。

能く行ひて、言ふこと能はざるは国の用なり。

能く行ひ、能く言ふは国の宝なり。


これを意訳すると次の通りである。

国の宝とは何か。宝とは仏教を信仰し、菩薩行を行うことである。

その心ある人こそ国宝である。

古人が言うように、光り輝く宝石よりも一隅を照らす人が国宝なのである。

よく言うが、行うことができない人は国の教師となることができる。

よく行うことはできるが、言うことができない人は国の役に立つ。

一番大切なのは、よく言い、よく実行できる人、これこそが国の宝である。

また、「好事《こうじ》をば他人に与え、己を忘れて他を利するは慈悲《じひ》の極みなり」とあった。

人が喜ぶことをしてあげ、自分を忘れて人を利することが究極の慈悲であるという意味である。

「国宝」とは国家のために仏道を求め、それを実践する僧侶を指す。たとえ海水を汲み尽くしても海底の宝珠を入手するくらいの熱意をもって修行に精進し、一切衆生を利益せんとする高邁で慈悲深い菩薩僧。最澄はそうした大乗仏教の僧侶をつくりたいと考えていたのである。

最澄の時代からずっと下った平安時代の比叡山では、年間に定められた得度者は「止観《しかん》」（禅定）を修する「摩訶止観課《まかしかんか》」の一名と、『大日経』による「密教課」の一名、合計二名の定員が朝廷から認められていた。選び抜かれた二名は門外不出《もんがいふしゅつ》の規則を守って、十二年間の修行を行った。だが、鎌倉初期になると学課は増設され、定員も十数名にふくらみ、修行年数も二十一年と延長されている。

また教育組織は、初級段階では十六の谷それぞれの寄住する谷の坊の師匠から、倶舎論《ぐしゃろん》、『法華経』、天台学、密教学を学び、月数回、谷の本堂に集まり、学習結果を高座に上って発表する者、それに対して質問する者に分かれて質疑応答を繰り返す「論議《ろんぎ》」というものがあった。

伝教大師坐像（滋賀・観音寺蔵）

これは二十一年間を通じて、その都度、論ずべきテーマが師匠から与えられ、勉学の成果による答を述べる。答に対して列席の先輩が質問する。それに対してまた答える、質問するという方式で、先輩学匠《がくしょう》によって進学の程度を検査されるのである。現在のゼミナールのようなものである。

これが比叡山三塔（東塔、西塔、横川）院内論議というものに進み、さらに一山論議となり、最後に「広学竪義《こうがくりゅうぎ》」という卒業試験に合格して、二十一年間の修学が一応終わることになる。

二十一年の間、一歩たりとも比叡山から出ることなしに論議をしなければならないとは、気が遠くなるような話だが、この研鑽を経なければ原則として一人前の天台僧としては認められなかった。

したがって、僧侶たちはこれを目指して一心に学を求め、論議を繰り返した。論議は毎日山中のどこかで行われ、質疑応答の声が聞かれない日はなかった。

また、修行としては「常行三昧《じょうぎょうざんまい》」、「半行半坐三昧《はんぎょうはんざざんまい》」の二つがあった。三昧というのは雑念を排除して精神を統一し、悟りをめざしての実践法である。

「常行三昧」とは、九十日間、念仏を称えながら阿弥陀仏の周囲を回る。疲労困憊して倒れそうになっても歩を進める。食事と用便、そして一日二時間ほどの仮眠以外は途中で横になることすら許されない。

「半行半坐三昧」とは一日六回、五体投地《ごたいとうち》の礼拝や、眼、耳、鼻、舌、身、意の六根清浄のために『法華経』を読む。五体投地をしながら懺悔滅罪を祈る、いわゆる「法華懺法《ほっけせんぼう》」と呼ばれる修行であり、これを二十一日間行う。

そもそも中国の天台宗では、日常の修行として、「常坐《じょうざ》三昧」、「常行三昧」、「半行半坐三昧」、「非行非坐三昧」の四種類が定められていた。

「常行三昧」と「半行半坐三昧」はすでに述べたが、「常坐三昧」とは九十日間の「止観」。これは座禅とは少し違う。座禅はただ単に無空を求めるが、止観は自己内面を発見する行法である。一日二時間ほどの仮眠と、用便、そして一日二食の簡素な食事のほかは止観を続けなければならない。「非行非坐三昧」とは、日程や行儀を特に定めない生活即修行のことである。日々の食事や剃髪、作務をすることも修行の一部となる。

最澄の弟子円仁《えんにん》は、最澄滅後十六年目の承和三年（八三八）年、唐へ出発し、そこに九年間留学し、「常行三昧」、「半行半坐三昧」の二つを比叡山にもたらして、午前中に「半行半坐三昧」、午後からは「常行三昧」と日課を定めていた。

先にもふれたが、これがやがて「朝題目、夕念仏」と呼ばれるようになるのである。午前中に『法華経』の経文を読んで懺悔滅罪を祈り、午後からは『阿弥陀経』を読んで往生を願うというものである。しかし、比叡山ではそればかりではなく、止観も用いられていたし、戒律を重視する者もあった。

いずれにしても学問と論議、そして例時作法の中で宇宙観、仏身論、人間考察などの思想体系を形成していく。したがって、比叡山には『法華経』あり、禅あり、戒律あり、密教あり、浄土教ありと多士済々な僧侶であふれ、しかもその修行は二十一年間と煩雑なものであった。

「一念三千」の法門

叡山で修行に入った蓮長は、まず横川の香芳谷《かほうだに》に入り、華光房《けこうぼう》（定光院）に住んで、無動寺谷の南勝房俊範《しゅんぱん》について学んだ。彼は当時すでに六十歳。若い頃から天台座主慈円《じえん》に嘱望され、数ある学匠の中でも山門随一の総学頭と称される優れた人物であった。最澄以来の天台宗の宗風を厳格に保持しようとする考えを持っていた彼は、真言宗・禅宗・浄土宗については批判的な態度をとっていた。蓮長はこの俊範の影響を強く受けたにちがいない。

蓮長がこの比叡山で何をどのように学んだかは、文献がないので推測するしかないが、まず「天台学」と「密教」を学んだことは想像に難くない。

天台の教義の魂魄《こんぱく》は「一念三千」である。この理論は『摩訶止観』に述べられているが、結論的にいうと、人が日常的に起こす心が外部の世界に反映し、外部の事象が直ちに心を作るということである。

むずかしい教えであるが、これを理解しなければ日蓮の思想は分からないし、のちに生み出す題目の意味も理解できないから、もう少し説明を加えることにする。その前に、仏教の生命観について少し触れておきたい。

インドで興った仏教は、釈迦が入滅して約百年後、小乗仏教（上座部）と大乗仏教（大衆部）

に分かれる。これを根本分裂という。小乗仏教というのは歴史上の釈尊を仏として崇めて、瞑想と戒律を中心とする教えであり、セイロン（現・スリランカ）、タイ、ビルマなどインドの南方から東方にかけて広まった。一方、大乗仏教はローマと中国を結ぶシルクロードを経て日本に伝わる。

私は、インド、スリランカ、タイなどの小乗仏教国を何回か訪問したことがある。その時、驚いたことには、中国や日本で見る仏像には必ずその後ろに「光背《こうはい》」と呼ばれる舟形をした傘のようなものがあるが、これらの国の仏像にはそれがまったくなかった。

その理由は、小乗仏教では歴史上の釈迦の肉体を塑像《そぞう》し、これを拝んでいるが、大乗仏教では仏とは肉体そのものではなく、もともと宇宙に満ち満ちた意識生命体として捉えているからである。つまり、釈迦に宇宙性を持たせるか否かによって造りが異なっていたのである。

釈迦は菩提樹の下で悟りを開いて仏になったが、『法華経』には無量百千萬億載阿僧祇劫《おくさいあそうぎこう》という久遠《くおん》の昔から仏だったと述べられている。これは宇宙創造の時点からすでに仏であったという意味である。すなわち釈迦が悟った真理とは宇宙の法であり、それが流入しているのだという考え方である。

そうした大乗仏教がインドから中国に伝わったのは漢代である。当時は儒教が国教と見なされ、政治の根本となっていたが、やがて国力の衰退と共に社会不安による民衆の動揺が激しくなった時期に、中国に根を下ろし始めていった。その時、突き当たったのは釈迦の死をめぐる問題であった。

小乗仏教ではその死を一個の人間の死として、ありのままに受け入れる。一方、大乗仏教は、もともと久遠の昔から仏であるのだから、肉体は滅んでも魂は不滅で永遠に生き続けると説いた。また、これは仏というものは釈迦ばかりではなく、地上の万物に宿っているという思想へと展開する。すべてが宇宙の産物であるなら、仏の生命が地上にも及んでいることになる。

したがって、山であろうと川であろうと、草木であろうとすべてが成仏する、その素質を持っていると考えるようになる。これを「悉有仏性説《しつうぶつしょうせつ》」という。こうなると無数の仏があらゆる場所に誕生する可能性がある。その中でも、釈迦は不滅であるという思想が社会不安の中で、民衆に救いを与えたことはいうまでもない。

宇宙の法を悟れば仏となる——。釈迦もこれによって仏となったのだから、すべての人間も「法」を悟れば仏になれる。それが天台大師、伝教大師の信念であった。ここから「一念三千」という法門が生まれることになる。


それでは「一念三千」について、日蓮の師である俊範がどのように説いたか、恣意的であるが、対話的に綴って再現してみたい。

「仏の命は有情のものすべてに存在する。だが、問題は宇宙がどうであろうとも人間の生き方じゃ。人間や社会を支配するものは思いである。それを観察しなければならぬ。一つの思い、その一念は心より発する。そこには地獄・餓鬼《がき》・畜生《ちくしょう》・修羅《しゅら》・人間・天上・声聞《しょうもん》・縁覚《えんかく》・菩薩《ぼさつ》・仏という十界がある。一念は常にこの世界を遍歴する……」

俊範は、十人ほどの学生《がくしょう》を前に演座に上っていた。寒さ厳しい中で白い息を洩らしながら、新参の学生たちは板張に座って背筋を伸ばし、誰一人として脇目を振る者はない。その中にひときわ大きな蓮長の姿があった。

「伝教大師は、地獄や仏というものは地上とは別の世界に存在するのではなく、すべて心の中にあると考えられた。たとえば怒りが込み上げる時は地獄じゃ。貪欲で足ることを知らぬ心の状態は餓鬼じゃ。理に暗く、恥を知らぬ生活を畜生という。おごりや嫉妬の心で常に闘争の絶えない生活は修羅じゃ。平和を願いつつも善悪いずれにも動く生活は人間じゃ。歓喜の世界にあって、なお真理を知らぬ生活は天上。ここまでを六道といい、凡夫の心は常にこの六つの世界を循環している」

蓮長は「なるほど」とうなずいた。たしかに心は一つではない。片時もとどまることなく動き、地獄の苦しみもあれば、歓喜の時もある。

俊範は続けた。「その上の境涯として解脱を求めて教えを聞く声聞。意識の根底を見つめて修行する縁覚。自ら菩提を求めつつ衆生を救済する菩薩。そして、その上に智慧と慈悲が完全に備わった仏がある。これらを四聖《ししょう》という。ただし、ただしじゃ」

俊範は、全員の顔をぐるりと見回した。

「そなたたちの心は地獄に行ったり、仏の世界に行ったり、一念の動きによってさまざまじゃ。そして、その動きにつれて三千に及ぶ生活の現象が現れる。この三千という数は必ずしも三千と限らず、むしろ無数無限と見るべきで、これら無数の活動が我々の一念の心に含まれていると観ぜよ。これを一念三千という」

学僧たちはむずかしそうな顔をしている。俊範は緊張を解こうと、少し笑って語りかけた。

「恵学、そなたの心には己を向上させる欲望もあるが、時には己を破滅させるような悪い欲望が起こることもあるじゃろう?」

名指しされた恵学という若者は正直に答えた。

「はい。あります」

俊範は笑ってうなずいた後、さらにつけ加えた。

「良い人間にも時として悪い心が起こる。悪い人間にも良い心が起こる。完全無欠な人間というものはこの世にない。こう考えると善にも悪があり、悪の中にも善がある。また、一口に闘争はいけないというが、悪を憎む正義の怒りもあるじゃろう。また、地獄に堕ちた者も輪廻《りんね》してやがては仏になることもできよう。そこで、この十世界のそれぞれについても、地獄から仏までの十段階に分ける。地獄の中にも地獄から仏までの十界があり、餓鬼の中にも地獄から仏があり、仏の中にも地獄から仏までの十界がある。十界に十界があるから百界になる。これを十界互具《じっかいごぐ》という」

すると、学生の尚般が立ち上がって尋ねた。

「では、仏が地獄に堕ちることがあるのでございますか？」

「ある。仏も油断していると地獄や餓鬼道に堕ちることもある。逆に地獄・餓鬼の状態であろうとも、悟れば瞬時にして仏となる。いかなる極悪非道の人間にも仏性《ぶっしょう》があるからじゃ」

遠くでかしましく小鳥の鳴き声がする。どうやら雪でえさを失った鳥たちが争っているようである。俊範はその声を聞いて引用した。

「聞け、鳥も己の子が愛しいのじゃろう。えさが少ない時は他の鳥たちと修羅になって争うこともあろう。だが、ひなにえさを与える時は仏の心じゃ。森羅万象すべてにこの理は通じる。お分かりかのう？」

俊範は満面に笑みを湛えて学生たちの顔を見回した。

「さて、少しむずかしくなるがのう……」

そう前置きすると十如是について説明する。

「今、話した心の百世界の状態を、さらに相《そう》・性《しょう》・体《たい》・力《りき》・作《さ》・因《いん》・縁《えん》・果《か》・報《ほう》・本末究竟等《ほんまつくきょうとう》の十に分割する。つまり、相とは外形じゃ。万物にはそれぞれ形がある。そして性、つまり性質。さらに体、これは物の本体、性分が表に現れることじゃ。そして力が内在している。また、その力は外部に作用する。そして、力と作によって何かの変化を起こす因となる。それを助ける縁が合わさって結果を生む。そして、その報いが、そのまま事実として現れる。本末究竟等とは、森羅万象は宇宙の秩序によるということじゃ」

「質問がござりまする。よろしいでしょうか？」

野太い声で立ち上がったのは蓮長であった。

「森羅万象すべては互いに作用し、影響し合っていると受け止めましたが、よろしゅうございまするか」

俊範は意を得たように朱塗りの中啓で机を軽く叩いた。

「そう、その通りじゃ。無数の念が関り合って心となる。心は海のように相互の微妙な関りで動いている。ここまでは分かるじゃろう。しかし、その心が物を作り、国土を造り上げているということはお分かりかな？」

俊範は微笑を浮かべた。

分かりやすい比喩を用いて、ある時は和やかに、ある時は舌鋒鋭く講義を進めていくのは俊範の才能である。したがって、その弁舌は学生たちの人気の的であった。

「百界と十如是で千世界。さらにその千世界の存在一つひとつについて物心を構成する五要素（五陰《ごおん》世間）、そこに住む生きとし生きるもの（衆生《しゆじよう》世間）、生活環境（国土《こくど》世間）の三つの状態が考えられる。これで三千となる。つまり瞬間的な一念は、物にも、心にも、生物にも、国土にも伝わる、つまり三千世界に遍満する。そして逆に、この三千世界は一念に備わっている。すべての存在は、己自身の認識によって心の影像となるからじゃ。したがって、その道理を内観し、己の内面の仏を知見し、これを浮かび上がらせるのが天台大師の摩訶止観《まかしかん》の論じゃ」

　俊範はなおも続ける。

「よろしいか。己の心には三千世界という外部からのあらゆる生命が流入しているのであり、心を観察すれば、悟りが開け、それによって仏を知ることができ、成仏するということじゃ」

　つまり、いかなる極悪人や地獄の火中に喘ぐ人でさえも、心の奥には仏の生命が厳然として備わっているのであるから、その心を修行によって浮かび上がらせれば、誰でも仏となれるというわけである。その方法としては自らの内なる世界を観察しさえすればよい、つまり、心を観察する「止観」こそが解脱へ至る重要な修行法だと教えた。

　しかし、仏にも地獄から仏の世界があり、地獄にも仏から地獄の世界があるという「十界互具」の理論は新たな理論を生み、人間が餓鬼、畜生の心を持っていても仏性があるのだから、あるがままでよい、なんの修行の必要もないという思想に変貌していった。

　そして、それは現実社会がどのようなものであるにもかかわらず、国土イコール永遠の浄土であるという考え方になる。民衆の苦しみも仏の世界であり、地獄にも仏があるとするならば修行の必要はなくなってしまう。これを「本覚思想《ほんかく》」と呼ぶ。

　そして、このような思想があるがままの心、社会そのものが仏の世界の現れであるとして現状を肯定する点で比叡山は堕落した。なぜなら、かつて人間が生涯かけて目指すべき目標であった「仏」が、今や本覚思想の影響によって生身の人間そのものの次元まで引きずり下ろされ、仏と人間の距離をゼロにしてしまったからである。

おそらく天台宗の宗風を厳格に保持しようとする俊範は、比叡山の変容を次のように嘆いたことであろう。

「すべてに仏性《ぶつしょう》があるからといって、戦乱も、病気も、差別も、そのままを仏の世界の現れと考えるのは権力奉仕の論理であり、怠け者の屁理屈じゃ。修行をせずしてどうして仏になれる！」


余談になるが、六、七年前に比叡山を訪れた時、根本中堂の前で説明をしてくれた若い僧に一つの質問を試みた。

「一念三千の中では、仏にも地獄があり、地獄にも仏があるということをいいますが、この二つはどう違うのですか」

少し意地悪な質問と思いながら尋ねたのだが、意外にも淀みなく答えを切り出した。

「たとえば民族紛争国や発展途上国に比べると、日本は幸福な国ですよね。しかし、現在、豊かさに慣れきって教育問題、家族崩壊などさまざまな社会問題が起きていますね。これが仏の中の地獄ですね。また、ボスニア・ヘルツェゴビナでは砲弾の止む日がないといいます。それでも、一日停戦の合意がまとまると、人々はその一日の静けさに救われ、平和の大切さを知る。それが地獄の中の仏でしょう」

やはり、現実ありのままに地獄も仏もあるということであった。ただ、仏の地獄と地獄の仏のちがいを具体的に説明することはむずかしい。彼も具体的には答えられなかった。

この一念三千の考え方は真言宗でも用いている。密教について、蓮長はどう学んだのであろうか。これについても資料がないので想像するしかないが、大方の推測はつく。もともと密教という教えは、純粋な釈迦仏教ではない。その初期はインドの土俗的な「雑密《ざつみつ》」と呼ばれる信仰と仏教を融合させて形成されたものである。

つまり、インドという灼熱と洪水が繰り返される厳しい大地に生き抜くために、人々は宇宙やそれを包含する自然に「神」を見出し、それと「呪文《じゅもん》」を通じて対話する必要があった。呪文というのは人語ではなく、密語である。この密語の響きによって、宇宙や自然が内蔵している人間救済の力を引き出そうというインド古来の雑密的土着信仰が、あとに出現する釈迦の華厳《けごん》の教えである宇宙的世界と結びつき、似て非なる形のままに釈迦滅後に仏教として容認された。

釈迦の説いた『華厳経』には宇宙すべての存在と動きは、「毘盧遮那《びるしゃな》」と呼ばれる仏の力によるという壮大な宇宙観がある。おそらく、それと相俟《あいま》って純密としての大日如来の信仰へと高められたのであろう。「毘盧遮那」というのはインドの言葉の音訳であり、それを日本流に「大日《だいにち》」と訳したのである。

密教でいう最高理念の大日如来とは、釈迦のような自然人ではなく、無限なる宇宙のすべてであり、智慧と慈悲を具象化した存在とされている。

司馬遼太郎氏は、その著書、『空海の風景』の中で、概略次のようなことを述べている。

密教には孔雀明王《くじゃくみょうおう》という菩薩がいる。孔雀というのは悪食《あくじき》で、毒蛇や毒虫をも平気で食べる。インドの人間にとって、そうした害毒から身を守るためには孔雀そのものが持つ能力を与えた神に対して、それと同じ力を請い願えばいいという論理になる。そこで人間が逆立ちし、足を広げて孔雀が羽を広げた形を取り、顔を前に突き出して孔雀の形を真似して、しきりに呪文を唱える。そうすることで毒蛇に噛まれても、毒にやられない抵抗力を持つことになると考える。

こうした雑密の土着信仰の対象であった孔雀が、おそらく気の遠くなるような年月を経て、純密の神として崇められるようになったのであろう。

密教はこの現象世界を、真理そのものを仏格化した法身である大日如来が説法している実在の世界と捉えている。そして、人間という存在も大日如来の生命の顕現であり、共に身密《しんみつ》（身体的活動）、口密《くいつ》（言語的活動）、意密《いみつ》（心的活動）という三つの活動をしていると説く。

したがって、いかなる人間にも仏性があるから、手に印を結び、口に真言を誦《じゅ》し、心を集中することによって、小宇宙である人間と大宇宙である大日如来が本来同体であることを悟ることができるようになる。その時即身成仏するのだと教えている。空海という人物はそうした考え方によって、身をもって霊力を示現し、それを衆生救済や国家鎮護のために利用したにちがいない。
だが、最澄自身は釈尊そのものを法の応現（迷える衆生を救うために肉体を有して出現すること）として、法を修得すれば人間は生きながらにして成仏すると考え、法を理論として論じている点において、『法華経』を最高の経典と位置づけた。つまり、人間の心にもまた宇宙の真理が貫かれているのだから、心を研ぎ澄ますことによって仏になれると考え、その修行法として止観や戒律によって心を統一し、そこから仏性を浮かび上がらせようとしたわけである。

そもそも最澄はどちらかといえば空海のような密教派ではなく、顕教《けんきょう》派であった。顕教というのは釈迦の教説を根本とするものである。最澄の思想はまず内面の心をつくり、そこから遠心的に生じる慈悲によって救済を図ろうとすることにあったが、密教の場合は「自行《じぎょう》」というより「修法」という、直接の民衆救済（ただし、この時代は貴族、豪族の救済が主である）を主眼とする色彩が濃厚であった。だが、真言密教を取り入れた天台宗もまた、修法に力を入れるようになる。

先にも述べたように一念三千というのは、外部のさまざまな事象が一念の心に流入するということであるが、これは真言宗でも採用している。手に印を結び、口に真言を誦し、心を集中して大日如来と一体となり、救済のための一念を結集する。すると、一念の力は時空を超越して人間の生命に影響を与える現象を起こすと考えられていた。

先にもふれたが、そもそも日本には古来から、「生霊《いきりよう》」とか、「死霊」という「怨霊《おんりよう》思想」があった。このことがまさに祈禱や呪詛《じゆそ》を生み出す温床でもあった。それと相俟って密教が一世を風靡し、「密教僧」や「陰陽師《おんみようじ》」による祈禱、呪詛が盛んになった。

一見、平穏に見える貴族社会は一皮むけば陰湿な政争の場である。権力闘争の中で起こる貴族同士の恨みつらみは日常茶飯事のことであり、そのため裏切者も出れば、冤罪者《えんざいしや》も出た。少なくとも自分が犯した罪について良心の呵責がある人間なら、原因不明の病や災難について不審に思うのは当然である。

「陰陽道《おんみようどう》」は中国から日本に移入した思想であるが、これに深い関心を示したのは天武天皇(?～六八六年)であったといわれ、政府内に「陰陽寮《おんみようのつかさ》」という役所を設置して暦の作成、時刻の測定、吉凶の判断、招福除災の儀礼を執り行った。ところが、それが平安期に入ってから呪術宗教としての色彩を帯びていく。

藤原道長という人物は、そのあまりの専横ゆえに藤原顕光《あきみつ》たちから恨みを買い、陰陽師から呪詛を受けたことが文献に記されている。こうした「物怪調伏《ちようぶく》」、「呪い調伏」については、『源氏物語』、『紫式部日記』、『栄華物語』、『宇治拾遺物語』など枚挙に暇がない。

これに対して、密教では「五壇の修法」、「三壇の修法」、「二壇の修法」というものがある。たとえば、五壇の修法とは不動、降三世《ごうざんぜ》、軍荼利《ぐんだり》、大威徳《だいいとく》、金剛夜叉など五大尊を壇上に連ねて、それぞれの前に僧侶を配し、導師のもとで同時に祈禱を行って、依頼人の体内に入り込んでいる

「物怪」を追い払う。

ある貴族が病気になったとする。すると、祈禱僧は『陀羅尼経《だらにきょう》』や『仁王経《にんおうきょう》』、『大日経』、『法華経』の経文を転読しながら「護法《ごほう》」と呼ばれる神々を招き寄せる。そしてその「護法」を貴族の体内に送り込む。するとこの「護法」が「物怪」と闘い、ついには「物怪」を駆り出すというプロセスである。このように神々を操作する力は修行を通じて獲得できると、当時は強く信じられていた。

現在でも、医者にかかっても原因不明の病気であると言われると、「何かの障《さわ》りではないか」と考える人がいる。昔からあった日本社会と文化の根底にひそむ思想であるが、学者があまり興味を示さなかったので、「闇の歴史」になっている。ところが、これを抜きにして古代、中世の歴史は語れないのである。駒沢大学教授の小松和彦氏は、その著書『憑霊信仰論』の中で、妖怪研究への試みと題して、次のように語っている。

平安期においては、原因が定かではない病気や死は、「物怪」(物気)のせいにするのが一般的であった。すなわち、「物怪」が人間の体内に入る(あるいは付着する)ことによって、そうした不幸が起こると考えていた。(中略)人びとは病人の肉体に憑いている「物怪」を祈禱によって祓い落とせば、病気が治ると考え、またそれによって多くの人びととの病気を快復させることができた。「験者《げんじゃ》」と呼ばれる祈禱僧は、陰陽道の専門家たる「陰陽師」と並んで、このような「物怪」を病人から追い払うことのできる能力を備えた人びとであった。

事実、日本の宗教文化は民族宗教はもとより、神道も仏教もおしなべて憑霊文化、憑霊信仰と深く関ってきた。

特に、平安期における権力闘争はすさまじい嫉《ねた》み、憎悪、怨恨を生じ、対立する者を呪殺するために悪神を使うこともあった。そうした「物怪」が跋扈《ばっこ》すればするほど、それを調伏する験力《げんりき》ある行者が調伏退散の呪詛《じゅそ》や裏祈禱を行う。すると相手もまたそれに負けない行者を雇う。

これらは官位昇進や病気平癒という現世利益を求める貴族社会では、半ば当然のことであったにちがいない。

つまり、こうした憑霊思想が、人間の心にはあらゆるものが入り込むという「一念三千」の思想に裏打ちされ、調伏によってしか免れないのだということになると、恨みを買うという行為そのものの善悪よりも、短絡的な救いを求める色彩が濃くなるのは当然である。人間としてのありようという仏教本来の教えよりも、「苦しい時の神頼み」という風潮が強くなっていくのは目に見えていた。その役割を担ったのが天台や真言の密教僧だったのである。

祈禱を媒介とする比叡山と貴族の結びつきは、やがて家門繁栄を求める貴族の誰かを出家させるという行為に発展していった。有力な皇族や貴族出身者たちは「院」や「坊」を与えられ、彼らもまた一門の後援を得て、めざましい繁栄をもたらしていった。加えて入山の手土産として貴族層からの所領の寄進や金品の布施が相次ぎ、比叡山延暦寺も供養の功徳を説いて積極的にこれを勧めた。三千坊を抱える叡山は、そうでもしなければ財政的に破綻するではないか。

したがって院政期における延暦寺の荘園は、膝下の近江の国を中心に東は関東から西は九州に至るまで広く分布し、皇室や摂関家と肩を並べるようになったほどである。鎮護国家の仏教といえば聞こえはよいが、その実は権勢におもね、自宗の発展を図る手法でしかなかった。

天台宗が真言宗に後れをとらないために祈禱調伏の密教を採用したことが、かりに愛国心からであったからとしても、権力に結びついた宗教はいつか腐敗していく。最澄はあくまで懺悔《ざんげ》滅罪を主軸とする『法華経』を主経としたが、このように後世になると貴族の現世利益に迎合した形へ天台密教は変貌していくのである。

もちろん、病人や弱者に対する慈悲一念の祈禱もあったにちがいないが、それもまた貴族中心であり、庶民には及ばなかった。そこに密教が権力奉仕の仏教として堕落していく要因があったのである。

また、我が国では長い間、出家の世界は「僧綱制《そうごうせい》」というものによって、国家という世俗の権力の管理下に置かれてきた。僧正《そうじょう》、僧都《そうず》などの序列が法律によって制定され、重要なポストは朝廷や幕府の任命権によって与えられるのである。こうなると、僧侶が権力から頂戴するポストをこの上ない名誉に思う風潮が生まれ、やがては家柄によって昇進のスピードが違うとか、人脈的に系列を選ぶなど、門閥、派閥が幅を利かせ、人事異動のたびに叡山は一喜一憂し、欲望、嫉妬の巣窟《そうくつ》のようになっていく。そして、ありのままの姿が仏の世界だと詭弁《きべん》を使う。この本覚思想が、腐敗や堕落をもたらさないわけがない。

こうした叡山の堕落ぶりに見切りをつけざるを得なくなったのが、鎌倉新仏教の担い手たちである。彼らはそれぞれに仏と凡夫をつなぐシンプルな修行法を編み出した。

まず、叡山の実態に反旗を翻したのが法然であった。

法然は、民衆救済と離れた世界で仏教の理論ばかりを戦わせたり、加持祈禱に現世利益を祈ったり、内面の仏を発見するという凡夫にむずかしすぎる修行は打ち捨てて、念仏を称えればいい。弥陀の本願に頼れば楽に往生できるのだから、それでいいではないかと考えた。

仏と人間を一元的に捉える本覚思想に対して、仏を人間から隔絶した世界の救済主として捉え、凡夫の此岸に対して彼岸という浄土の絶対性を信じて比叡を下ったのである。

次に、栄西や道元の「座禅」は仏と人間を一元的に捉える本覚思想の色彩が強いが、無戒の山と化した比叡山を嫌い、心をみつめる「止観」という修行法を「禅」と改め、無、空になった時こそが宇宙に一如した時であり、悟りの境地そのものであると主張して、煩雑な経文や祈りという領域に限界を感じて比叡の峰を下った。もちろん、まだ日蓮の「題目」は完成していない。

ただ、叡山は法然や親鸞、栄西や道元など、鎌倉新仏教の宗祖を輩出させたため、当時の民衆からは日本仏教の母山と見なされていた。だが、蓮長は首を振った。

（母山といえば聞こえはいいが、これらを統合する力がないだけの話じゃ）

ともかく、この頃の叡山は多士済々で軒を貸して母屋を取られる感があった。比叡山に入って以来、蓮長はさまざまな考え方を客観的に学んできたが、こうした「乱」を起こさせた責任は円仁、円珍にあると結論づけたので、少なくとも蓮長にとって彼らは開祖伝教上人を裏切った「A級戦犯者」以外の何者でもなかった。

天台宗を復興しなければならない――。蓮長は、もはや先人の論に惑わされることなく、天台大師、伝教大師の視点で『法華経』を研究する以外になかったのである。

比叡山の冬は雪深い。蓮長は薪で暖を取りながら夜更けまで経文に向かったことであろう。あるいは凍土の中から蕗《ふき》が芽を吹いたり、風に手折れないように大地に根を張る樹木の姿を通して、「いのち」の営みに「仏」を感じ取ったこともあるだろう。

我本誓願《われもとせいがん》を立てて、一切の衆をして、我が如く等しくして異《こと》なることなからしめんと欲しき。

一切衆生すべてを仏にしたい――。『法華経』に示された釈尊の切なる大慈悲に触れて蓮長の涙が経巻を濡らす。かつての仏弟子たちは未来に仏となる「記」(仏となる証明)を授けられているではないか。そこには生きながらにして仏をめざす仏弟子たちの聞法修学の姿がある。生かそうとする釈迦と、生きようとする仏弟子たちの間に流れる慈悲と求法。それはまさに、宇宙と自然の間に起こる生命の融合と等しいものがあった。

『法華経』には龍女《りゅうにょ》成仏あり、提婆達多《だいばだつた》の悪人成仏あり、かつて釈迦の后《きさき》であった耶輸陀羅比丘尼《やしゅたらびくに》、そして義母である摩訶波闍波提比丘尼《まかはじゃはだいびくに》たち天人衆の成仏あり、仏弟子である四大声聞《しょうもん》、縁覚《えんかく》の成仏が示されている。また、菩薩の成仏も説かれている。蓮長は、すべての衆生を仏にしようとする釈迦の本願のために説かれた『法華経』ならば、これに帰依することによって国土は仏の集合する仏国土になるはずだと考えた。『法華経』を優位に置く俊範の舌鋒《ぜっぽう》は鋭い。その俊範の弟子となった蓮長であるから自ずと影響を受ける。


ある日、論議の座で浄土宗を支持する先輩僧侶が蓮長に食らいついた。

「釈尊自らが、末法に入ると仏法の効力が失われると仰せになっているのだから、この世でいくら修行しても無意味。生きて成仏など夢のまた夢。拙僧も二十年修行して煩悩の一つも断ち切れぬ」

蓮長にはもはや念仏は論外であった。

「太陽は常にあり。それを遮《さえぎ》るは魔雲。邪法《じゃほう》横行するが故に末法の闇あり。それを除かんがために法華経はある。煩悩を断ち切れぬは、そこもとの罪にして仏の罪にあらず」

蓮長が笑って答えると、浄土僧は顔色を変えた。

「何を言うか、罪業深き人間の心に仏はあらず。極楽は他土にあり」

「さにあらず。極楽は五尺五寸のこの肉塊《にくかい》の中にあり。伝教大師は仏界を心に顕現せよと仰せられたではないか」

「世は末法にして穢土《えど》、諸行無常じゃ。念仏しかない！」

「諸行無常は現世を否定する言葉にあらず。今を生き抜く機縁となるべきじゃ。無常を超絶し、不生不滅《ふしょうふめつ》の真理を知ってこそ無生法忍《むしょうぼうにん》の清涼池に仏性の華は開く！」

この時期は源平の合戦が終わって六十年、承久の乱から二十四年。人々の生活もやっと平静を取り戻したかに見えている。争乱が終結したこの時代、少なくとも蓮長自身は、誰もが仏となり、この現世を強く生き抜く教えを確立しなければならないと考えていた。

蓮長はもはや青白い秀才ではなかった。念仏への怨念を込めた激しい気魄と独特の境地、論議で培った鋭い舌鋒と回転早い頭脳があり、国家を眼下に見る宗教観も持ち合わせている。

論議を重ねるうちに、その学才は次第に無動寺谷《むどうじだに》一円に響き渡ることになる。山中の堂塔諸房は数百あり、無動寺谷だけでも十二院三十六房あったが、俊範より東塔の「円頓房《えんどんぼう》」という一院が与えられた。一院を得るまでは早くて五年はかかるが、一年半にして「定光院《じょうこういん》」との兼務を命じられたのである。まだ二十四歳という弱輩の分際であるから、破格の出世といえるだろう。

蓮長はこの二院を往復し、寝食を惜しんで『法華経』に没頭し、これこそが諸経の王であるとの確信を深めていく。だが、それと同時に、比叡山の現状を知れば知るほど失意も深まっていくのであった。

失意の聖地

先にもふれたが、当時の比叡山はさまざまな問題を抱えていた。もともとが桓武天皇の勅願寺であったために、皇族や貴族出身者を優遇してきた。天皇の皇子、摂関家の子息など皇族、公卿《くぎょう》、殿上人《でんじょうびと》の血を引く人間が出世コースを昇っていた。延暦寺の組織は昔から「院家《いんけ》」、「学生《がくしょう》」、「堂衆《どうしゅう》」、「公人《くにん》」の四つの区分があった。院家とは上級の公卿の家柄から出た僧の身分であり、彼らが止住する堂舎は何々院と称され、待遇も格段に良かった。

一方、学生は下級の公卿、または地方豪族の出身者で、顕教の論議、密教の三密瑜伽《さんみつゆが》に精励した。また堂衆は院家、学生の風下にあって諸堂の勤行を勤めた。あの武蔵坊弁慶は堂衆である。さらに公人とは延暦寺諸堂に奉安された諸尊を供養したり、境内の整備や清掃に当たるのを仕事とした。公人は妻帯が許されている。ちなみに弓矢や薙刀《なぎなた》を握った僧兵は堂衆や公人のことである。

こうした延暦寺の中の身分的差別は、待遇の違いによる争いを招いた。学生は、門閥に分かれて家門の繁栄のために修行する者が多い。彼らのほとんどは仏教を学問として目的視する理屈屋であるか、祈禱調伏の法を学んで家門の安泰を図るという自己一身の欲が強く、幅広い衆生救済という視点はあまり眼中になかった。互いに凌ぎを削って競い合う学問研鑽も、公家たちに迎合して名誉や金品を得ようとする僧侶たちの栄達の手段でしかない。

堂衆や公人たちは荘園を不法に侵略する者を、武力によって追い払ったりすることもあった。その点、比叡山もまさに今でいう利益至上主義の企業となんら変わらず、寺院本来のあり方とは大きく乖離《かいり》していた。

研究と論議に明け暮れているうちに、瞬く間に数年が過ぎる。叡山の雪解け水がぬるむ頃、大講堂で恒例の「一山論義《いちざんろんぎ》」の座が張られた。学生たちの研究発表の場である法堂内は、錚々《そうそう》たる老僧や学僧たちによって埋め尽くされている。この法座の中央には蓮長の姿があった。大きな眼、堂々とした態度は若さを超越した存在感があった。満を持して臨んだ蓮長は、「密とはなんぞや?」という長老の質問を受け、朗々たる声でこう答えた。

「まず、結論を申し上げまする。法華経以前の諸経たる華厳《けごん》、阿含《あごん》、方等《ほうとう》、般若《はんにゃ》は方便の諸説、不成仏の教えであることは明白。ゆえにそれを所依の経典とする真言、念仏、禅の各宗は正法ではありませぬ。法華経には十界衆生の現身成仏が説かれ、安楽行品《あんらくぎょうほん》、薬王菩薩本事品にも法華経第一とありまする。比叡山の正統は伝教大師の教えにあり。大師は法華経を主経と立てられ申した。しかるに、現在の法灯は補助的教法にすぎぬ密を主とし、あまつさえ現世成仏を否定する浄土宗出現を許容しました。これは浄土を取り入れた第三世座主慈覚大師《じかくだいし》の謗法《ほうぼう》の罪、その正流を取り戻そうとしない日和見《ひよりみ》主義者たちの罪にござりまする!」

開口一番に放った蓮長の痛烈な批判の矛先は、密教や浄土信仰で凝り固まった叡山長老たちに向けられていた。野太い蓮長の言葉に、にわかにヤジが飛び交う。

「このうつけ者め、いったい自分を何様と思っている!」

「叡山をくさすなら、山を下りよ!」

「黙らっしゃい、まずは蓮長の論議、よく聞こうではないか!」

堂内は騒然となったが、式監に促されて制止される。

伝教以来の『法華経』の力が弱まり、密教や浄土念仏を取り入れることに矛盾ありとする考え方も、比叡山になかったわけではない。だが、未だかつて宗門の座主を名指しで批判した者はなかった。論議相手の先輩学生は怒って言った。

「そこなる蓮長とやら、そこもとは密教を未だ知らぬと見える。法華経、法華経と鶯のように鳴くが、大日如来は釈迦如来の上位。大日如来により衆生は救わるるのじゃ」

蓮長は、呵々《かか》と笑った。

「大日如来は他土の仏であり、娑婆に出現せる仏にあらず。娑婆の教主はひとり釈迦如来のみじゃ。譬喩品《ひゆほん》に『今此の三界《がい》は皆是れ我が有《う》なり、其《そ》の中の衆生は悉《ことごと》く是れ吾《わ》が子なり、而《しか》も今此の處《ところ》は諸《もろもろ》の患難《げんなん》多し、唯《ただ》我一人のみ能《よ》く救護《くご》を為《な》す』と御聖約あり。大日如来が救うとはいずれの経文にあるか、示されい!」

蓮長は野太い声を放って睨みつけた。

「………」

「そもそも、慈覚大師は法華経と大日経との勝劣に迷い、日本第一の聖人にして、しかも師たる伝教大師の正義を隠没《おんもつ》して以来、叡山の諸寺は慈覚の邪義につき申した。天台座主はすでに真言の座主、名と所領は天台山なれど、その主は真言師なり。されば、慈覚大師、智証大師は法華経を破った上人なり。法華経を破るとは釈迦、多宝、十方の諸仏の怨敵《おんてき》ならざるや？」

すると、先輩学生は眉をつり上げて反論する。

「何をもって宗門の先座主に毒舌を吐く！」

蓮長は首を振った。

「慈覚大師は真言を広めんがために仏に祈請したまいし時、日輪を射る霊夢を見たと聞く。釈尊を日種《にちしゅ》（太陽族の王子）と称されること聞き及びでござろう。大日如来を叡山に立て、釈迦仏を捨て、真言の三部経を崇《あが》めて法華経の三部経の敵となりしゆえにこの夢出現せり。比叡山は軒を貸して母屋を取られ申した。正流を失わせ、法水《ほっすい》を濁して天台を改悪した真言を支持するとは、言語道断の仏敵《ぶってき》魔行《まぎょう》。密に生きんとするなら叡山を出て真言を頼むべし！」

そう言い放つと、密教派から罵声が沸き起こる。おもしろがって拍手をする者もいる。それを制止しようとして僧侶同士の小競り合いが起こる。式監《しきかん》がとりなして一応沈静する。蓮長は続けた。

「そもそも密に二意あり。隠密《おんみつ》と微密《びみつ》なり。真言の密は心の疵《きず》を隠す隠密、微密とは金銀の宝を蔵する法華経、諸仏如来秘密の蔵なり。毘盧遮那《びるしゃな》の大日を本尊と定むるは天子たる父を下げて種姓《すじょう》なき者を法王に据える如し。真言は手に印を結び、真言を誦し、大日如来を念じれば、そのまま即身成仏すると説く。加持祈禱は認める。だが、そこには己の心を浄化する法はない。末法の御代にあって人をつくらぬ教えは邪道じゃ。法華経には一乗《いちじょう》真実と久遠実成《くおんじつじょう》がある。法華経こそ、一切の賢聖《けんじょう》・学・無学及び菩薩の心を発せる者の父なり」

蓮長の論は、さらに比叡山の現状に及んだ。

「また、叡山には祈禱調伏の法を修して一族の栄昌を図らんとする我欲の僧が多い。それでは仏教は末法の邪道に堕つるのみ。国を救う大義に生きることこそ国宝だと祖師は仰せられたではないか！」

長老たちは怒って、この論議の座を立ち上がった。蓮長は、口角《こうかく》泡を飛ばして信念を吐露するが、結局はここでも通じなかった。天台宗の復興を思うと、悔しくてならなかった。

（ここには獅子身中《しししんちゅう》の虫ばかりが住んでいる！）

そもそも、蓮長には「東夷《あずまえびす》」と呼ばれる板東武者に似た気風がある。板東武者は判官贔屓《ほうがんびいき》の上に感情を表に出し、舌鋒鋭く自己を主張する。自己の信念の前には何人であろうとも恐れない。こうした点が性格破綻者とか、排他的だと日蓮を嫌わしめる理由の一つになっているのだろう。

そうした蓮長であれば、学生や堂衆たちにとっても自分の舌鋒を磨く絶好の対象ではあった。

彼らは入れ替り立ち替り、円頓房の蓮長のもとへ法論に押し寄せる。もとより妥協を許さない蓮長は敵もつくった。敵が増えれば天台宗門の改革はできない。鎌倉でもそうであったが、正論を吐けば嫌われる。それが分かっていながら、「直球勝負型」の蓮長はどうすることもできなかった。

蓮長は少なくとも学問は己の財欲や名誉欲を満たすものであってはならないと思う。それは最澄の行学一致の精神に、「国宝」たる菩薩僧が存在するという意識が浸透していたからである。だが、栄達のために理を磨く打算的な僧侶たちに対して嫌悪の念が強くなり、とうとう論戦にも虚しさを覚えるようになる。

もはや、そうした信念がどれほど強く正しくても、叡山四百年の伝統を易々《やすやす》と覆すことはできそうにない。鎌倉に続いて比叡山でも伝統という「物怪」の前に、己の非力を痛感させられた。今まで『法華経』によって仏に満ちた国土を確立すべきだとして叡山の宗風改革に立ち向かおうと願ったが、もうその可能性はない。自分なりに天台、伝教の『法華経』を研鑽し、弘めることだけが残された道であった。

ちなみに、日蓮宗で祀る三十番神は、叡山参籠中に蓮長の前に現れ、『法華経』を守護する誓いを立てた神であると伝えられている。

下山の草鞋《わらじ》

やがて、蓮長はもう少し各宗派の実態をつかむ必要があると考え、京都、奈良方面へ遊学の旅に出る。叡山を下って京都の市井に赴くと各寺には阿弥陀仏が安置され、香煙たなびく中に念仏が称えられている。

それをぬって智証大師が興した天台寺門宗の総本山三井寺《みいでら》（園城寺《おんじようじ》ともいう）を訪ねた。この三井寺は天台宗でありながら慈覚流に対抗して分裂した密教重視の革新派であったが、結局両立することができず、正暦四年（九九三）には智証流の門徒一千人が比叡山を下って、比叡山別院の三井寺に移り住んだ経緯があった。

次に、蓮長は奈良を目指した。

奈良は「南都北嶺《なんとほくれい》」と称されるように、比叡の北嶺に対抗する仏教学の中心である。奈良へ下る途中も、その道筋に横たわる餓死者、病死者の遺骸の悲惨極まりない様子を見て、「欣求《ごんぐ》浄土」の偽善を再認識した。苦しみの淵から救いを求める人々の願いに、念仏は応えきれないではないか。むしろ、念仏こそ人心を偽る悪法そのものであるとさえ思った。

奈良では元興寺《がんごうじ》、興福寺、法隆寺、唐招提寺、東大寺を歴訪し、南都六宗の教義を薬師寺の一切経蔵で学んだ。『一切経』とは清澄寺、鶴岡八幡宮に次ぐ三回目の出会いであった。また、東大寺の戒壇院には鑑真和尚《がんじんわじよう》が創った大乗仏教僧侶のための授戒の戒壇がある。ここで授戒を受けなければ奈良仏教では正式な僧侶としては認めなかった。

しかし、奈良仏教は大乗仏教なのに、その授戒の方法は小乗的（二百五十戒）であった。それに対抗した最澄の大乗戒壇が勅許によって比叡山に認められて以来、両者はいわば法敵の関係にあった。だが、奈良の諸寺は念仏信仰に押されて、堂閣はいずれも瓦解寸前にあった。

しばらく経って次は高野山に登る。高野山金剛峯寺《こんごうぶじ》はいうまでもなく空海が開いた真言密教の総本山である。ここは嵯峨《さが》天皇を初めとする歴代の天皇が国家鎮護祈禱の寺院として信奉した霊場であったが、ここでも比叡山と変わらず、「物怪」が跋扈し、権門の欲望のために呪詛や現世利益の祈禱が行われていた。

（時代は過ぎた。先駆者はその時代を先取りしたかもしれないが、時代が過ぎれば過去の人だ。法華経こそが末法の先駆者を生む教えだ）

旅を重ねながら、蓮長はもう南都北嶺で学ぶものはないことを悟った。しかし、それは天台宗そのものを捨てるのではなく、むしろ天台大師、伝教大師が主経とした『法華経』を延長することであった。蓮長は、大阪四天王寺から河内磯長《しなが》の聖徳太子廟に足を伸ばすと、『法華経』による国家統一を願った太子の偉業を偲んだ。

叡山辞去

ふたたび叡山に戻った蓮長は、俊範に帰山の挨拶に出向いた。

「ご無沙汰申し上げました。また出立の折にはお心遣いを賜りかたじけのうございました。お蔭を持ちまして有意義な遊学となりました」

蓮長は合掌して深々と頭を下げた。俊範の眼差は相変わらず優しかった。

「それは重畳《ちょうじょう》。見ればご壮健で何よりじゃ。無事のご帰山お喜び申し上げる。いずこを回られたか？」

蓮長は顔を上げ、巡り歩いた寺々と、そこで得た成果をつぶさに報告した。

「権力の庇護というものは、往々にして僧侶を堕落させるもの。南都の仏教もそうじゃ。桓武天皇が京都に平安の都を打ち立てられたのも、仏教界刷新が目的の一つであった。僧侶といえども人の子。悪心もあれば善心もある。しかし、絹の座布団に座っていると、いつの間にか己が見えなくなるものじゃ」

蓮長は、自分の膝を叩いた。

「そこにござりまする。そもそも一念三千の法門は天台の魂魄《こんぱく》。しかし、現在の我が宗門は人間の本性そのものが仏、あるがままの姿に仏があると考えております。密教もあるがままの姿で大日如来に一体化することで成仏するという論法でありまする。そもそも、あるがままの心とはなんでござりましょうや。言葉の響きは美しいかもしれませぬが、それは本能の赴くままにという意味の他に何がござりましょう。現実そのままを浄土と認めるなら、なんら修行の必要はないということになりまする」

「そうじゃ。現世そのものを浄土とするなら修行の必要などない。人間に内在する仏性は修行によって花開くものじゃ。もとより仏と人間はちがう。さりとて、隔絶したあの世の仏を頼み、他力本願で死後の成仏を願う浄土宗も理解できぬ」

「そうした醜悪な浄土思想をもたらしたのも、天台の根本道場たる比叡山が伝教大師の血脈を失ってしまったからにござりまする」

俊範もまた比叡山が伝教大師の精神に帰ることを願っている。だが、天台宗の現状は権力を帯びるにつれてぬるま湯に浸り、学問的仏教となり下がり、宗教としての生命を失っている。ただ蓮長にとっては、むしろ現世肯定の本覚思想よりも現世否定の浄土思想の方が許せない。

蓮長は念仏の話になると決まって敵意を漲らせた。

「この世を離れて、あの世の浄土など笑止千万。浄土は娑婆につくるもの。たとえ念仏を称えて極楽往生できたとしても、それではいつまでたってもこの世から悪は消えませぬ。この世は盗人、火つけ、人殺しが横行し、地獄さながらの様相となるは必定。末法、末法と称して地にひれ伏し、恐れおののいていても何も変わりませぬ。世の中が悪いからこそ良くしなければなりませぬ。祈禱による不可思議は認めざるを得ませぬ。だが、仏性を顕現するためには心を磨かねばなりませぬ。法華経は末法流布の肝心でありまする。まず、念仏を地上から一掃すべきでござる！」

蓮長の言葉は怨嗟《えんさ》にも似た鋭さがあった。俊範は過去の自分を見るようで、眼を細めて話に聞き入っていた。だが、すでに七十歳の高齢である。かつては最澄の源流に帰るよう口角泡を飛ばして説いたが、もはや気力も失われている。そのために日和見主義的になっていた。

「たしかに、念仏さえ称えれば悪人も極楽へ往生できるという考え方は、不道徳の僧を増加させる。そのため法然上人も流罪の身となり、念仏停止の命令が下されたこともあった。しかし流罪の身となっても念仏を止めなかった信念はあっぱれじゃ」

だが、蓮長には、俊範のそういう言い方が気に入らない。褒めているのか、けなしているのか分からない。

「しかし、それが弘まるとどうなりまするか。巷は法華経に背く念仏門徒であふれるはずでありましょう。そもそも……」

蓮長の頬は紅潮し、語気は強まっていった。

「どうなされた。遠慮なく続けられよ」

俊範の言葉に促されて蓮長は口を開く。

「そもそも、ご老師は比叡三塔の総学頭ではござらぬか。伝教大師の精神に立ち帰るよう、何ゆえもっと積極的に働きかけられませぬのか?」

俊範は笑って答えた。

「その通りじゃ。だが、もはや叡山は身動きが取れぬ。大師の精神から改変された伝統が怪物のように力を発揮し、人の手ではいかんともしがたい状況じゃ。こういえば、そんなことはあり得ないと、そなたは思うじゃろう。だが、叡山は国家の網がかけられている。密教も浄土も皇族、貴族の願いに支えられている。それがし一人がいかように説得しようと、泰山を動かすようなものじゃ。若い時にはなんの恐れもなく信念を吐露したこともあった。しかし、もう歳を取りすぎた。できることは、そなたのような有能な子弟を発掘して未来に夢を託すことしかできぬ。弱気と言われれば弱気、なれど限界を感じている。蓮長殿、お許しくだされい」

総学頭に頭を下げられては、さすがの蓮長も返す言葉がない。

俊範は、蓮長の胸中を見抜いていた。

「この叡山を下られるか?」

蓮長は威儀を正して俊範に告げた。

「長年お世話になりましたが、これにてお暇を頂戴いたしまする。門閥に分かれ、己の立身出世のために祈禱密法を学び、法華経に背を向け密教に向かい、釈迦を隠してあの世の弥陀を頼む学生たちと空虚な論議を振り回すことに、いささか私も疲れてまいりました。それよりも、生きんがために汗を流し、あえて戒律を犯さねばならない無数の民衆、純粋に救いを求める名もなき草莽《そうもう》の中に分け入って救いを与えたいと考えておりまする。今や大衆は、時すでになかるべしという悲しみに包まれています。これ以上、民衆と隔絶した叡山にとどまっていても衆生救済、天下の泰平はなりませぬ。私は私なりに伝教大師の法華経の実践に生きてみとうございまする」

確信に満ちた蓮長の眼光を見て、俊範はもう何も言えなかった。

「さらばじゃ」

「師よ、ご壮健で。これにて……」

俊範の住まいを辞去してふたたび横川定光院に戻った蓮長は、早速、真新しい草鞋《わらじ》を履くと、末法の世の呪縛に身動きできないでいる叡山を下って行った。

蓮長には、勇気を出してこれを説かなければ仏を裏切ることになり、死んでも仏の責め苦に遭うのだという恐怖があった。かといって、これを公然と批判すれば諸宗から迫害を受けることも容易に予想される。進むことも叶わず、退くこともできない。

日蓮はその心境をのちの遺文、「報恩抄《ほうおんしょう》」に、「言わんとすれば世間恐ろし。黙止すれば仏の諫暁《かんぎょう》のがれ難し。進退ここに谷《きわ》まれり」と述べている。

叡山に入山して以来、すでに約十二年の歳月が過ぎようとしている。振り返れば、蓮長にとって一念三千の法門を学んだことだけが収穫だった。

ただ、蓮長にとっては「朝題目、夕念仏」という、矛盾撞着も甚だしい叡山の行法を修正しなければならなかった。いつ唱え始めたのかは明確ではないが、「南無妙法蓮華経」の唱題行を考えついたのは、おそらくこの頃ではないだろうか。

のちに鎌倉で綴った遺文には、題目を唱えるのは仏性を開くためだと述べている。「南無妙法蓮華経」と唱えながら鏡の曇りを拭き取るように磨けば、無明の闇が消え、仏性が明鏡のように輝き出すと語っている。

蓮長にとって釈迦と『法華経』は一つであった。たしかに、「妙法蓮華経」は文字として綴られたものである。そこには六万九千三百八十四文字がある。だがそれは、一切衆生を仏にせんとする釈迦の究極の心が薫集したものであるから、蓮長にとっては六万九千三百八十四の仏であった。

ちなみに、この「南無妙法蓮華経」という言葉は日蓮が作ったのではない。

この題目についてはあとで詳しく説明を加えることにするが、蓮長は正法・像法と末法の二つの題目があるとしている。つまり正法には、天親《てんじん》菩薩・龍樹《りゅうじゅ》菩薩、像法には南岳《なんがく》大師・天台大師が題目を唱えたが、それは自分の修行のためだけのものであった。しかし、末法に入って自分が唱える題目は自分のためだけではなく、人のためでもあると言い及んでいる。

この「南無妙法蓮華経」は、浄土宗で称える「南無阿弥陀仏」に似ている。その違いは、「妙法蓮華経」という経典に「南無（帰依）」するか、「阿弥陀仏」という仏に「南無」するかである。もちろん、現世と来世の相違はあるが、聖道門《しょうどうもん》よりも易行道《いぎょうどう》が選択され出した時代である。法然をまねて容易に入門できる修行法を編み出したのだと言われれば、そういう見方も成り立たないわけではない。

だが、法然の念仏にはひたすら後生を阿弥陀に祈るという切なる他力的、願望的色彩が強いが、蓮長の題目は、それを唱えることによって我欲、憎悪、嫉みなどを捨て、心を浄化して仏性を浮かび上がらせるのに狙いがあった。末法という閉塞感はたしかにあるが、だが、『法華経』には、末法のためにこれを説き残すことが明らかに示されている。だから題目を唱えれば救われる。民衆にそのことを教え諭すべきだと考えたのである。

もう一つの大きな理由は、承和十四年（八四七）に円仁が記した『入唐求法巡礼記《にゅうとうぐほうじゅんれいき》』であった。それによると唐の武宗皇帝が唐の諸寺に弥陀念仏の教えを弘めさせたところ、回鶻国《かいこつこく》（ウイグル）の軍兵が国境を越えて侵略するなど、あちこちで兵乱が相次いだらしい。当時は日蓮だけでなく、日本の旧仏教徒（天台僧も含む）たちも、これを根拠として浄土宗が「国土衰乱の災」を招く不吉な教えであると考えていた。

したがって後にこれが日蓮の念仏否定思想の中核となり、「立正安国論《りっしょうあんこくろん》」の建白《けんぱく》へと発展していく。

建長五年（一二五三）三月、叡山と畿内遊学を終えた蓮長は、比叡の山を下り、故郷へ帰る途中、踵《きびす》を東南に向け、伊勢大廟に詣でた。ここには天照大神を中心とする八百万《やおよろず》の神々が祀られている。故郷の東条郷はこの伊勢神宮の御厨《みくり》である。

蓮長は恭しく手を合わせると『法華経』を誦し、「ご照覧あれ！」と、独自の『法華経』を流布する誓いを立てた。

第四章　立宗の曙光

決　定

ふたたび小湊に帰って来た。

その目的は師匠を説得して、阿弥陀から足を洗わせることにあった。蓮長が清澄寺へ向かう途中にある実家のたたずまいは昔のままである。玄関をくぐると父母に会える。しかし、まず虚空蔵菩薩への礼拝、そして道善房への挨拶と説得が先だと思った。

蓮長は沢伝いに、したたるような新緑のトンネルを一歩一歩踏みしめて登る。嬉々として飛び交う小鳥の奔放さを我が身に当てはめた時、浄顕房や義浄房にすまないという気持ちも起こってくる。しかし、己の求法心を抑えることは蓮長にとって死に等しい。

すでに三十二歳。出家以来十六年に及ぶ求道の日々であったが、もう心に曇りはない。まっすぐ本堂に登ると、蓮長は虚空蔵菩薩に『法華経』流布を誓った。祈り終えると、道善房の住む庫裡の玄関をくぐる。新参僧が名を尋ねる。「蓮長！」と名乗ると、目を大きくしばたかせて叫んだ。

「蓮長殿がお帰りですぞう！」

義浄と浄顕が笑顔で飛んできた。寺内には見知らぬ新参僧も増えていたが、その中にあって義浄と浄顕には初老の気配が漂っている。蓮長は深々と合掌した。

「蓮長、元気か？　重畳じゃ」

浄顕がまず声をかけると、義浄も笑って言う。

「わしらも年を取ったが、そなたも老けたのう」

「長い間、申し訳ありませぬ。しかし有意義な遊学ではありました」

草鞋を脱ごうとする蓮長を見ながら、浄顕が聞く。

「何を悟った。あとでわしらにも聞かせてくれ」

すると、義浄が冗談を言う。

「われらも清澄で天地の悟りを開いたぞ。頭は雪まだらの山、額の皺は海の波、眉は月じゃ」

それを聞いた浄顕が笑って言った。

「わしの頭に雪山はない。太陽じゃ」

三人は笑い合った。冗談ばかりを言い合った昔が懐かしく偲ばれた。

道善房の部屋に入ると、師の面には思いの外、深い皺が刻まれ、眉も真っ白くなっている。

「ただ今戻りました。長々の遊学かたじけなく存じております。ありがとうございました」

「よく帰って来た。見れば壮健で何よりじゃ。で、叡山はいかがであった？」

道善房の顔には抑えきれない喜びがあふれていた。

「はい、経文の優劣を学び、天台の法流を知り、法華経の優位を悟ることができました」

「まだ法華経に固執しておるのか?」

道善房はあきれた顔をしたが、これからが蓮長の正念場であった。蓮長は詳細に比叡山の実態を報告した後、何度も力強く説得を試みた。しかし、その気勢をそごうと道善房は話題を変えようとする。「行き着く道は同じじゃ」という考え方は昔と少しも変わらない。

「天台の法門は現身成仏にありまする。天台宗を名乗る以上、来世成仏の念仏は大いなる謗法の罪。今こそ弥陀を捨て、共に唱えましょう。南無妙法蓮華経と!」

ついに、蓮長は師に言ってのけた。それまで笑顔だった道善房の顔は、一転して驚いた表情に変わると、しだいに声を震わせながら語気を荒げて言った。

「弟子が師匠の信仰を改宗させるなど古今東西あり得ぬこと。飼い犬から手を噛まれるとはこのことじゃ。そなたは言っている意味が分かっておるのか。どの面下げて清澄に戻りおった!」

道善房の怒りは心頭に達していたが、蓮長はひるまず説得を続ける。念仏を称えるからといって師を憎む気持ちは毛頭ない。老い先短い師である。遊学の機会を与えてくれた恩に報じるためにもなんとか理解してもらいたいと蓮長は思う。

あくまで伝教大師の説に従う——。源流に帰れ、根本精神を忘れるべきではないと言い張る蓮長の信念に圧倒された。

（あるいはそうかも知れぬ。成長したものじゃ……）

道善房は心の中で、そう感じ取っていた。

夕日が西の空にとっぷり沈もうとしていた。遠くに雁の声がする。弟子が火を灯しに来た。道善房は持病が再発したのか何度も咳き込み始めた。蓮長の言葉が途切れる。

これ以上の説得は無理だと考えた。しばらくの沈黙のあと、道善房は苦しそうな息の下から蓮長に告げた。

「見た通り、わしも歳を取り過ぎ、天台宗の名刹であるこの清澄寺を安房一国へ広める気力も衰えてきた。そろそろ後のことを考えねばならぬ時期じゃ。この清澄寺を有能な弟子で固め、隠居したいと考えておる。法華経研究も急ぐ必要はあるまい。わしが死んだ後はそなたを後継者にと思い続けてきた。考え方は同じでなくとも良いではないか。わしにはわしの考え方があるし、そなたはそなたじゃ。わしが死んだ後に自分の道を歩めばいいではないか。どうじゃろう。これからは清澄に末永くとどまってくれぬか」

道善房の声はしだいに弱々しい響きになっていったが、ふっとため息をついたまま蓮長は黙して答えない。

「なぜ黙っておる、返事を聞かせてくれい」

道善房はしきりに促そうとするが、蓮長にその気はない。これ以上、何を語ろうとも分かってはもらえぬと知った。

「長年、清澄を留守にし、勝手な行動ばかりをしてなんのご奉公もできず、ご迷惑をおかけした身の上。浄顕殿、義浄殿は人格者で申し分のないお方。お二人が中心となってこの清澄を守っていかれるべきでしょう」

「これまでそなたの言うことはすべて聞いてきた。今度はわしの頼みを聞き届けてくれ。浄顕や義浄と力を合わせて清澄の信者に天台の法門を説いて、法を広め、寺を興隆してほしい」

膝に置いた老師の手が小刻みに震えている。咳き込む姿も哀れさを誘った。蓮長は深々と合掌すると部屋を出た。さすがの蓮長もこの時ばかりはすぐには断り切れなかった。

四月二十二日から持仏堂へ籠った蓮長は、七日間の断食、不眠の行を誓い、読経三昧に明け暮れた。髭は伸び、頬はこけ、身体も細っていく。一方、浄顕と義浄は蓮長のことが気がかりで、時々、持仏堂を覗きに行った。すると「南無妙法蓮華経」と唱える野太い声が堂内に響き渡っている。「南無阿弥陀仏」ではないのである。

清澄寺境内にある蓮長修行霊場の碑

「なんということだ。蓮長は気が狂ったぞ」

「お師匠さまにお伝えせねばなるまい」

「いや待て、待て。我らでまず蓮長の真意

を糺《ただ》そう」

蓮長は持仏堂で来る日も来る日も読経と禅定を繰り返し、『一切経』の要文を読み直していた。蓮長は当時を末法に入って約二百年目と考えていたから「闘諍堅固《とうじょうけんご》、白法隠没《びゃくほうおんもつ》」の時期に当たった。「闘諍堅固」とは宗教間の抗争、「白法隠没」とはあたかも雲が太陽を覆うように釈迦の正法が隠れるという意味である。

蓮長は考えた。建物が完成すれば足場材は必要がなくなると同じように、華厳・阿含・方等・般若など「四十余年未顕真実」の経典は必要がなくなったのだ、『法華経』が真実なのだ、あとは補助的なものであると。

ただ、これを主張すれば既成宗教からどのようなしっぺ返しが繰り出されるか分からない。しかし、末法の袋小路に入り込んで積極的な価値観を打ち出せず、さりとて現実の世の変転にも対応できないまま立ちすくんでいる仏教界を目前にして、これを黙り通すことは卑怯に思えてならない。

『法華経』を頂点とする『一切経』を基準にして、その優劣に応じて仏教の是非を判断しなければならない——。すでに蓮長の腹は決まっていた。釈迦の真意、『法華経』の威光を取り戻すことであった。

雄叫び

蓮長の心にはすでに外界の刺激は入らず、澄みきった精神感覚だけに研ぎ澄まされていた。ひとまず水行をして身を清める。そして、おぼつかない足取りで持仏堂のすぐ上手にある旭ヶ森へと向かった。木々の間をぬって行くうちに夜はしだいに白み、小鳥のさえずりが聞こえてくる。登りつめると眼下に起伏する樹海の彼方、太平洋の水平線からまさに太陽が顔をのぞかせようとしている。

やがて燃えたぎるような赫々たる光を放ち始めると、それまで立ちこめていた黒雲が飛び散るように消え失せていく。蓮長は日輪が釈尊のように感じられ、眼からはらはらと歓喜の涙がしたたり落ちる。それを拭おうともせず、合掌して日輪に向かって叫んだ。

「われ日本の柱たらん。われ日本の眼目たらん。われ日本の大船たらん。闇をつんざく日輪のごとく、釈尊の前に宗祖を立て法華経の前に邪教を立てる悪比丘の魔雲を一掃せん。一天四海皆帰妙法！」

全身から絞り出す「南無妙法蓮華経」の題目は清澄連山にこだまし、空へ、海へと広がっていく。建長五年（一二五三）四月二十八日、齢三十二歳。事実上の立宗宣言であった。

本堂に下って来ても、蓮長はまったく無言であった。

準備されていた粥に箸をつける。釈尊は菩提樹の下で悟りを開かれた時、村の牧女から乳粥の供養を受けられたという。長い苦悩から脱して空腹を癒されたことを思うと涙が込み上げてきた。持仏堂に籠って以来剃らなかった髪を剃り、髭を落とし、新しい衣に着替えると、早速、老師道善房に成満の挨拶に出向こうとした。しかし、折からの風邪で体調が悪く、道善房は床に伏せっていた。

蓮長は持仏堂の南面で浄円房を初めとするわずかな人々を相手に、「念仏を捨て、題目を唱えられよ」と説いた。これを聞いた人の中には、長年の恩顧を仇で返すのかと内心反発する者もあった。そして、それが浄土念仏の篤い信仰者である東条郷の地頭の耳に入る。父母や領家の尼を苦しめた、あの東条景信である。

実は、景信には一度蓮長という僧に会ってみたいという気持ちがあった。彼は領家の尼から分割した荘園を有していたが、それでも飽き足らず領家の尼の所領を凌ごうと画策していた。また、清澄寺の飼鹿《かいじか》を捕って喰らうなど横暴を極めている。そこに生じる不法な事件を解決するために、領家の尼はたびたび鎌倉の問注所に訴えている。その結果、景信は何回となく敗訴の憂き目に遭わされ、そのたびに悔しい思いをしてきた。その訴訟の相談に乗り、手伝いをしたのがほかならぬ蓮長であった。

名目的とはいえ比叡山に寄進した荘園であるから、そうした問題について領家の尼が比叡山にいる蓮長に相談を持ちかけるのはごく当然のことであった。蓮長は領家の尼の相談に乗り、人脈を通じて勝訴に導いていた。そうしたことで景信は蓮長を快く思ってはいない。

さて、道善坊にとっては地頭の申し出とあれば断るわけにもいかない。道善坊は、くれぐれも景信の機嫌を損なうなよ、念仏の批判をするなよと注意したが、逆に蓮長自身は絶好の機会であるから正面攻撃で折伏《しやくぶく》しようと考えた。

しかし、そこは師匠である。万が一を想定した道善坊は一対一の対談形式ではなく、法会《ほうえ》という形を思いついた。法会であれば蓮長も景信も考えてものを言うであろうし、いざという時でも証人がいるので、無法はしないであろうと高を括ったわけである。


やがて約束の午《うま》の刻。数名の侍従を従えて馬にまたがり、堂々と持仏堂に入った景信は静かに蓮長の登場を待った。堂内には清澄寺一門の長老・円智房《えんちぼう》や実誠房《じつじようぼう》、明心房《みようしんぼう》を初め新参僧に至るまですでに参集し終わっている。堂内に法鼓が響き、説法会の始まりを告げた時、浄顕と義浄は不安な面持ちで顔を見合わせながら、そっと呟いた。

「蓮長、大丈夫であろうか?」

「念仏の悪口など言わねばよいが」

「まあ、そこのところは考えてものを言うとは思うがのう」

「あの時、すぐ問い糺《ただ》しておけばよかったのう」

やがて道善房に連れられて粛々と参堂した蓮長は、まず御本尊にぬかずき、長老たちを拝し、景信にも参詣の労をねぎらった。

「拙僧ごときのために、本日このような法会を開いてくださり、東条殿の御前にてお話しできますこと誠に有り難く、かたじけなく存じ上げます」

それを聞いた景信も一応、長年の遊学修行の労をねぎらった。

蓮長はこれから話す内容が景信の怒りを買うであろうことは半ば予想していた。だが、決意はすでに固まっている。蓮長は堂内の大衆を見回しながら、持ち前の野太い声で挨拶を始めた。

「この清澄寺がなければ現在の私はあるべきもございません。十一歳で入山し、十五歳で出家を許され、鎌倉、叡山を初め、京都、高野、南都の寺院を巡って十五年。これもすべて道善御老師のご慈悲によるものでございます。さて、これから拙僧がお話しする内容について、もし未熟な点があればご教示くださいますよう、お願い申し上げます」

まず蓮長は感謝の意を表し、ていねいに口上を述べた。

「そもそも拙僧の最大の疑念は、末法の今を救済する道と正法を究めることにありました。何ゆえ釈尊の仏道が多岐に分かれてしまったのか、仏道の祖が釈尊であることは誰もが承知しているることでありながら、何ゆえ教主釈尊を無視して大日如来を立て遍照金剛《へんじょうこんごう》を唱え、あるいは阿弥陀を立てて念仏を称えるのか……」

景信を初め堂内の聴衆はうなずきながら聞き入っていた。蓮長の言葉はしだいに熱を帯びる。

「伝教大師は法華経が主教なりと仰せられている。しかるに清澄寺は法華経を用いず、念仏を称える。拙僧も最初はそれが当然だと思っておりましたが、まちがいであったことを悟りました。しからば正法とは何か、それは念仏でも真言でも律でもない、法華経でありまする。死後の極楽往生よりも現世成仏が……」

そこまで話した時、突然、ぬっくと景信が立ち上がり、日蓮を睨んだ。

「もう止めい！」

仁王立ちになった景信は蓮長に対して真っ赤な顔で罵声を張り上げた。

「弱輩の分際で念仏の悪口を言うとは何事か。世は末法じゃ。末法だからこそ念仏が必要なのじゃ。阿弥陀仏の慈悲にすがって極楽往生する。そのどこが悪い！」

蓮長も負けてはいない。

「末法だからこそ世の中を改変すべきでござりましょう。永遠に続く闇の回廊から限りなく高みを目指す光明の回廊を目指さねばなりませぬ。法華経はそこにありまする！」

「何が法華経か！　法然上人はお主以上に法華経を研鑽された。そして念仏を選択されたのじゃ。それとも、お主は法然上人以上だというのか」

「拙僧は釈尊の本心、伝教大師の真意を述べておりまする！」

「もうよい！　聞きとうもないわ」

「十方仏土には、ただ一乗の法のみありと法華経には説かれておりまする」

「ええい、止めぬか！　おのれ言わせておけば！」

「今少し話を聞いてくださりませ！」

蓮長はたじろぎもせず景信を制する。しかし景信は刀に手をかけると、すさまじい形相で侍従たちに怒鳴りつけた。

「うぬら、ここに蓮長を引きずり出せ、成敗してくれる！」

堂内は騒然となった。たまりかねた道善房が景信の前にひれ伏して許しを請う。

「お怒りはごもっともなれど、何とぞ、何とぞ、お怒りを収めてくだされ。蓮長はどうかしておりまする。拙僧があとでよく言い聞かせまする！」

「ならぬ！　もう許せん」

景信は太刀を引き抜くと、大上段に構えた。切っ先がギラリと光る。

「なりませぬ。寺で殺生はなりませぬ」

道善房は両手を広げて制止する。

「蓮長、それへなおれ、わしが成敗してくれる」

それでも蓮長は一歩もひるまない。

「たとえ拙僧が成敗されても法華経は不滅！　真実を隠すことはできませぬ。東条殿、念仏を捨て速やかに法華経に帰依されよ。南無妙法蓮華経と唱えなされよ！」

蓮長の言葉は火に油を注ぐだけであった。ますます景信の形相は修羅と化す。しかし、寺で僧侶を斬ることは幕府の御法度《ごはっと》。侍従たちが必死に景信を止める。その中の一人が僧侶たちに叫んだ。

「何をぐずぐずしておる。早く蓮長をどこかに連れ出さぬか！」

蓮長は兄弟子たちに腕をつかまれ、引きずられるように持仏堂をあとにした。比叡山から帰ったばかりの蓮長が修行の成果を披露するからと、楽しみに集まった近在の僧俗は予期しない事態に直面して狼狽するのみであった。

やがて山を越え、谷伝いに下り、西条郷の花房村にある蓮華寺へと押し込められた。西条郷は景信の所領ではないので手は出せない。ましてや寺の中である。もし僧侶を殺戮すれば幕府が定めた貞永式目《じょうえいしきもく》に反することになる。

以上、持仏堂でのシーンは伝承であり、日蓮自身はそうした記述を残していない。持仏堂の南面で浄円房を初めとするわずかな人々に『法華経』の正当性を説いたことが景信の耳に伝わり清澄寺から急遽身を隠すはめになった、ということだけを遺文に残している。

破　門

浄顕と義浄は蓮華寺に入ってとひとまず落ち着くと、なんとかして蓮長を説得しようと試みたが、信念に生きるか、現実に妥協するか、論争はその問題に終始し、水かけ論で終わった。義浄には蓮長の考えが正しいようにも映った。しかし自分にはできない話だとも思った。

実は蓮長は知らなかったが、叡山遊学の頃、清澄寺は法華信奉派と念仏至上派とに分かれていた。義浄と浄顕を中心とする数名の住僧は法華を支持し、円智房や実誠房は念仏に帰依していた。東条景信は円智房の念仏を支持し、清澄寺を天台宗から浄土宗へ改宗させたいと考えていたのである。もちろん道善房も念仏派であったが、伝統ある天台宗の名刹であるために、にわかに清澄寺を浄土宗へ宗旨変えすることには逡巡していた。

さて、この事件はすぐに両親の耳にも届いた。重忠と梅菊はたまりかねて、蓮長がかくまわれている蓮華寺へと駆けつけて来た。久方ぶりの対面であったが、蓮長の顔を見るや否や、重忠は血走った眼で、いきなりなぐりかかった。即座に浄顕が制止するが怒りは収まらない。

「長年、お世話になった道善房さまに泥を塗るとは何事か！」

最後は言葉にならない。両の拳がわなわなと震えている。梅菊は両手を合わせながら、その場に座り込んだ。

「蓮長殿、頼むからもう止めてくだされ……」

しばらく会わないうちに年老いてずいぶん細くなった肩が小刻みに震えている。蓮長は両親には申し訳なく思った。だが、信念を曲げてまで妥協することはできない。

「師の恩、親の恩愛は忘れませぬ。しかし仏の恩に生きることこそ僧侶の本懐。たとえ日本国中が敵になろうとも、法華経を捨てることはできませぬ」

蓮長は清澄入山以来の気持ちを包み隠さず吐露した。そして、末法の世に夢を失い、本能のままに悪事を働く念仏信者が横行し、自殺者さえ相次ぐ常軌を逸した時代に、歯止めをかけるために『法華経』を伝えることは、自分の使命であるということ、そのために身を裂かれることがあっても悔いはないということなどを切々と語り、信念を貫かせてほしいと瞼を熱くして訴えた。

幾度もやりとりがあった。だが、ついに重忠と梅菊もその情熱に負けた。浄顕も義浄も、蓮長の言っていることにまちがいはないと思った。沈黙の時間がしきりに風の音を強くする。重忠は我が子の成長に目を細め、ポツリと語った。

「勇気か、そなたには勇気がある。思う存分やるがいい……」

重忠の頬を涙が伝った。梅菊も泣き続けていた。ただ、先々のことを考えると蓮長に不安がないわけではない。自分は出て行けばすむことであっても、父母はこの地を離れることはできない。二人の身の上が気遣われてならない。

ほどなくして師匠道善房が山道を抜けて蓮華寺に来たが、話は平行線であった。最後に道善房が問うた。

「では、わしは阿弥陀如来像を五体彫ったが、その罪は如何であろう？」

すると、蓮長はきっぱりと答えた。

「五回、地獄に堕ちねばなりませぬ。今からでも遅くはありませぬ。ぜひとも阿弥陀を捨て、お題目を唱えられませ」

結局、異端の説を語ったという理由で道善房は蓮長に勘当を申し渡した。蓮長は「やむを得ませぬ」と深々と頭を下げる。

一方、景信の激怒は収まらない。

「待ち伏せて、あの法師が山門を出たあとで殺せばいい」

不敵な笑いを浮かべると、ひそかに郎従を集めた。実のところ、蓮長は避難先のこの蓮華寺でも一悶着起こしている。ちょうど阿弥陀堂が落成した開堂供養の日、「皆の衆、阿弥陀は釈迦に劣るのだ」と、人々に説いて回った。そのため蓮華寺からも追放されてしまう。

若さからくる向こう見ずな行動は誰にでもあり、いつの時代もある。ただ、蓮長の場合は十五年間の求道でしっかり自分の地歩を固めてきたのである。もうあとへは引けなかった。そうした蓮長と、同じように法華を支持する義浄、浄顕の違いはどこにあったのだろうか。人は思想的信念があっても行動をためらうことがある。孤立することを恐れるからである。自らの信念を貫き通すということはよほどの勇気がなければできない。勇気の有無。それが両者の袂を分かったのであろう。


奈良、平安、鎌倉期に輩出した宗祖たちはそれぞれの宗派を興した。しかし、そこには必ず時代思潮なり、宗教機運なりが考察され、救いを求める人々の機根に順応した教えがあった。だからこそ受け入れられたのである。

現に、孔子は「君子《くんし》は世と推移す」といい、蓮長はのちに「千経万論《せんきょうばんろん》を習学すれども、時機《じき》に相違すれば叶うべからず」と語っている。どんな高尚な教えでも、この運用を誤れば衰滅していくのみである。蓮長は時代背景を研究していた。宗祖がその時代を風靡したことも事実なら、同時にまた、時代の影響を受けたことも事実である。つまり、そこには時代思潮が混底にあるわけであり、既成の教義そのままで、いつの時代でも救われるとは限らない。

　ところが、頭が古く、頑な長老たちは宗祖の遺訓を絶対と見なして、もしそれに異議を唱える者があれば冒瀆《ぼうとく》者だ、破壊者だと排斥する。だから、新しい時代に即した活動を模索する若者もやがては日和見主義になる。それが既成宗教の真実の姿である。

　しかし、そうした態度は果たして宗祖の心に叶うものだろうか。もし、そうだとすれば宗祖は文化の発展を妨げ、後世の弟子たちの自由と成長を束縛する者ということになる。

　宗祖はすべて、それぞれの時代の先駆者であり、旧仏教の改革者であり、同時に異端者でもあった。

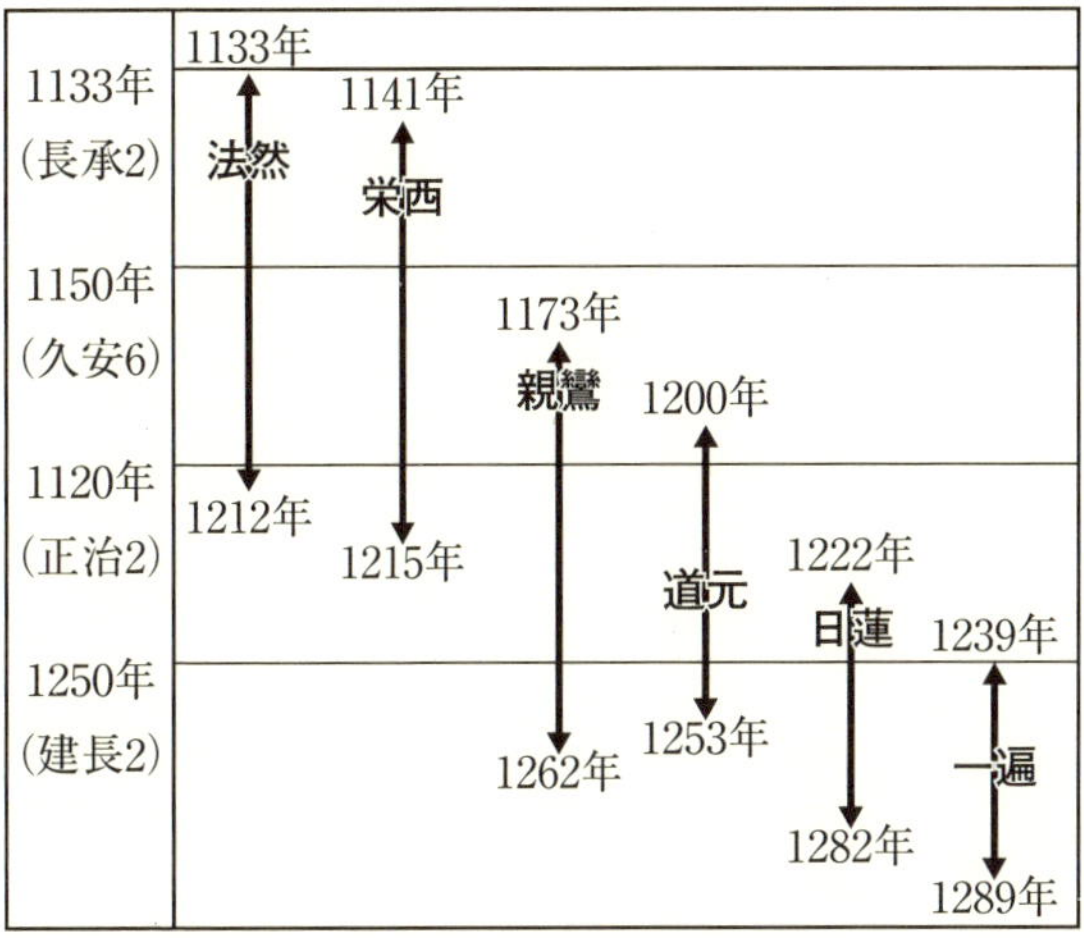

鎌倉仏教の開祖生没年表

もちろん排他的で頑迷なところもあるが、自己の主義信念に対するほとばしりから出た姿勢であって、目的はどこまでも革新にあった。

（師匠は弟子を従えることにおいてのみ師ではない。弟子は師の言葉を従順に守ることにおいてのみ弟子ではない。師は弟子に自分を乗り越えさせる力量を与えるところに、その資格がある。弟子はまた師を越えて自らの信念に生きるところに目標を置かねばならない）

蓮長はそう自分に言い聞かせながら、一路鎌倉をめざした。

折から降りしきる梅雨が蓮長の天台笠を叩く。「小湊にはもう帰れないかも知れない」と思うと万感胸に迫るものがある。だが、感傷は勇気を阻む。断を下した以上は結果を出さねばならない。それが叡山の師俊範にも、清澄の師道善房にも、父母にも報いる道であると蓮長は信じていた。

第五章　国家諫暁《かんぎょう》

小庵布教

下山の途中で抹殺するという景信の目論見は見事に空振りに終わった。

小湊を追われた蓮長は景信の仕打ちを予想して、山を登り、谷を越え、ひとまず房総半島の西海岸に出た後、海路をとって米ヶ浜（現・横須賀）に上陸し、名越《なごし》山の麓から鎌倉に入ったからである。建長五年（一二五三）五月（現・七月）、鎌倉はすでに熱い夏を迎えていた。

蓮長は法名を「日蓮」と改めた。「日」とは「日月の光明の能く諸の闇を除く」という「如来神力品」の経文から選び、「蓮」とは、「世間の法に染まらず　蓮華の水に在るが如し」という「従地涌出品《じゅうじゆしゅっぽん》」の一節から取ったものである。

三十二歳の日蓮は名越の松葉ケ谷と呼ばれる谷の奥に小庵を結んだ。草庵跡と伝えられる妙法寺の裏山からは霊峰富士の姿を見事に仰ぐことができる。この地に住居を構えることができたのは、領家の尼が名越朝時《なごしあさとき》の未亡人であったから、その一族の援助によるものだという説もあるが、真実は定かではない。

小庵といっても雑木を柱や梁に用い、草を葺《ふ》いて屋根とし地面には筵《むしろ》を敷いただけの粗末な住居である。そこに釈迦の立像を祀り、粗末な経机の上には自らが書写した『法華経』の経巻を置き、花を献じ、香を焚いた。もとより市井の豪壮な大伽藍には比ぶべくもないが、これが日蓮にとって最初の法華道場であったことはまちがいない。この松葉ケ谷は、鶴岡八幡宮からはそう離れていない。日蓮にとって広宣流布のためには、まず地の利を得ることが必要であった。

日蓮が比叡山にいた宝治元年（一二四七）六月、やはり北条氏と三浦氏は雌雄を決して戦い、三浦一族は第五代執権北条時頼によって滅ぼされていた。これまで三浦氏は親北条の立場を貫き、北条氏に敵対する豪族と戦ってきたが、北条氏にとってはもはや邪魔者であった。関東武士団による、いわば勝ち抜き戦でのし上がった北条氏であったが、その醜い権謀術策は先に述べた通りである。

一方、それまで豪族間の草刈り場となって翻弄されていた寺々は、戦いが終わってようやく安定した日々を送っている。だが、平和になればなったで次第に心は腐敗してゆく。僧侶は華麗な伽藍《がらん》に安住し、金襴《きんらん》の座布団にあぐらをかいている。民衆の救いのために鎌倉に進出した寺々であったが、緊張感は弛緩していた。

日蓮は、しばらくは小庵に籠ってあまり外に出ようとしなかった。もっぱら『法華経』の読誦に耽るかと思えば、たまに閲覧を許された鶴岡八幡宮の経蔵に入って『一切経』を繙《ひもと》く日々である。

しかし、日蓮の回りには次第に人が集まり始めていた。初めは興味本位で草庵を覗きに来ていた村人たちも、日蓮が優しく接するうちに少しずつ足を運ぶようになった。日蓮は昼夜の区別なく経文を勉強し、朗々たる声で読経する傍ら、日常の素朴な悩みに耳を貸し、「南無妙法蓮華経」と唱えさせ、『法華経』の有り難さを説いた。そのうちに彼らは日蓮のことを「法華上人」と呼ぶようになった。彼らはそれぞれ米や野菜を供養し、自分たちが座る場所が必要になると協力して草庵の改築を手伝った。優しさと厳しさの二面性を兼ね備えた強烈な個性。これを慕って人々が三々五々と草庵に集まるようになった。

松葉ヶ谷草庵から由比ヶ浜を望む

　我《われ》化《け》の四衆、比丘比丘尼及び清信《しょうしん》士《じ》女《にょ》を遣《つか》わして法師《ほっし》を供養せしめ、諸《もろもろ》の衆生を引導して之《これ》を集めて法を聴《き》かしめん。

『法華経』の「法師品《ほっしほん》」と符合する事実を思いつつ、夜が更けるまで執筆に打ち込んだ。草庵説法は人気を呼び、初めての弟子もできた。日昭《にっしょう》である。日昭は下総《しもふさ》の御家人伊東祐昭《すけあき》の子で、もと成弁坊《じょうべんぼう》と称し、かつて日蓮が比叡山無動寺谷にいた時の法友であった。天台密教に疑問を持って比叡の山を下り、たまたま鎌倉で新説を立てている日蓮の話に心服して、弟子となった人物である。日蓮は日昭を「弁殿」と呼んだ。

また、その翌年には日昭の甥に当たる吉祥丸が弟子入りした。日蓮は、わずか十歳の吉祥丸に「日朗《にちろう》」と法名を与えた。この日朗は生来従順で利発な子であり、日蓮と日昭の身辺を世話しながら、説法が始まれば熱心に聞き入る。もとより説法が理解できるはずがなかったが、日朗は日蓮の力強さと優しさに惹かれていた。日蓮は夜もほとんど側に寝かせ、日朗を我が子のように可愛がった。これより日朗は一生影のように献身的に、日蓮に従うことになる。こうして日蓮は二人の弟子を従え、民衆と膝を突き合わせながら、静かな布教活動を展開していった。

鎌倉に出て一年が過ぎた建長六年、ようやく機が熟したと考え、日蓮は松葉ケ谷の草庵でしきりに法会を開いた。持ち前の低い美声である。

「皆の衆、念仏宗では罪業深き人間はこの世では救われぬと教えるが、この世で救われなくて、あの世で救われるなどと、本当にお思いか。法華経には『現世安穏《げんぜあんのん》　後生善處《ごしょうぜんしょ》』とある。法華経を唱えれば不祥の災難も払われ、長生《ちょうせい》の術を得ることができる。南無妙法蓮華経と唱えなされ。釈尊は末法の信仰を法華経に託されたのじゃ。南無阿弥陀仏ではない。仏性の蕾《つぼみ》は題目を唱えることによってふくらむのじゃ……」

最初はもの珍しさに集まった聴衆も、時には水のごとく、時には烈火のごとく、緩急自在に弁舌を操る日蓮の説法に聞き惚れた。当時、日蓮は周囲からまだ天台僧と見なされていた。日蓮もまた天台宗の正統という自負があった。ただ、日蓮は他宗批判はしても、決して阿弥陀仏や大日如来の悪口は言わなかった。阿弥陀仏や大日如来の存在そのものは、「他土の仏」(娑婆にはいないが別世界にいる仏)として認めていたからである。

当時の鎌倉は浄土宗と禅宗の門徒がひしめき、浄土宗は一般庶民の間で流行し、禅宗は武士階級に支持されている。執権時頼もまた禅宗に帰依しており、どちらかといえば浄土宗に対しては批判的であった。他宗批判の中でも日蓮は特に浄土宗を排撃していたから、これを批判する話はたちまち浄土宗の僧侶や念仏門徒の耳に入る。自分が信じる宗派をくさされて喜ぶ者はまずいない。だからこそ耳を傾ける。

逆縁成仏――。怒らせて縁を結び、説得して仏道に入れる。それが日蓮のやり方であった。ただ、これは武家諸法度《ぶけしよはつと》の「貞永式目」によれば、「闘殺ノ基、悪口ヨリ起コル。其ノ重キ者ハ流罪……」とされており、危険性があった。だが、日蓮本人には仏説から導き出した正論という信念があったから、悪口という意識はまったくない。

ちなみに、日蓮は鎌倉の街角に立って辻説法をしたといわれているが、これは後世の誇張である。当時は僧侶が鎌倉市中を自由に往来することさえも幕府は許していない。ましてや辻説法などという行為は御法度中の御法度であった。

天地異変

小湊を逃れて二年が過ぎた建長八年、春から夏にかけて鎌倉に大雨、洪水、雷雨が続き、作物はおびただしい被害を受け、秋には赤疱瘡《もがさ》（麻疹《はしか》）という疫病が流行した。そのため将軍宗尊《むねたか》親王と執権時頼も病に倒れ、生まれて間もない時頼の娘が死亡した。それは京都にも及び、後深草天皇が倒れられた。

不吉な年は年号を変えるのが常であったため、災厄の収まることを願って十月、建長は「康元」と改められた。その翌月、時頼は死に備えて三十歳の若さで出家して最明寺《さいみようじ》入道時頼と号すると、執権職を従弟《いとこ》、北条長時《ながとき》に譲った。

さらに翌、康元二年（一二五七）二月に京都で大地震が起こり、太政官庁が炎上。そこで三月、年号が「正嘉《しようが》」と改元される。ところが、四月に月食、五月には日食、京都には大洪水、六、七月は旱魃《かんばつ》。そして八月にはとどめを刺すような空前絶後の大地震が鎌倉に起こった。

道は至る所で裂け、隆起し、押し潰された家屋の中にはおびただしい人が閉じ込められ、助けを求める悲鳴も次第にか細くなり途絶えてゆく。悪臭漂う中で路傍には家族を探し求める人々がひしめいている。水や食物を求めながら餓死する人や牛馬が路上に倒れ、中には人間の死体を食べあさる者さえいる。そこに疫病が追い討ちをかけ、荼毘《だび》に付された白骨が山のように積まれる。

一方では、金を得るために人身売買も行われ、世はまさに地獄絵巻さながらの有様であった。朝廷は早速、諸国の神社仏閣へ国家安泰祈念の触れ書きを回したが、それさえも一向に効果がない。前年の大雨に続いての大旱魃で農民の窮状は計り知れなかった。しかも余震は打ち続き、いっこうに収まる気配すらない。日蓮の草庵だけは半壊で済んだが、鎌倉一帯は阿鼻《あび》叫喚《きようかん》の巷と化していた。だが、幕府の救済はまったく手ぬるいものであった。

北条時頼像（鎌倉・建長寺蔵）

年が改まった正嘉二年（一二五八）には、大雨、大風があり、翌正元元年にも大飢饉、大疫病が流行。翌二年にも疫病が続き、その結果おびただしい死人を出す惨事を招いた。

こうした窮状を憂慮して、天変地異が何ゆえ起こるのか、何か政治のありように問題があるのではないか、その原因を明らかにして世間に警告すべきであると考えた日蓮は、正嘉二年に駿河《するが》の国、富士郡蒲原の荘の岩本実相寺へ参籠して『一切経』を繙いている。もちろん原因究明の方法は自然科学的にではない。伝統的仏教思想に基づいてである。

当時、実相寺の学頭は比叡山時代の法友、智海であった。

彼は何かと便宜を計ってくれた。日蓮は今一度、『一切経』に目を通すと、「薬師経」、「仁王経」などにその原因を発見した。『法華経』には直接の文証はなかったからである。

日蓮は、該当する経文を書写すると止観に入った。止観とは正定《しょうじょう》に入ることで「入定《にゅうじょう》」ともいう。五感の動きを止めると、そのもっと奥深くの根本識と呼ばれる機能が働く。その機能を研ぎ澄ますことによって超常的な能力が得られる。このことは、あとで詳しく説明したい。

日蓮は、鎌倉に帰ってまず弟子の日昭に実相寺参籠の成果を伝えた。

「弁殿、ついに薬師経に示されている七難の到来じゃ。一に人衆疾疫《にんしゅうしつえき》の難、これは伝染病の横行。二に他国侵逼《たこくしんぴつ》の難、これは他国からの侵略。三に自界叛逆《じかいほんぎゃく》の難、つまり仲間同士の戦争。四に星宿変怪《せいしゅくへんげ》の難、これは天空の星の異変。五に日月薄蝕《にちげつはくしょく》の難、日蝕や月蝕のことじゃ。六に非時風雨《ひじふうう》の難、季節はずれの暴風雨で地上が荒れることを意味する。七に過時不雨《かじふう》の難、つまり雨季に入っても雨が降らない干天のことじゃ」

日昭は驚きのあまり、眼を丸くして唾を飲み込んだまま日蓮を見つめた。その時一塵の風が舞い込み灯火がかき消された。早速日朗が火打ち石を叩く。漆黒の闇の中に火花が散った。遠くでは雷鳴が轟《とどろ》いている。

日蓮はさらに話を続けた。

「そもそも、この国難到来の原因は念仏などの邪法を優遇する幕府の姿勢にある。七難の中ですでに五難は終わったが、幕府がこれ以上邪宗を庇護し続けるならば、善神はそっぽを向き、その隙に乗じて二つの国難が起こるにちがいない。それは自界叛逆と他国侵逼の二難じゃ。七難のうちこれが最も恐ろしい。その時我が国は滅ぶやもしれぬ。今、そういう運命の岐路にさしかかっている……」

つまり近い将来、内乱と侵略が起こり、国が滅ぶというのである。ただ、こうした未来記は『法華経』には述べられていない。この点、『法華経』以外の経典を否定する日蓮が『法華経』以外の文証を借りて、それを力説することには矛盾があるかもしれない。また、こうした予言が日蓮の専売特許のように見なされている向きもあるが、念仏を止めなければ日本が滅ぶという根拠と論理を経文から引用することも、奈良の法相宗や天台宗の僧侶たちがしきりに行っていたことであり、日蓮はそれらを踏襲したにすぎないという考え方もある。

実相寺の一切経蔵

ただ、先に触れたように、延暦寺で培った「止観」の研鑽によって霊妙な力が養われ、「自界叛逆」と「他国侵逼」の二難到来が歴然と日蓮の心に映ったことも否定はできない。「聖人は未萌《みぼう》を知る」、「法華経の行者の祈りの叶わぬことはなし」という日蓮の言葉も、それを裏打ちしているようにも思われる。

日蓮は言う。
「釈尊は仏滅後の仏教について予見されている。正法千年が過ぎ、像法の時代が訪れ、これが千年続き、やがて末法の世が到来する。この時ほとんどの経典が役目を終えて、意味をなさなくなる。世は思想の濁りを招き、争いが起こり、天変地異が多発し、大衆に苦しみが増す。今がその時期なのじゃ。事実、三上皇が流刑に処せられた承久の乱、近年では宝治合戦（三浦一族の乱）、そして地震、台風で家屋は倒れ、飢饉のために餓死する者さえ相次いでいるではないか。とりもなおさず、こうした末法を招いた原因は幕府が治世の根本に法華経を立てぬからである」

もともと一念三千の思想は、人間の心には仏もあれば、怨霊も、鬼も住み着くという考え方である。人間の我欲が乱舞すれば天変地異も起こるし、他国侵逼の難と自界叛逆の難など、人間の心に悪鬼が入り込んで国難をもたらす。これを守るのが善神の役目であるが、末法に入って『法華経』を中心とする思想を立てなければ善神は去る、というのが日蓮の持論であった。だから、日蓮は邪教を捨て正教を立てよと主張する。

民衆の苦しみが、かつての少年の日の苦悩と重なり、日蓮の思想は遠心力的に政治と宗教という現実に向かい始めた。草庵説法での日蓮の毒鼓《どっこ》は日を増すごとに烈《はげ》しくなっていく。

「皆の衆、聞かれい！　国難の到来じゃ。正法たる法華経に帰依せずして邪教を信じた結果からじゃ。いたずらに改元を繰り返しても無駄なこと。この次は内乱と侵略じゃ。邪教がいくら祈禱を繰り返そうと効き目はない。この国難を救う道はただ一つ。唱えよ、いざ南無妙法蓮華経！」

史料によると、日蓮が三十一歳から三十六歳の頃、幕府は関東一帯で念仏者たちを弾圧している。反社会的な風潮が強くなったのであろう。これは日蓮が京都遊学、旭ヶ森での立宗から先年の鎌倉大地震にかけての期間である。たしかに追い風であった。

その追い風を受けて雄々しく説法する日蓮。その力強い広宣活動に「変わった坊主がいる」という風評が巷に流れ出した。堅固な既成宗教の牙城《がじょう》を切り崩すことは容易ではない。日蓮にとって大衆の耳目《じもく》を開かせ、真実の仏法を明らかにする最も確実な方法は、当時の状況からして国家の行く末を予言すること以外になかった。

だが、舌鋒が鋭くなればなるほど、日蓮の噂は鎌倉の市井に広まり、殺意を抱いて草庵に踏み入る者もあれば、耳を傾け、帰依する者もある。この頃の信者に、富木《とき》五郎胤継《たねつぐ》、工藤吉隆、池上宗仲・宗長兄弟、四条金吾頼基《よりもと》、波木井《はきい》六郎実長《さねなが》などがいる。これら信者たちは地方在住の武士であるが、鎌倉在勤の時に日蓮に接して教化を受けている。

庶民よりも中流武士階級が圧倒的に多かったのは、武士は主君のためとはいえ殺生を余儀なくされていたからである。『法華経』は罪障消滅の教えであると昔から信じられている。すなわち、『法華経』は殺生をする人間にとっては救いの教えであった。

もう一つの理由は、天変地異という国家の危急存亡に不安を抱く中で、その理由を明示する日蓮の救国の論理に傾倒したからであろう。彼らは無常観という消極的な浄土思想には納得がいかなかった。国家のために、主君のために、主体的に行動しなければならない彼らにとって、現世を改革しようとする日蓮は魅力的に映ったのである。

日蓮は彼らに対して残る二つの国難、つまり「他国侵逼の難」と「自界叛逆の難」の到来を繰り返し伝え、強く『法華経』に帰依する必要性を説く。当然、日蓮は第六代執権北条長時が浄土宗に帰依していることは当然承知していたが、その膝下にあって勘気《かんき》に触れることさえ恐れない。

「よく考えなされ、鎌倉には近年地震や火事が多発している。風水害も多い。これ即ち、七難到来の仏説の通り。それもこれも国家が正法に帰依しないからだ。もし、国という家の柱が腐っているとするならどうなる。邪宗の柱では国家は滅亡あるのみじゃ！」

日に日に熱を帯びだしていく布教が、他宗の僧侶たちの耳に入らないわけがない。とうとう念仏門徒たちは執権長時に対して日蓮追放の願状を差し出した。

「これ以上は、お止めくだされ……」

日昭と日朗は身を案じて進言するが、日蓮は一向に意に介さなかった。ある日、日蓮は二人の弟子に意中を伝えた。

「弁殿、そこもとに話しておきたいことがある。日朗もこちらへ来なされ」

日朗は灯を運ぶと日昭の横に座り、衣を整えて合掌礼拝し、静かに日蓮の顔を見上げる。日蓮はしばらく腕を組み、閉じていた瞼をおもむろに開く。

「そなたたち、もし命が惜しければ、わしのもとを去っても構わぬ」

二人の顔色が変わった。

「口先ばかりで題目を唱えるだけではならぬ。心の中で有り難いと信じるだけでも駄目じゃ。身を以て実行するという受持《じゅじ》の信仰、この三つが揃わねばならぬのじゃ！」

厳しい口調である。日昭は尋ねる。

「身を以て実行をするとは、折伏《しゃくぶく》のことでござりまするか？」

「そうじゃ」

「しかし、御身に万一のことがあれば、すべて水の泡でござりまする」

「ない！　断じてあり得ぬ。法師品《ほっしほん》に『若し人、悪、刀杖瓦石《とうじょうがしゃく》を加えんと欲せば、則ち変化《へんげ》の人を遣わして、之《これ》が為に衛護《えご》と作《な》さん』とある。読みなされ！」

日蓮が経文を突き出し、日朗に読ませると、日昭は何も言えない。草庵の外では、虫の音が夜の静けさを一層引き立てている。日昭も日朗も日蓮の話に引き込まれている。

「初めは、この松葉ケ谷で民衆と共に生き、良き相談相手となり慈悲を傾けようとした。だが、民衆はこの草庵に来た時は題目を唱えても、家に帰れば念仏を称える始末。これでは末法の呪縛から逃れることなど叶わぬ。末法だからといって地にひれ伏し、恐れおののくばかりでいいのか、僧侶が救済の使命を放棄していいのか、どっちじゃ！」

日蓮は選択を迫った。

日昭は、日蓮の不惜身命の気概に触れ、心の底からだんだんと畏敬の念が起こってくるのを覚えた。思えば、僧階の昇進や我が身の保身しか考えない比叡の僧侶たちに嫌気がさし、民衆救済の信念を持って比叡山を下りてきた日昭である。思うように行動できない勇気のなさが恥ずかしくなった。

「民衆を救うことも大事だが、今は国家存亡の危機にある。国難から救わねばならぬと考えを改めたのじゃ。これから害が加えられるかもしれぬ。だが、経文には守護が約束されている。わしはそれに賭ける。そなたたちはどうする。どちらか、しかと返答せい！」

日照はうなだれていた顔をだんだん上げると、最後は涙を飲み込んで答えた。

「『我不愛身命《がふあいしんみょう》　但惜無上道《たんじゃくむじょうどう》』の経文……　今、今ようやく分かり申した。布教方法が去年より変化したことは、何か深いお考えがあろうかと存じておりました……。が、本当は迫害に対する恐怖があったからにござりまする。今、師の話をうかがって己の愚かさに感じ入りました。お許しくだされ。日朗と共に私も命を賭けまする。のう……」

日昭は日朗の顔を見やり、涙声で促した。

日蓮の壮絶な草庵布教は幕府高官たちの間でも評判となり始め、前執権北条時頼の耳にも入った。だが、時頼は「たかが乞食坊主のざれごと、捨ておけい」と笑い飛ばし、意にも介さない。

そうした折、曹洞宗《そうどうしゅう》の宗祖道元が入滅する。鎌倉は喪に服していたが、その日さえも日蓮は草庵布教を止めない。こうした振る舞いに激怒した建長寺《けんちょうじ》の住職である蘭渓道隆《らんけいどうりゅう》は、日蓮を鎌倉の地から追放するよう時頼に進言した。

「日蓮の暴言は仏陀の慈悲とは大きくかけ離れたもので、仏道の敵でありまする」

「道隆殿、そのようなことで揺らがれてはなりませぬ。もし追放でもすれば、貴僧と時頼の器量の小ささを世間は笑うでござろうよ。ワッハッハッ」

時頼はこれを笑い飛ばした。多くの豪族と戦って地歩を固めてきた武断派であるだけに、日蓮の心意気が愛らしく思えたのかもしれない。時頼の側近の中にも日蓮に好意を寄せる者もいた。比企能本《ひきよしもと》である。能本は別名、大学三郎とも呼ばれていた。能本の館は松葉ケ谷のすぐ隣の谷間《たにあい》にあったので、街への往来の途中、日蓮はしばしば館を訪ねている。

かつて、能本の父である能員《よしかず》は源頼朝の乳母「比企尼《ひきのあま》」の養子となり、生まれた娘は源頼家の側室若狭の局となったが、将軍頼家と執権時政は事ごとに対立していた。頼家が死に瀕した時、遺産問題を巡って争いとなり、能員が謀殺されたことは先に述べた。その時比企一族すべてが殺されていたわけではない。二子が生き残り、そのうち京都に落ち延びたのが能本で、その後、学問で身を立て鎌倉へ戻って来ていたのである。

日蓮がその能本と知り合いになったのは京都遊学の時であった。ただ、能本は日蓮という人物に興味を感じていただけであって、『法華経』そのものを信じていたわけではない。

その能本が幕府内に日蓮逮捕の不穏な動きありとの情報を伝えたため、日蓮は危機を避けるべく、とりあえず東国武蔵《むさし》の国へしばらく布教の旅に出ることにした。しかし旅の途中でさえも布教に余念がなく、縁ある場所では必ず立ち止まって『法華経』の功徳を説いた。説法はますます熱を帯び、信服させるまで話を切ることはなかった。

ほとぼりが冷めた頃、鎌倉に帰った日蓮は『一切経』の研究の成果に立って、ある大きな計画を立てた。執権に対する建白書の提出である。季節は夏を迎え、潮風で蒸し暑かったが、松葉ヶ谷の草庵横の洞窟（現・安国論寺境内にある）に籠って毎日夜の白むまで筆を執る

これに先立って、正元元年（一二五九）に著した「守護国家論」には次のような一節がある。「仁王経《にんのう》の文《もん》の如くならば、仏法を以て先ず国王に付嘱《ふぞく》し、次に四衆に及ぼす。王位に居る君《きみ》、国を治むる臣は、先ず仏法を以て先となして国を治むべきなり」

また、翌年文応元年には「災難対治抄《さいなんたいじしょう》」を著し、天変地異の原因は浄土宗の蔓延にあると説いている。

そして、これらを踏まえて建白書の名文を練った。この現実をそのまま浄土とするためには、時の政治に働きかけねばならないと考えたのである。

この松葉ヶ谷で日蓮は、『法華経』の国家観と国家を導く導師について思索を深めていた。この頃の日蓮は、寝たり食ったりするのが煩わしくてならなかった。経文の世界を回遊する時、少なくとも日蓮にとっては、そうした生理現象は邪魔者以外の何物でもない。無我の境地、三昧というのは肉体の煩悩から離れなければ到達することはできない。日蓮は昼夜兼行で『法華経』に没念していた。もともと日蓮の疑問の一つに国家観があった。『法華経』にそれがどのように説

かれているか、まだ明確にはつかんでいなかった。

国家は国土の上に成立するものであるが、律令体制が崩壊して以来、その国土のほとんどは私有地となっており、それをめぐる所領争いが続いてきた。今や、国土は天皇家のもの、貴族のもの、有力寺社のもの、地方領主のものと千々《ちぢ》に分断されている。貴族にとっても、寺社にとっても、武士にとっても、自分の所領を少しでも拡大することが生き甲斐となっていた時代である。荘園は「非課税」であったからである。そのために戦乱が相次ぎ、東条景信のような地頭も現れ、天変地異も起こった。先にふれたように日蓮は、これまでのおぞましい日本の歴史を知りぬいている。

そもそも国家が所有する国土は誰の物か——。『法華経』の冒頭に「序品」という経文があるが、そこには釈迦が耆闍崛山《ぎしゃくせん》という場所から東方万八千の世界を、眉間白毫相《みけんびゃくごうそう》からの神通瑞によって照らし出された場面が説かれている。そして、そこには、その東方世界の衆生たちが、さまざまな因縁に応じて生まれ変わる姿があり、未来に出現する地涌の菩薩衆の修行の姿についても描かれている。

その東方とはどこか——。それは日本のことであり、日本こそが仏の国土でなければならないと日蓮は確信した。仏の国土である以上、日本はもはや朝廷や幕府のものではなく、寺社や豪族の所有物でもない。天皇も将軍も、執権も、仏より国土を委託されていることになるから、当然みんなで努力して仏の国土に変えなければならないという論理になる。その救国の導師こそ上行《じょうぎょう》菩薩であった。

ではいったい上行菩薩とはいかなる人物であろうか。

そもそも、この経典は一部八巻二十八品から成立しているが、その前半は釈迦の弟子への授記（仏になる保証）を示し、後半には永遠の仏としての釈迦の救済と、その補佐として釈迦滅後に出現する地涌の菩薩の広宣流布について明かされている。

日蓮は、「序品第一」より「安楽行品第十四」までの前半を「迹門《しゃくもん》」と呼び、「従地涌出品第十五」から「普賢菩薩勧発品第二十八」までの後半を「本門《ほんもん》」と考えている。その本門の初めである「従地涌出品第十五」には、「上行《じょうぎょう》」・「無辺行《むへんぎょう》」・「浄行《じょうぎょう》」・「安立行《あんりゅうぎょう》」の四人の大菩薩が末法に出現すると予言されている。

是《こ》の諸《もろもろ》の菩薩、地より出で已《おわ》つて、各虚空《こくう》七宝妙塔の多宝如来・釈迦牟尼仏の所《みもと》に詣《もう》ず。（中略）爾《そ》の時に四衆、亦《また》仏の神力を以ての故に、諸の菩薩の無量百千萬億の国土の虚空に偏満《へんまん》せるを見る。是の菩薩衆の中に四導師あり。一を上行と名《なづ》け、二を無辺行と名け、三を浄行と名け、四を安立行と名く。是の四菩薩其の衆中に於て、最も為《こ》れ上首唱導《じょうしゅしょうどう》の師《し》なり。

釈尊は眉間白毫相から放った神通力によって未来を予知し、仏滅後の正法興隆と衆生救済のために四人の使者（遣使還告《けんしげんごう》）を地上に差し向けることを『法華経』に約束されている。

日蓮は、釈迦の心に生まれた法身の四人の菩薩（菩薩摩訶薩）が、仏勅によって大菩薩として肉体を持って出現すると考えたのであろう。そういう意味では、この四大菩薩は末法に生まれるわけだから「再誕」ということになる。

その中で末法悪世に如来の第一の使者として出現する上行菩薩は、自ら『法華経』を受持・読誦・解説・書写し、人にもこれを勧めることになっている。また、上行菩薩に付嘱される「如来神力品」には、「時に十方世界　通達無礙《つうだつむげ》にして一仏土《いちぶつど》の如し」とある。この経文から日蓮は『法華経』は上行菩薩が出現して、末法の日本を一仏土という理想の仏国土に変えることを示唆していると受け止めた。

そして日蓮は、上行付嘱の法門の修行法としては、その中でも「読誦」がもっとも大切で、一念三千の仏界を心に湧現するためには、「南無妙法蓮華経」と唱えればいい、唱えるうちに心に仏界が開け、やがては上行や無辺行などの地涌の菩薩が出現して『法華経』を弘め、民衆を救い、日本を一仏土にされるだろう。その魁《さきがけ》として自分は露払いをしておくのだ。それが自分自身に与えられた使命だと考えた。

日蓮は当時を末法に入って約二百年が過ぎていると計算している。天台、伝教は像法の時代の僧侶であり、末法の時代に出現したのではない。四大菩薩は末法に出現するのであるから、彼らが四大菩薩であることは考えられない。とはいえ、その四人の使者のうちの最初に出現すべき上行菩薩すらも当時はまだ現れていなかった。だが、日蓮は確信して疑わなかった。

(下は万民から、上は朝廷、幕府に至るまで題目を唱え、上行菩薩を待つべきじゃ。御出現の暁には必ずやこの娑婆は寂光土へ変わるはずじゃ)

娑婆即寂光土《しゃばそくじゃっこうど》——。つまり、日蓮は上行菩薩の出現の暁に完成すべき一仏土を、このように表現していた。もちろん、そのような解釈は当時の仏教界には見られない新しい思想であった。

先に述べたように一念三千の法門を根拠にすると、森羅万象は宇宙(本仏)の所産であって、秩序づけられた法則の中で互いに影響し合って存在している。したがって、国土の中に仏は満ち満ちているのであるから、本来「国土安穏」たるべきなのである。

この点、それまでの旧仏教がいうような支配秩序を擁護する鎮護国家という意味での「安国」ではない。少なくとも、日蓮にとっては上行菩薩による民衆の幸福を実現する国家でなければならなかった。

これは、あくまで宗教的視点であった。つまり、為政者が仏性を発揮すれば、冷静沈着な判断による正しい政治ができる。また「如来、則《すなわ》ち衣を以て之《これ》を覆ひたまふべし」とあるように、自ずと守護も受けられる。しかし、『法華経』以外であれば善神は国を捨て去るために七難が到来する。だからこそ釈尊は、救国の導師として上行菩薩を派遣されるのだという論法である。

このことは日蓮の思想を理解する上でしっかり押さえておかねばならない重要なポイントである。

立正安国論

蝉時雨《せみしぐれ》が声を細める晩夏のとある夕暮れ、日蓮は比企ケ谷の能本の館を訪ねた。対座すると日蓮は慇懃《いんぎん》に頭を下げた。

「お久しゅうございまする」

「おお、御坊。ご健勝でござるな。鎌倉の寺々は御坊の噂で持ちきりじゃよ」

「滅相もございませぬ。それがしの力など微々たるものでござる」

日蓮は手を振りながら打ち消した。

「ところで御用の向きは？」

「他でもございませぬ。これ以上、民百姓の苦しみを放置することはできませぬ。この日蓮、近年の天地異変、飢饉、疫病は、正法を謗《そし》り、念仏という邪法が栄えているためであることを突きとめ申した」

「ほう」

能本は半信半疑のまま、生返事をした。

「そこで、執権殿へ宛てた建白書を執筆しておりまする。なれど不学なために意を尽くす自信がございませぬゆえ、能本殿のお力をお貸しいただきたい。完成の暁には、校閲《こうえつ》をお願いしとうございまする」

日蓮は深々と頭を下げるが、突然の申し出に能本は少なからず困惑した。日蓮の真意が分からずして簡単に引き受けることはできない。まず理由を知りたいと思った。

「地震、風雨、旱魃、飢饉、疫病など昨今の天地の異変には、この能本も心を痛めております。御坊はそれに原因があると申されるのか?」

能本は真剣な顔をして尋ねた。

「いかにも」

日蓮は、静かにうなずいた。

「ならば、是非その理由をお聞かせ願いたい」

能本がにじり寄ると、日蓮は合掌して言った。

「我が国は古来より仏国。今まで善神の守護によって天下の静謐《せいひつ》が守られてまいりました。その仏は法華経を諸経の王と定めておられまする。しかるに種々の邪法がはびこり、暗雲が太陽を遮るように正法が隠されている。そのために善神は我が国を捨離し、その隙に乗じて魔が天地を動かし、人心に入り込み、国土に七難をもたらす。これを戒めることが拙僧の役目でありまする」

日蓮は七難について詳しく説明する。

能本は尋ねた。

「七難のうち、すでに人衆疾疫の難、星宿変怪の難、日月薄蝕の難、非時風雨の難、過時不雨の難は起こっていると、御坊は仰せられる。残るところの他国侵逼の難、自界叛逆の難とは、国外からの侵略と幕府転覆の内乱ということでござろうか？」

理解の早さに膝を打って日蓮は感心した。

「いかにも、さすが能本殿。いずれ他国侵逼の難と自界叛逆の難が到来しましょうぞ。正法なきところ、魔が人心に入り込み国を壟断《ろうだん》するのは一念三千の説。末法はなんとしても法華経を依正とすべきでありまする」

「小生は儒教を学んでいるが、仏法についてはよく存じませぬ。そもそも法華経には何が説かれておりまするか？」

「法華経の前半には、かつて釈尊が仏弟子のために霊鷲山《りょうじゅせん》においてお説きになられた最後八カ年の教えがあり、後半は末法に備えられた救国の法門でありまする。これに帰依すれば、すべてが生きながらにして仏となり、国土は安穏になりまする……」

たじろぎもせず日蓮は、『法華経』によってこそ娑婆は一仏土になるとの持論を展開する。能本も日蓮を凝視して話を聞く。

「あいや、分かり申した。では、何ゆえ南無妙法蓮華経と唱えなければならぬのか？」

「人の心の中には仏界の生命が備わっておりまするが、凍土に覆われたような状態であります。それを顕現するために題目を唱えねばなりませぬ。されば、今日穢土《えど》のように見える娑婆も即座に仏国土と変じまする。その暁には国土から一切の災禍が消え、万民快楽《けらく》の国が実現できまする。仏の集まる国土が滅びましょうや?」

「はて、仏界の生命とはなんでござろう?」

「天台大師は心の一念に十界があると説かれており、仏界とはその最高峰でありまする」

「しからば、煩悩多きそれがしも、題目を唱えれば心に仏界が生まれ、仏になれるというわけでござりまするか?」

能本は笑いながら尋ねたが、日蓮は真剣であった。

「いかにも。この題目を唱えれば仏性起こりて凡夫即仏身となりまする。すべての天下万民が等しく南無妙法蓮華経と唱えれば娑婆は寂光土になり申す。しかるに、こうした醜悪悲惨な状況をもたらした根本原因は、念仏という邪悪な教えの流布にありまする。即座に念仏を停止させ、正法に帰依させせねばなりませぬ。まず、天下の政道を司る幕府諸賢を目覚めさせることが先決。少なくとも仏法は政道の上にありまする」

「しかし、執権殿へ建白書を渡されても受け入れられるとは限りませぬ。また、かりに受け入れられてもご勘気にふれるかも知れませぬぞ」

「もとより覚悟の上……」

日蓮は背筋を張って答えるが、能本は首をひねる。

「何ゆえ身の危険を顧みず、法華経を弘めようとされるのか、まだ合点がいきませせぬ」

日蓮は滔々《とうとう》と独自の法華経観を繰り広げる。日蓮には理屈を越えた不思議な魅力がある。当時の僧侶が失いつつある信仰の気魄と人徳の香りに満ちている。およそ半日、日蓮はあらゆる角度から説明した。

「御坊の信念は分かり申した。覚悟の上であれば建白書提出に異存はござらん……。執権殿よりも最明寺殿の方がよろしかろう。依然として実権は最明寺殿の方にありまするゆえ……」

最明寺とは、前執権時頼のことである。能本は腕を組み、考えながら答えた。

こうして諾を得た日蓮は、時頼に進言すべき「立正安国論《りっしょうあんこくろん》」の筆を一心不乱に進めた。

これは日蓮のすべてを傾注した名著といわれているが、書いては破り、破っては書き、諸経を引用してたっぷりと時間をかけて仕上げられたものであろう。その形式は幕府に対する直接の批判を避けるためか、「旅客」と「主人」の問答による世間話風になっている。国土の安穏を望みながらも念仏に執着する客に対して主は諄々と非を説く。そして客はついに改心する。だが、旅客が時頼、主人が日蓮を意味していることは一目瞭然である。

その内容を要約すれば、地震・台風・疫病の天変地異が多発する原因は念仏を初め、禅・真言などの邪義邪宗が、経王たる『法華経』に背いているからであり、その結果、国家を守護すべき善神衆が国を見捨て、出て行ったためと結論づけている。また、もしこの正法が失われれば、必ずや国家の滅亡につながる大難が襲うであろうとも警告している。そして、その根拠としては『金光明経』の種々災、『大集経《だいじっきょう》』の三災、『仁王経』の七難、『薬師経』の七難などが文証として引用されている。

日蓮は『貞観政要《じょうかんせいよう》』の、かつて中国の諫臣《かんしん》が正しい政道のあり方について国王に上申した例を参考にしながら、来る日も来る日も草稿に筆を加えた。完成したと思っても、時間がたって読み直すとどうしても満足できない。

思い立って約一年の歳月が流れた。

ようやく浄書を仕上げ比企能本の屋敷を訪ねた。一気に読み終えた能本は、日蓮の並々ならぬ学才と努力に感銘を受けた。

「文体にも力が漲り、格調も高い。まさに名文。小生などは若干の語彙《ごい》を直すだけで十分でありましょう。だが、果たして最明寺時頼殿がお読みくださるであろうか……」

能本は腕を組んで首をかしげた。

「分かりませぬ。されど、やってみなければなりませぬ」

「たとえ眼を通してくださったとしても、ご勘気にふれるやもしれませぬ」

「もとより不惜身命の心境にござりまする。何とぞ文字、文脈の校閲をお頼み申す」

日蓮は深々と頭を下げた。日蓮は草庵に帰って、日昭、日朗を初め新弟子の能登房《のとぼう》、三位房《さんみぼう》などを集めて決意を語った。彼らもまた覚悟しなければならなかった。

こうして比企能本の協力を得て「立正安国論」は完成。文応元年（一二六〇）七月十六日、日蓮三十九歳の時である。

早速、日蓮は幕府の寺社奉行である宿屋光則《やどやみつのり》と会った。宿屋光則は時頼側近の御内人《みうちびと》で、禅宗に帰依し、「最信」と名乗っていた。彼は近年の天変地異に心を痛めている。日蓮は「立正安国論」を手渡す時、「天は怒り、地は震《ふる》い、世は濁っている。天地の怒りは人心が悪に染まったからである。体が曲れば影も曲る。仏法という体が曲っているから善神が日本を見捨て、災難が襲っている。禅宗と浄土宗をなくされませ。これをしなければ北条一門より事件が勃発し、他国に攻められることになりまする」と、きっぱり言い放った。

宿屋光則は物腰柔らかで、おとなしい人物である。腕組みしながら瞑想して考えた。そんなことはあり得ないだろうと思うが、参考として上申してみるのも一計であろうと考えた。

「分かり申した。とりあえず貴僧の建白書、お預りする」

口調は重かったが、日蓮にとってまず第一のハードルは越えた。

やがて、「立正安国論」は宿屋光則を通じて前執権時頼に建白されることになる。

時頼は宿屋光則に代読させた。しばらく聞きながら時頼は命じた。

「文中の論旨を簡潔に説明せよ！」

光則は引用された経文の意味について説明ができず、申し訳なさそうに頭を下げた。

「不学なために、ご説明申し上げることが叶いませぬ」

「しからば、日蓮を呼べ！」

乞食坊主と思って意にも介していなかったが、読めばなかなか文才がある。一度会ってみるのもおもしろいと思った。

やがて沙汰が下され、日時が定められた。

駄目でもともとと考えていた日蓮も能本も、驚きと喜びを隠し切れない。弟子たちも歓声を上げる。だが、謁見《えつけん》の日が近づくにつれて緊張と不安が草庵をおおった。


鶴岡執権館の「接見の間」に通された日蓮は、時頼の出座を待っていた。静かに目を閉じると、かつての鎌倉遊学時代のことが思い出される。十六歳で鎌倉に足を踏み入れ、高僧、碩学《せきがく》に教えを請うたが、「青臭い田舎僧めが」と、鼻であしらわれて悔しい思いをしたことがあった。

だが、今、幕府の最高実力者を諫めるためにここにいるのだと思うと、感慨無量なものがある。

日蓮の腹はすでに固まっていた。たとえ、時頼から処分を受けようとも、おもねることなく、堂々と核心を突いた説得をするのだと自分に誓っている。

やがて、執権長時を初めとする幕府高官たちを従えた時頼が登壇すると、日蓮は両手をつき、恭しく頭を下げた。

「余が時頼である。苦しゅうない。面を上げい」

時頼はすずやかな声を発した。

「松葉ケ谷の日蓮にございまする。このたびはご召命をいただき、加えてご拝顔の栄を賜り、

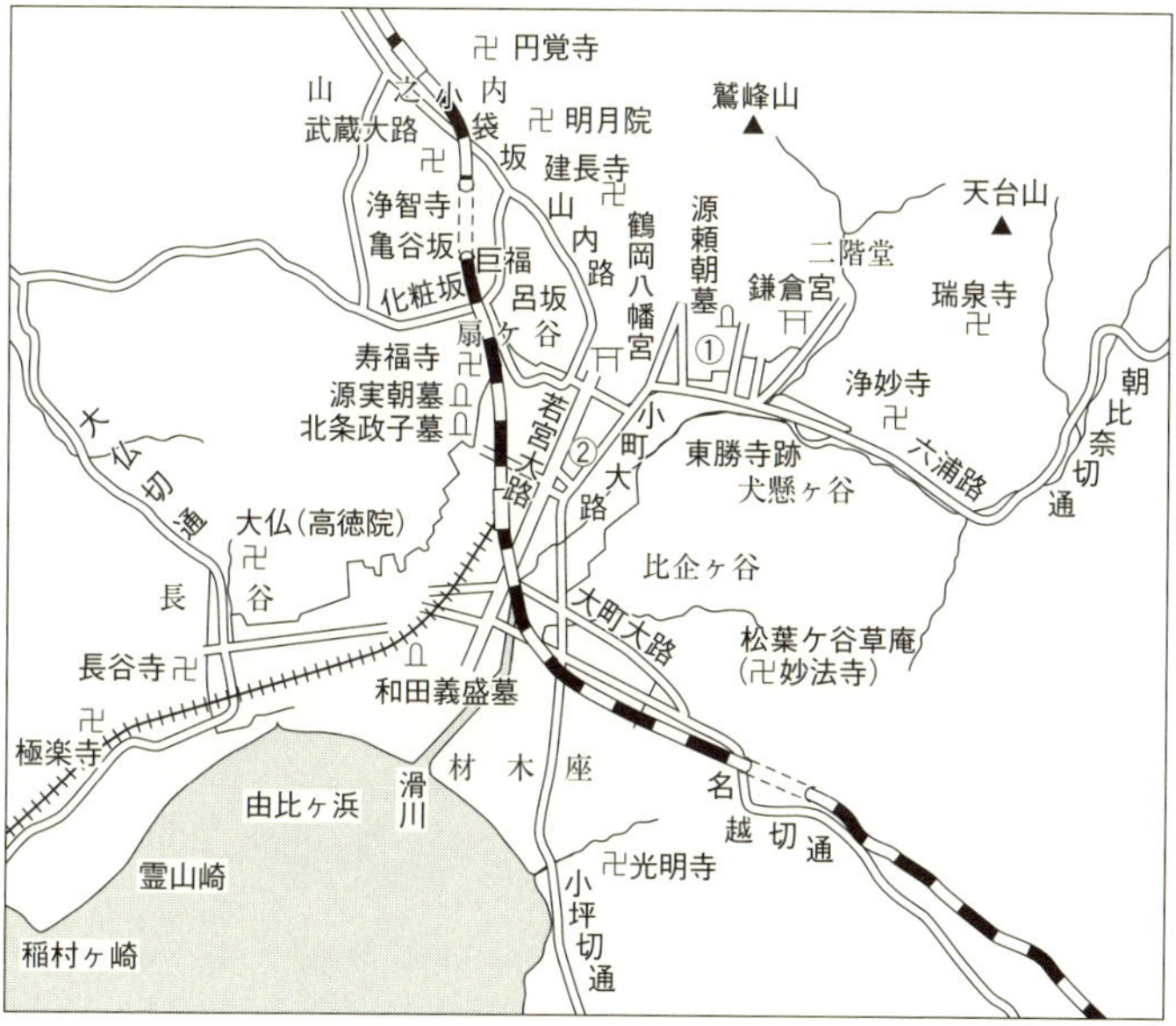

鎌倉街図(①は大倉幕府、②は若宮幕府)

恐悦至極にござりまする」

慇懃《いんぎん》に一礼して目を上げると、時頼はさすが気品と風格を備えた名君の相にあふれている。時頼は微笑んでいる。

「本日貴僧を呼んだのはほかでもない。先の上申について、いささか聞きたいことがある。立正安国論と名づけし諫文《かんもん》、如何なる理由があってのことじゃ?」

「ただ、国家安泰を願う一念からでございまする」

「沙門《しゃもん》は宗論を戦わすのが道理。にもかかわらず執権政治への批判を連ねていると受け止めたがどうじゃ?」

「批判ではございませぬ。建白にござりまする」

「治政に口出しは無用じゃ」

「これは最明寺殿のお言葉とも思えませぬ。天下万民の静謐と幸福を願う者は農民であれ、商人であれ、沙門であろうとも皆同様にござりまする」

「では聞くが、御坊は法然上人を邪僧として、その法説を邪教としている。余や執権が法華経を信じぬために国難が起こると申すか？」

「ご勘気を蒙ることになるやも知れませぬが、天下国家を案ずる一念から申し上げまする。この日蓮、釈尊の一切経より今日の国難の原因をつぶさに分析いたしましたる結果、大集経《だいじつきょう》に、『もし国王あって無量世において施戒慧《せかいえ》を修すとも、我が法の滅せんを見捨てて擁護せずんば、その国まさに三災の不祥事有るべし』と示されておりまする」

「ほう、三災とは如何なる意味じゃ？」

「一に穀貴《こっき》、二に兵革《へいかく》、三に疫病《えきびょう》にござりまする」

穀貴とは穀物の物価が高騰すること、兵革とは戦争、疫病とは伝染病のことである。

日蓮はなおも説いた。

「また、仁王経には『若し一切の聖人去らん時は七難必ず起こらん』とありまする。聖人去らん時とは、衆僧が法華経に背を向けるという意味にござりまする。天下の泰平と万民の快楽を願われるならば、謗法の僧を戒めて正道の僧を重んじなければなりませぬ」

「じゃが、なにゆえ法華経でなければならぬ？」

時頼はうす笑いを浮かべている。

「法華経は釈尊の本懐経にござりまする」

「つまりは法華経以外の諸宗は邪劣と申すのか？」

「いかにも仰せの通り。法華経こそ釈尊の本懐経にして真実の教えにござりまする」

日蓮は時頼を見上げたまま眉ひとつ動かさない。

「では聞くが、題目を唱えればなにゆえ国の安泰があると申すのじゃ？」

「一念仏界の境地は十方世界に満ち、善神は国を守り給い、世は正しく治まりまする。それゆえに賢王たる者は法華経を唱え、それを国教として立つべき次第」

日蓮は時頼に向かって合掌しつつ、深く頭を垂れた。

しかし、当時の風潮として自宗の発展のために、政治権力を利用せんと目論む僧があとを絶たず、幕府役人たちはそうした申し出にもあまり意に介さない。ただ、泰然自若として淀みなく答える日蓮の弁舌は時頼の心を穿《うが》った。時頼はふっとため息をつくと、日蓮が上申した「立正安国論」に目をやりつつ二、三度軽くうなずきながら言った。

「御坊の信念はあいわかった。では文中の七難到来、これは如何なる意味じゃ？」

時頼が読みながら尋ねると、日蓮は意を得たように微笑を湛えた。

「よくぞ仰せくださいました。七難とは一に人衆疾疫の難、二に他国侵逼の難……」

時頼は上申書から目を離すと丸い目で日蓮を見た。

「ワッハッハッハ、他国より兵が攻め寄せると申すのか？」

それまで俯《うつむ》いていた幕府高官たちも、それにつられて一斉に笑う。

「御意《ぎょい》！」

日蓮は時頼を凝視したまま軽く頭を下げた。しばらく間をおいたまま時頼の表情をうかがった。

時頼がどう反応を示すか、直球勝負をかけたのである。だが、時頼のいぶかしげな顔を見て、言葉を継いだ。

「未だ、この現象は起こっておりませぬ。しかし仏説は明鏡にござりまする」

時頼は笑いながら言った。

「どこから攻めて来るというのじゃ？」

「それは、これからの研究にございまする」

時頼は、またも呵々《かか》と笑いながら言った。

「ウワッハッハ、国を憂う気持ちは分かるが、所詮は法華経か？　その手には乗らぬぞ」

日蓮は首を振りながら、語気を強めた。

「さもなくして国難から逃れる道はございませぬぞ」

時頼は笑いながらも、厳しい眼光を放った。

「言うは御坊の勝手、信ずるはこちらの勝手。憂国の気持ちとやらも所詮は法華経流布の方便と見た。笑止千万。論議無用！」

時頼にしてみれば、他国侵逼の難など実際に起こるとは思われず、ただ参考程度に聞いておこうという程度の気持ちであった。来た時と同じように静かに席を立った。

それが最後だった。執権長時も苦々しげに日蓮を睨みつけて部屋を出た。同席した幕府侍所《さむらいどころ》の所司、平頼綱《たいらのよりつな》は吐き捨てるように言い残した。

「このままではすまさぬぞ。見ておれ！」

堂内には一塵の風が吹き、寂寞として音もなかった。

丸一年の歳月を費やして書き上げた「立正安国論」であったが、わずか半時間足らずで用なきものとなってしまった。しばらく日蓮は微動だにできない。静けさが一層胸を締めつける。

（この日のためにどれだけ苦心して諫暁の文を練り上げてきたか）

それが「論議無用」の一言で風前の塵のように一蹴されてしまったのである。

日蓮には予言という行為によって自分を売り込もうとする意図は微塵もなかった。脳裏には、末法に喘ぐ民衆の姿がよぎる。そう思うと己の腑甲斐なさに涙がしたたり落ちる。

一方、時頼はこれまで密教の祈禱を除災と国家安泰のために利用してきた。念仏の来世思想は政治の現実から目を背けさせる上で有益であったし、禅宗も武士たちの精神修養にとっては重要である。貞永式目第二条には「寺社異なりといえども、崇敬《すうけい》これ同じ」とある。

そこで、もし日蓮の言う通りに念仏を弾圧することになれば、宗教を以て「護国政策」の一助としている政策が破綻することになる。時頼にとっては、あくまで国あっての仏法であり、国がなければ仏法もないのである。だが、日蓮の考えは仏法あっての国であり、幕府である。また、念仏を支持した唐の武宗皇帝が、侵略や内乱に悩まされ、国運が衰退したと信じている。明らかに視点が対立していた。

また両者の立場のちがいにも微妙なものがあった。日蓮は天台法華に連なる一僧侶であるから、「公家的体制仏教派」とみなされている。天台宗は天皇中心の思想を持つ。だが幕府は臨済禅と真言密教を中心とする「武家的体制仏教派」であり、実質的な国主としての意識を持っている。つまり日蓮は反幕府側の僧侶であったことになる。

即座に流罪を申しつけるか、首を斬るか、命令さえ出せばどうにでもなる。だが、国を想う一心さと、学才を考えれば処罰することは可哀想だと思ったにちがいない。時頼にとってこの黙殺は寛大な処置にちがいなかった。日蓮にとってはむしろ時頼と会見できただけでも幸運だったとしなければならない。

ただ、この上申は執権職を飛び越えた直訴。念仏信者の執権長時はなおさらおもしろかろうはずがない。長時は、「論議無用」だけですませた時頼の裁断を手ぬるいと感じていた。その不満は当然、執権の父、極楽寺《ごくらくじ》入道重時《しげとき》に伝わり、即座に念仏信徒たちの耳にも入ることになる。

第六章　炎と水と

草庵炎上

「立正安国」とは、「正を立て国を安んずる」という意味である。逆説的にいえば、正法を立てねば国は滅ぶということになる。ここに国家安泰の基本を政治に置かず、宗教的視点に置こうとする日蓮の思想的特徴がある。つまり、治政の一念に「仏」を据え、仏心ですべてを行うならば、民衆は幸福であり、国は平和になると考えた。題目を唱えさせることによって、執権以下幕臣の心に仏界が築かれると考えたのである。

だが、自分が信じる宗教を中傷されて喜ぶ者はいないだろう。特に、執権長時にとって、名もなき一介の僧が頭越しの直訴で時頼を動かし、あまつさえ念仏を批判した行動は許し難いものがあった。が、いくら執権といっても前執権の時頼が黙殺した以上は、簡単に動くわけにはいかない。実権は長時よりも時頼にあった。

そこで、念仏信徒たちは長時の父、重時を煽り立てる。重時は時頼にとって祖父泰時の弟に当たり、念仏者である。重時を味方につけた彼らはある一つの計画を練った。

日蓮の諫暁《かんぎょう》から一カ月半が過ぎた文応元年（一二六〇）八月二十七日未明、松葉ケ谷に怪しげな人影が密かに集結していた。首領と見られる男が采配を振るうと、数十人の兵が松明《たいまつ》をかざし、足音を忍ばせて草庵へと坂道を駆け上がる。

正面を固めるが早いか、火を放つと草庵は一瞬にして炎に包まれた。もはや日蓮たちが逃れる方法は裏山の急勾配の崖をよじ登る以外にない。門下の進士太郎と能登房が防戦する隙に、日蓮たちは山の尾根づたいにかろうじて難を逃れることができた。暴徒は念仏門徒であった。

船で下総へと落ち延びた日蓮一行は、下総若宮の富木常忍《ときじょうにん》の館へたどり着く。富木常忍は、日蓮の母、梅菊の親戚筋に当たっていたので叡山遊学の時から何かと援助を与えてくれていた。一時、日蓮が比叡山から分派して一宗一派を開いたことに腹を立てていたが、やがては日蓮に帰依し、その後は信者の中心的存在となった。そこで日蓮は百カ日の説法会を開くと、下総一帯に布教を展開した。それが縁となり曾谷《そや》教信《きょうしん》、太田《おおた》乗明《じょうみょう》らが帰依するようになる。

年が明けた文応二年（一二六一）は二月に改元され、「弘長」と改まる。

鎌倉の民衆は、日蓮草庵の火事が放火であることは気づいていたが、その時すでに日蓮は暗殺されたものと思い込んでいた。ところが、五月になって日蓮がひょっこり鎌倉の地に姿を現したものだから驚いた。

（ま、まさか、日蓮は、あの闇の夜、草庵もろとも焼け死んだはずではないか……）

にわかに、不死身か、神かと、さまざまな憶測が市井に広がっていく。一方、日蓮はこれを

『法華経』の経典に符合する法難と考え、ますます『法華経』の行者としての確信を深め、その遠心力によって他宗排撃の布教を再開したのである。

伊豆流罪

「性懲《しょうこ》りもなく悪口を吹聴するとは、日蓮は狂僧じゃ。なんとかせねばならぬぞ」

日蓮追放の声は日増しに高まりを見せ、念仏宗の門徒たちは今度は合法的に日蓮を葬り去ろうと執権長時に訴えた。五月十二日、長時は待っていたかのように断を下した。先の「立正安国論」の時とは異なり、今回は過激な諸宗批判を繰り返していたので大義名分は立った。

「神妙な心掛けじゃ。悪口罪の咎《とが》により召し取りに参った」

日蓮は侍所の所司、平頼綱の縄にかかると評定所へと連行された。罪状は「貞永式目」の第十二条の条文に抵触するということであった。

「闘殺ノ基ハ悪口ヨリ起コル。ソノ重キ者ハ流罪、軽キ者ハ召籠《めしこ》メラレルベキナリ」

つまり、悪口はしばしば闘殺になりがちであるから、その内容が重大であれば島流し、軽くても投獄されるという意味である。だが、日蓮にとってはまったく理不尽な裁きとしか思えない。

「これは異なことを承る。昨年の草庵襲撃は悪口どころか、御法度の最たる火つけと闘殺未遂。国家安泰を願って正道を説く日蓮が罰され、邪宗の横暴は許されるのか。しかも十分なる評定もなく、何ゆえ日蓮ばかりを咎められるや？」

　野太い声で天にも届けとばかりに声を張り上げて糾弾する。日蓮は国家の安泰を願う一心から持論を述べたにもかかわらず、それを取り上げず、悪口罪として処罰する。しかも草庵は焼かれ、進士太郎と能登房は重傷。完全な殺人未遂事件である。悲憤の涙がしたたり落ちるが、もはや為す術はなかった。五日目、執権長時は伊豆流罪を命じる。

　ただ、この流罪は宗教上の摩擦を避けるためにとった措置であった。幕府は弘長元年（一二六一）二月に「関東新制条々」なるものを施行して、鎌倉市井にはびこる僧侶たちを統制しようと僧侶の自由な往来すらも制限している。そうした中で日蓮は他宗折伏の烈しい伝道を開始していたから、治安上、見逃すことができなかったのであろう。

　街道筋は流罪に処せられる日蓮の姿を一目見ようと、見物人でごったがえしている。後ろ手に縛られた馬上の日蓮が姿を見せると、罵声を浴びせ、瓦礫《がれき》を投げつける者もあった。

　日蓮はその中の一人を睨んで言い放った。

「つぶてを投げるは念仏門徒か、法華経の行者を損毀《そんき》する罪は重し。梵天《ぼんてん》、帝釈《たいしゃく》の罰がくだろうぞ！」

　五月十二日、由比ケ浜の浜辺には濤々と波が打ち寄せている。罵声と題目がひしめき合う中で、日蓮は海に入り、流人舟《るにんぶね》に乗り込もうとしていた。その時群衆をかき分け、走り寄ってくる一人の若い僧侶がいた。日朗である。波を蹴って日蓮の衣にすがりつくと水の中に腰を落とし、荒い吐息から押し出すような涙声で懇願する。

「お師匠さま、どうかこの日朗も一緒にお供させてくださいまし」

「いや、ならぬ」

「どうぞお世話をさせてくださいませ」

「供はいらぬ、草庵はどうなる。今の悲しみより将来の法を憂えよ。必ず生きて戻る。それまであとを守るのじゃ！」

幕府の護送役人に促されて日蓮は舟へ乗り込む。舟はゆっくりと沖へ出ようとするが、日朗はなおも船縁《ふなべり》にすがりついて懇願する。

「お役人さま、私もお師匠さまのお供をさせてくださいませ」

その時、役人の一人が業を煮やして舟上から日朗の右腕に櫓《ろ》を振り下ろした。一瞬、異様な音がしたかと思うと、日朗はもんどり打って水中に沈んだ。

「日朗、日朗、大丈夫か！」

舟の上から手を差し伸ばすが届かない。日朗は右腕を押さえたまま浮かび上がってきた。

「卑怯千万、年端《としは》もいかない沙弥《しゃみ》になんたる仕打ち！」

日蓮は烈火のごとく怒った。役人は不敵な笑みを浮かべて刀の柄《つか》に手をかける。日朗はそれでも波をかき分けて追いすがって来る。日蓮は両手で船縁をつかみ叫ぶ。

「来るな、時を待て！」

舟は無情にも距離を広げていく。日蓮は叫ぶ。

「日朗、しばらく…… しばらくの辛抱じゃ。法華経の勧持品《かんじほん》には、この苦しみも仏を思うがゆえに忍べとある。たとえ幾千里離れようとも、わしとそなたは一心同体。わしが恋しくなれば、東より出づる朝日と夕べに出づる月を拝め。必ず日月に影を浮かべようぞ……」

遠くなる声に日朗は嗚咽をあげながら観念した。この時、日朗は十七歳。それ以来右手が不自由になったという。

目的地は伊豆の配所であったが、役人は捨て殺しにしようと謀り、伊東港から三里も離れた「俎岩《まないたいわ》」と呼ばれる岩礁に舟をつけると、日蓮を置き去りにして早々と引き上げていった。この岩礁は引き潮の時だけ水上に現れ、満ち潮になると没する。次第に波は衣の裾を濡らし始める。波が容赦なく日蓮を弄ぶようになった時、たまたま通りかかった一艘の小舟に救い上げられたという。

以上は伝承であって、日蓮自身はそのような記述は残していない。ただ、その漁師が船守《ふなもり》弥三郎という人物であり、伊東の浜辺に着いて苦しんでいるところを救われ、一カ月ほど肉親にも勝る夫妻の手厚い世話になったと遺文にある。

日蓮は地頭の伊東八郎左衛門の館に出向く。そして伊豆流罪生活が始まるのであるが、折から熱病に侵されていた八郎左衛門を二十一日間の祈禱によって治したために、日蓮は一時的な帰依を受け、厚遇されるようになった。

この時、八郎左衛門が日蓮に謝意を表し捧げたのが、伊豆の海中で発見したという釈迦の立像である。日蓮はこの像を生涯手放すことなく、常に身の回りに安置した。ところで、日蓮はこの伊豆流罪中、「四恩抄《しおんしょう》」、「教機時国抄《きょうぎじこくしょう》」、「顕法謗抄《けんほうぼうしょう》」などを著している。

そして、弘長三年（一二六三）二月、幕府の恩赦により二年足らずで鎌倉の土を踏むことになる。極楽寺重時が急死したことで赦免されたのである。重時は原因不明の迷妄状態に陥ったあげく、六十四歳で果てたという。また、日蓮が鎌倉へ戻った半年後、最明寺時頼が三十七歳の若さでこの世を去った。もとより日蓮は時頼の死を惜しんだ。「立正安国論」は受け入れられこそしなかったが、時頼という人物には名君の風貌があり、懐の深さがあった。

弘長四年の二月、年号は「文永」と改元される。その頃東の空に巨大な彗星が現れた。天文学が発達していない時代、人々はそうした天変地異が起こるたびに凶事の前兆ではないかと考えた。果たせるかな、その年は鎌倉一円に襲来した台風が集中豪雨をもたらし、洪水によって多くの家屋が流失する。その後、執権職を北条政村に譲ったばかりの北条長時が死んだ。これは七難のうちの「星宿《せいしゅく》変怪《へんげ》の難」ということになった。

鎌倉では、重時、時頼、長時と相次ぐ北条一門の死について「奇怪なことじゃ」という囁きが広まっていた。日蓮もまた、「一門皆ほろびさせ給ふ……」と、仏罰であることを臭わせる、きつい表現を遺文に残している。

第七章　帰郷の試練

母の病

文永元年（一二六四）八月、日蓮は弟子鏡忍など四名を伴って安房へ帰郷の途についた。父重忠は既に六年前に他界しており、梅菊も八十歳を過ぎ、病床に伏している。出家の身とはいえ、何一つ孝行できずにいることを日蓮は心の中で詫び続けてきた。比叡の峰にあっても、鎌倉の地にあっても、思い出すたびに小湊の方角に向かって手を合わせている。

風の便りでは、父母は日蓮が清澄寺を出てしばらくは地頭東条景信の冷酷な仕打ちに遭い、村八分のような有様であったと聞いている。日蓮の最初の弟子になることを約束してくれたが、時と共にこれが運命かと諦め、信仰も弱くなり、たまに手を合わせれば極楽往生を願う有様で、日蓮にとっては唯一の気がかりであり、申し訳なく悲しくもあった。

思えば、自分がこの世に生を享けたのも、仏門に入れたのも父母のお蔭である。その父母の苦しみをなくすことが四恩義にいう真実の孝養であったが、仏命に生きるためには両親を看取る余裕とてなかった。

上総《かずさ》、下総《しもふさ》の地は幾度となく布教のために訪れている。房州路に足を延ばせば父母を見舞うことはできた。だが、故郷にはそうさせまいとする邪悪な人間がいる。それは、あの東条景信である。狭い田舎のことである。帰れば一瞬にして噂は広まり、飛んで火に入る夏の虫ということになる。

しかし、父の死に目にも遭えず、今また母が病に倒れた。一つまちがえば生命を失いかねない危険性をはらんでいたが、ついに日蓮は帰省の覚悟を決めざるを得なかった。

帰国途中、武蔵の国に立ち寄り、布教を終えて安房に着いたのは十月。懐かしい磯の香りが漂う玄関をくぐると、すでに梅菊の意識はなく、ひっそりと病床に臥していた。いくら呼んでも瞼は開かず、薄暗い部屋の中で静かに命が尽きようとしている。

日蓮にとって『法華経』は、加持祈禱を通して病人を救うという対象ではなかったが、許されるものなら、その経力によって快復させることが、せめてもの母に対する償いであった。

早速、日蓮は「護符《ごふ》」を呑ませ、「薬王菩薩本事品」を誦して一心に平癒の祈禱を続けた。

此《こ》の経は　則ち為《こ》れ閻浮提《えんぶだい》の
　人の病の良薬なり。
若《も》し人病あらんに
是《こ》の経を聞くことを得ば、

病即ち消滅して不老不死ならん。

やがて、朝の光が部屋に差し込んでくると同時に、かすかに梅菊の唇が動き、瞼が開くと意識が戻った。

「善日……」

「母者」

日蓮は梅菊の差し出す手をしっかりと握り締めると、小声で囁いた。

「良かった、良かった。母者。長年のご無沙汰をお許しくだされや。善日は日本一の親不孝者にござりまする……」

はらはらと涙が日蓮の頬をつたう。その涙を小枝のように、か細い手で梅菊がぬぐう。食が進むにつれて頬に赤みが差し出してくると、梅菊の体調は日増しに快復に向かった。爾来《じらい》、梅菊は四年、寿命の増益《ぞうやく》を見ることになる。

ところで、『法華経』の「薬王菩薩本事品」には、修行の功徳によって救済の法力が身につくとある。釈迦の時代も神通力を発揮した僧侶はたくさんいた。とりわけ釈迦がそうであるし、目連も弟子の中で神通第一と呼ばれている。

あのインドにおいて当時のバラモン教が壊滅するほどの信仰を集めた仏教は、釈迦の救済力が卓越していたからである。カースト制度の中に閉じ込められ、すべては神から定められた宿命と諦めなければならないインドの民衆にとって、釈迦は神に等しいカリスマ性があった。一般的に、人は仏性があるから信仰するのではなく、苦しみから救われるために信仰を利用する。したがって衆生救済という現実の前には、法力を獲得しなければならない。そして、その法力によって人は一段と真剣に説法に耳を傾けるものである。

もちろん、そのような能力を持つこと自体に直接の価値があるわけではないが、凡夫を信仰に導く手段としてはそれしかない。だが、それは内に秘めておくべきものである。日蓮の場合、おそらく叡山での修行によって法力を身につけたまでのことであるが、祈禱の力はやがて噂となって付近に広まっていく。が同時に、これを快しとしない東条景信の知るところともなった。

恩師再会

数日経って工藤左近将監《さこんしようげん》吉隆の館を訪れた。吉隆は小湊に隣接する天津《あまつ》の領主であるが、鎌倉で日蓮の教化を受け、信者となった男である。吉隆の妻は幼名を浜夕といい、かつて日蓮が善日麿と称していた頃、ほのかな恋心を抱いた女性であったと伝えられているが、真偽のほどは分からない。

その浜夕も今では日蓮の説く『法華経』の心酔者の一人であった。夫、工藤吉隆は梅菊の病状を逐一報告するよう浜夕から頼まれ、鎌倉の日蓮のもとを訪ねて以来、深く帰依するようになっていた。

日蓮は、鎌倉勤番から帰っていた吉隆の館でくつろぐと、積もる話に花を咲かせていた。

「ところで師の御坊、清澄の阿闍梨《あじゃり》も無事息災におわしますぞ」

日蓮は思わず眼を輝かせた。

「それは重畳《ちょうじょう》」

あの東条景信の凶刃にかかろうとした時、景信の激怒を静めようと盾となって立ちはだかった師匠道善房。それればかりではない、高まる求道の熱情を酌んで鎌倉、叡山の留学も快諾してくれた恩人でもある。眼を閉じれば、少年の日の思い出が蘇り、日蓮の胸には懐かしさが込み上げてきた。

「すでに破門の身。だが、叶うことなら一目だけでもお会いしとうござる」

日蓮は懇願するが、吉隆は惑う表情をした。

「……お気持ちは分かりまする。しかし、かの地は東条が所領。もし人目につくことでもあれば、即座に景信殿に伝わり、追手を差し向けるに相違ござらん」

「だが、あれ以来、時も過ぎ申した。東条殿とて闇雲に斬りかかるとは思われませぬ。是非とも老師にお会いしとうござりまする」

「…………」

吉隆は口ごもった。浜夕も不安げであった。

「浜夕殿、ご心配めさるな。仏天の加護あらん」

信念に満ちた日蓮の表情に浜夕は笑ってうなずいた。だが、「念のため……」と、吉隆も随行することにした。

こうして十一月の初旬、日蓮は吉隆の案内で四人の弟子を従え、人目を避けるために夕方遅く出発した。秋の陽はつるべ落とし。陰れば辺りはたちまち暗くなる。道善房の隠居寺である蓮華寺の境内は森閑としていた。

「頼もう、工藤吉隆と申す」

やがて庫裡の扉が開くと、中から若い僧が顔だけ出した。

「何かご用でござりましょうか?」

「老師にお取り次ぎくだされ。日蓮坊をお連れ申したと」

若い僧は眠そうな目をこすりながら言った。

「師はもう床に臥せておいでになりまするが……」

「蓮長坊が帰ったといえば、お分かりになるはず。お取り次ぎくだされい」

「今、しばらくお待ちを……」

若い僧は仕方なさそうな顔をして奥に戻った。

「蓮長か?」

しばらくすると、道善房は若い僧に支えられながら玄関に出た。

「道善房さま！」

日蓮も思わず進み寄った。二人は手を取り合い、再会を喜び合った。日蓮の弟子たちも合掌し、深々と頭を垂れた。道善房は日蓮一行を部屋に上がるよう勧めると、若い僧に抱きかかえられながら部屋に戻った。歳月は人を待たない。道善房の身体はやせ細り、肌つやも悪く顎下の白髭もどことなく精彩がない。

「大丈夫でございまするか？」

「このところの寒さでいささか体調を崩したようじゃ。しかし蓮長、いや日蓮殿は相変わらず達者そうじゃのう」

「お蔭さまにて、今のところ身心壮健にござりまする。道善房さまには、ご迷惑をおかけした上、長い間、ご無沙汰のし通しでなんとお詫びしてよいか申し上げる言葉もござりませぬ」

「よい、よい。わしこそ、そなたの求道の熱情に応えることができないばかりか、破門の身にしてしもうた。正直に申せば景信殿の脅迫を恐れたからじゃ。許してくだされや」

「滅相もござりませぬ。道善房さまのお蔭で今日がありまする。これまでのご恩を忘れたことはございませぬ。また、本来ならば面会を拒否されてもやむを得ぬところ、ご病体にもかかわらず快くお会いくださり、感激に堪えませぬ」

丁寧に口上を述べたのち、弟子の一人ひとりを紹介すると、道善房は笑顔でゆっくりと見回した。

「日蓮殿のお弟子にあられるか。道善でござる」

道善房の優しそうな眼差に触れて、日蓮の弟子たちは深々と頭を下げて合掌した。

（たいしたものだ。やはり蓮長は並の人間ではなかった……）

とうの昔に蓮長を勘当した旧師であったが、出藍《しゅつらん》の弟子の逞《たくま》しさを思うと胸が熱くなった。

「浄顕と義浄が懐かしがるであろうのう」

「お二人は清澄寺の方でござりまするか？」

「そうじゃ、もう譲った」

そう言いかけると、道善房は軽く咳き込んだ。慣れた手つきで侍従の若い僧が部屋の空気を変えようと障子を開ける。濡れ縁の向こうには杉木立の間から煌々たる月が蓮華寺を照らしていた。

昔話に花が咲き、一段落したところで道善房は日蓮に尋ねる。

「ところで蓮長、いや日蓮殿、そなたの活躍は風の便りに、この道善の耳にも入っておるが、流罪に処せられてまで何ゆえ法華経を弘めようとなさるのか。未だにお気持ちが分からぬ。命断たれるやも知れぬというに……」

日蓮は一転して威儀を正して道善に向かい直った。

「法華経は釈尊の本懐経、末法唯一の正教にございます。この法華経が末法を救い、濁世を善世に変えます。昨今の日本国に襲いかかる天災地変も諸宗が正法を損なっているからであり、特に、浄土宗の如きは現身成仏の本来を説かず、真言に至っても法華経を大日経の下に置き、邪教を正教と称し、大衆をたぶらかしておりまする。仏弟子としてこの不義を見過ごすことなく、命に代えても法華経を守らねばなりませぬ。たとえ、打ち首になっても釈尊の忠臣として死ねるのならば本望にございまする」

道善房はあきれた顔をして笑った。

「じゃが、そなたが死ねばこのお弟子たちはどうなるというのじゃ？」

「不惜身命は法華経の行者のあるべき姿。たとえ、日蓮死すとも必ずあとから二代、三代の日蓮が生まれるはず。そのような弟子たちが二人となり、三人となり、四人となっていきますれば、いつの日か必ずや邪法を滅する日も訪れましょう。かつて周の武王《ぶおう》の軍は一致結束していたので、わずか八百人の軍勢で攻めたところ、暴虐の限りを尽くした殷《いん》の紂王《ちゅう》の軍勢は七十万騎を有しながら敗れたと聞き及びまする。異体同心の強力な合力さえあれば、数は少なくとも勝利できるはず。悪は多くとも一善には勝てませぬ」

日蓮の信念と弁舌には道善房も返す言葉がなかった。若いということはすばらしいことだと思った。一方、日蓮は師恩に報じる道は道善房の改宗を実現することだと信じていた。

「道善房さまに対して今までなんら御厚恩に報じることはできませせなんだ。日蓮の今日ありしは、すべて道善房さまのお蔭にござりまする。何とぞ念仏を捨てて、法華経に帰依してくださりませ。それによって道善房さまを無間《むげん》地獄の道からお救い申し上げることができるのでございます。どうか念仏をお止めくだされ。釈尊は手を広げてお待ちになっておられるはず……」

日蓮は切々と改心を迫る。涙をおしぬぐって訴える日蓮の真摯な姿に道善房は心を揺り動かされた。だが、ひたすら弥陀の本願を信じて歩いてきた信念がある。ましてや、いつ果てるとも分からない身の上、「今さら」という気持ちが日蓮の説得より勝った。

「日蓮殿、そなたにはそなたの道があり、わしにはわしの信じる道がある」

日蓮はそれでは救われないと思ったが、ふと見ると道善房の目には理を拒絶する言葉なき無言の説法があった。もはや、切ない思いで拳を握りしめるしかない日蓮であった。

「老齢の身ゆえ、これが最後の対面となろう。しばらくゆるりと滞在なさるがよい」

道善房の勧めもあって日蓮一行はしばらく蓮華寺に滞在することになり、工藤吉隆はその日のうちに帰って行った。

小松原刃難

文永元年、寺を出たのは十一月十一日の午後五時頃であった。工藤吉隆の招請を受けて、館がある天津《あまつ》へと向かうために一行は夕闇の中、海岸沿いの小松原という松林を急いでいた。吉隆の家臣たちが先頭に立ち、日蓮のあとから鏡忍、長英、日朗、乗観が続く。ふと、鏡忍が気配を察して振り向いた。

「御師匠さま、お気をつけくだされ!」

「どうなされた？」

日朗が鏡忍に尋ねた。

「つけ狙われている」

鏡忍が周囲を見回した瞬間、ピュー、ピューと風を切る音と共に矢が雨のように降ってきた。何者かが芒《すすき》の茂みに潜んでいたのである。一行は騒然となり、日蓮をかばうようにして松の根元に身を隠した。

「姿も見せず僧侶に矢を放つとは卑怯千万。名を名乗れ！」

身を伏せたまま鏡忍が叫んだ。すると、数十人の武士の集団がすっくと姿を現した。先頭の男はまぎれもなく東条景信。日蓮が蓮華寺に逗留《とうりゅう》しているとの密報を受けて、密かに動勢をうかがっていたのだった。

「邪宗僧の日蓮めら。天に代って成敗してくれる。覚悟せい！」

不敵な笑みを浮かべた景信がそう言うと、家来の一人が太刀を振りかざして斬りかかろうとする。腕に覚えのある鏡忍が、傍らの小松を引き抜いてこれを払う。

「この場はわしが防ぐ。そなたたちは師匠を頼む！　早く行け！」

早速、吉隆の家臣の一人が館へと窮状を知らせに走った。

鏡忍は日朗たちに告げると、敵の前に仁王立ちになり松を振り回す。吉隆の家臣たちも鏡忍の前に出て必死に応戦した。その隙に、弟子たちは日蓮を抱きかかえるように逃げようとする。だが、追っ手の足は早い。日蓮がつまずいて倒れた瞬間、その身をかばった乗観と長英が斬られた。それを救わんと隙をみせた時、今度は鏡忍が肩から袈裟がけに斬られてしまった。急を聞いて駆けつけた工藤吉隆もまた、待ち伏せしていた景信の家来にめった突きにされた。

景信は執拗であった。自ら馬を操り、太刀を振りかざして日蓮に肉薄する。日蓮は咄嗟にこれを数珠で打ち払おうとした。だが、その瞬間、切っ先が額をかすめ、鮮血がほとばしった。

「仕損じたか……この売僧《まずい》め！」

馬を切り返すと、景信は思いきり鞭を入れて二の太刀をかざして日蓮に向かった。しかし、日蓮はとっさに身をかわした。その時、馬が目の前に現れた槙の太枝を避けようと、前足を大きく跳ねた。次の瞬間、景信の身体は宙を舞ってしたたか地面に叩きつけられた。唸《うな》り声を上げながら景信は両手で顔を覆い、地面をのたうち回った。この有様を見た家来たちは、痛みを堪える景信を抱きかかえると、すぐに蜘蛛の子を散らすように逃げ去った。

小松原にある槙の木

小松原に静けさが戻る。

だが、辺りはさながら戦場のようであ

った。乗観、長英も深手を負い、日蓮自身も額に三寸ほどの刀傷を受け、左腕が折れていた。日蓮は放心状態で鏡忍のところへ歩み寄り、ひざまついて鏡忍の名を叫ぶがすでに息はなかった。ふらふらと立ち上がると今度は吉隆のところへ歩み寄る。吉隆は死に瀕していたものの、まだわずかに意識が残っていた。日蓮の声に意識を戻すとそっと辺りを見回した。

「もう大丈夫じゃ、戦いは終わった……」

無事を確認すると、吉隆は安堵したかのように笑った。だが、見る見るうちに顔色が引いていった。吉隆は日蓮の衣をつかみ、乱れる息の下で日蓮に伝えた。

「も、もし生まれてくる子が男子ならば、御弟子の一人に……」

それが最後の言葉であった。

「よ、よしたかどの……」

だが、どんなに揺らしても吉隆は眼を開けなかった。日蓮は涙声で経を誦したのち、遺体を館に運ぶよう指示した。まだ安心はできない。ふたたび追っ手が来ないとも限らない。辺りをうかがいながら弟子に抱えられるようにして、ひそかに蓮華寺に戻ると井戸水で傷を洗った。洗いながら、鏡忍と吉隆を失った悲しみが込み上げてくる。日蓮は井戸端に座り込んで人目も憚らず慟哭した。

やがて、間道づたいに夜道を逃れ、東条郷領内を抜けると一行は小湊の山中の洞窟で一夜を明かす。傷ついた身体を恩師に見せたくはなかった。朝になって偶然通りかかった一人の老婆が洞窟に潜む日蓮一行を発見し、額に傷を受けた日蓮を哀れに想った。

「傷口に風を当てては痛みまする。これでしばらくは痛みもしのげましょう」

日蓮は老婆が差し出した真綿を有り難く押しいただくと、そっと額を押さえた。

それ以来、日蓮系の寺院では冬になると祖師像の額に真綿を置く習わしがある。


吉隆の妻、折しも臨月を迎えた浜夕が、どれほど悲しみに沈んでいるかを思うと日蓮はいたたまれなかった。夜の帳《とばり》が下りてから洞窟を出ると、外は満天の星空だった。震えるような冷気を受けながら日蓮たちが工藤家の門をくぐると、ほのかな灯りのもとに遺体が布団の中に横たえられている。日蓮は改めて吉隆を拝むと、嗚咽《おえつ》しながら板張に両手をつき浜夕に詫びた。

「吉隆殿は日蓮に代ってお命を落とされたようなもの。面目次第もござりませぬ」

浜夕は涙を拭き、頭を振った。

「吉隆は日蓮さまのために命を落としたのではございませぬ。法華経の敵を討たんとして一命を落としてござりまする。武運つたなく敗れたとは申せ、吉隆はあの世から日蓮さまのご無事を喜んでおりましょう」

だが、日蓮は両手をついたまま幾度も首を振った。

「どうぞお手をお上げくださりませ。起きてしまったことを、いつまでもお悔やみになられては、きっと吉隆も悲しみまする」

浜夕は涙顔でたしなめるが、日蓮は板張に爪を立て、大粒の涙をこぼす。

「なれど、これから生まれくる御子に申し訳がない。もはや釈迦如来もこの日蓮をお見捨てになったに違いない！」

弱々しい言葉を吐く日蓮を見て、浜夕はたまりかねて叱責した。

「何を仰せられますか。あなたさまがそのように嘆き、お気をくじかれてはあとに続く者たちが誰を頼りに険しい道を歩みましょうぞ。日蓮さまは仰せになられたではありませぬか。生死を越えてこそ真の仏道修行であると。肉体はこの世になくとも、吉隆の魂は救われておりまする。お願いにござりまする。いつもの勇敢な日蓮さまへお戻りくださりませ……」

涙ながらに浜夕は訴えた。

日蓮は力強い叱責に救われる思いがした。かつて地頭の子にいじめられた時、幾度も浜夕に励まされたことがある。その時と少しも変わらぬ厳しさを秘めた温かい言葉であった。

やがて浜夕は剃髪して日蓮の弟子となる。法名を「日領尼《にちりように》」と名付けた。浜夕四十五歳の時である。生まれた子もまた十歳になると出家し、刑部《ぎようぶ》日隆と称し鏡忍と父吉隆の菩提を弔うために鏡忍寺という草庵を建てることになる。


この事件からまもなく東条景信が悶死した。それ以来、梅菊を蘇生させた不可思議も手伝い、日蓮を敬遠してきた村人が掌を返したように集まり出した。日蓮は約三年ほど安房を中心として上総・下総地方の布教に全力を傾けた。法を求める者があれば貧者、長者の分け隔てなく、どんな山間の僻地にも喜んで赴く。日蓮は『法華経』の「勧持品」を身をもって実践しようとした。

諸の聚洛城邑《じゅらくじょうおう》に、其れ法を求むる者あらば、我皆其の所に至つて仏の所嘱《しょぞく》の法を説かん。我は是れ世尊の使なり、衆に處するに畏《おそ》るる所なし。

これは次のような意味である。

都市であろうと、村落であろうと、教えを求める人がいるならば、私はそこへ行って仏法を説く。私は世尊の使者である。何も恐れるものはない。

こうしてひとまず布教を終えると一旦鎌倉に戻った日蓮であったが、梅菊の容態がすぐれないとの急報を受けてふたたび小湊の地を踏む。

だが、文永四年八月十五日、梅菊はついに息を引き取った。打ち続く悲しみであったが、初心を貫徹することが最大の供養と割り切っていた。

しかし、日蓮が行動的になればなるほど、容赦なく法難が襲いかかる。この先、最大の法難が待ち受けていようとは、さすがの日蓮も予想だにしなかった。

第八章　不惜身命

蒙古国書到来

文永五年（一二六八）正月元旦、蒙古《もうこ》国王フビライの使者として高麗《こうらい》人潘阜《はんぷ》が、日本との通商を求めて大宰府（現在の太宰府）に来た。これは正確に言えば二度目のことであった。一度目は前年十一月、高麗国王に命じて、国書を日本に届けるよう命じたが、高麗王は使者に日本海の「大洋万里風濤《ふうとう》天を蹴《か》ける」を見せて、航海は無理だと断念させている。だが、それくらいのことでフビライが諦めるはずがない。日本は「黄金の国」であったからである。

モンゴル民族の首領チンギス・ハーンが中原《ちゆうげん》（中国中央部）を制して、蒙古はロシア・西アジアにまたがる大帝国を築いている。ハーンの孫であるフビライは、東アジア征服の一環として南宋を滅し、高麗を従属させ、今また日本を支配下に置こうと狙っていた。

高麗国王にとっては自国が蒙古の前進基地となるばかりか、軍事費供出の面でも相当の負担を強いられ、また、外交上の失政のために愛国者たちによる内乱が起こる兆候もあったので、蒙古の日本侵攻を止めさせたいというのが本音であった。

だが、侵攻をあきらめきれないフビライが二度目の使者を高麗に遣わすと、高麗国王も仕方なく添書を書き、潘阜に持たせたのである。その潘阜を大宰府を管轄する筑前守護の少弐資能《しょうにすけよし》（武藤資能ともいう）のもとまで道案内して来たのは対馬の守護、宗助国《そうすけくに》であった。

国書は少弐資能によって正月八日に鎌倉にもたらされた。執権の北条政村が開封すると、そこには半ば恐喝的な内容が記されていた。

「上天の眷命《けんめい》せる大蒙古皇帝、書を日本国王に奉ず」の書き出しで始まり、「通門《つうもん》（国交を開く）して好《よしみ》を結び、以て相親睦せんことを」とあったが、末尾は「兵を用いるに至る。それ孰《いず》くんぞ好むところならん」と締めくくられている。つまり、表向きは通商と称しても実際は、「蒙古の属国となり貢ぎ物を贈れ、言うことを聞かなければ兵力を用いるぞ」という内容である。

幕府の首脳は国書の真意を検討した結果、南宋から鎌倉に来ていた禅僧の蘭渓道隆《らんけいどうりゅう》を招き、蒙古の軍事力について尋ねた。その強大な軍事力を聞いた執権政村の顔は青ざめたが、時宗はフビライの侮辱と恐喝に、怒り心頭に達していた。

そうした国書はまず朝廷へ送り裁断を仰ぐことになっていたので、二月七日、幕府が朝廷に奏上すると、朝廷は連日会議の結果、二月十九日に幕府の意見を入れて、「辺牒《へんちょう》（返答）あるべからず」の詔勅を正式に下した。七月まで大宰府に留め置かれた潘阜《はんぷ》は返事ももらえず、要領の得ぬまま帰国の途についた。

返書しないというのは、外交上の常識ではあり得ない話である。日本は東アジアの辺境の島国であり、数百年間、他国との正式な国交を持たなかった。蒙古についての情報すらおぼつかず、「脅し」ぐらいにしか映らなかったのだろう。だが、その一方で幕府は万が一、これによって蒙古が怒り、大軍を押し寄せて来ることも覚悟しなければならないと色めき立った。そこで早速、朝廷は諸寺諸社へ異国降伏《いこくこうぶく》の祈願を要請する。

その頃、北条政村は執権職を北条時宗に譲っている。戦時体制下にあっては、権力の一点集中が必要であり、強力な指導力が望まれる。当時の幕府は北条一門の長老北条政村（六十四歳）が、幼少の時宗に代って執権職に就いていたが、国書の到来という風雲急を告げる国難を契機に三月八日、前代未聞の交代がなされたのである。時宗は十八歳の若さにもかかわらず腹がすわり、通商を開けばたちまち属国となり、高麗の二の舞になると読み、玉砕覚悟で戦うまでだという決意があった。

ただ、当時の幕府内部に時宗を脅かす勢力がなかったわけではない。それが北条時輔《ときすけ》である。時輔は北条時頼が側室に生ませた子であるから、時宗にとっては異母兄に当たる。時輔の母は讃岐《さぬき》の局といわれるが、出自はよく分からない。だが、ともかくも正室が三年後に時宗を生んでからというもの、おそらく時輔への待遇は時宗のそれよりはるかに劣っていたにちがいない。

もう一つの不安材料は、名越朝時《なごしあさとき》である。朝時は時宗の曾祖父泰時の十一歳下の異母弟であり、政村の兄に当たるが、北条氏の嫡流は自分であるとの意識を持っている。時宗にとって膨大な所領を各地に有する名越氏は侮りがたい勢力であった。得宗《とくそう》体制（北条家の本家筋）の中でちやほやされる時宗に対して、「あいつばかりがなぜ……」と、分家筋の彼らが嫉妬し、反乱を起こす可能性は十分にあった。

蒙古襲来、国難到来の情報は即座に巷に広まって行く。機を見るに敏なる日蓮。この機を逃す手はない。『法華経』に帰依させれば国難は防げると考え、法論対決によって宗派の正邪を決せんと、執権時宗、宿屋光則、平頼綱、北条弥源太《やげんた》の幕府有力者四人、そのほか七カ寺の高僧たちに合計十一通の書状を送り付けた。

執権時宗には次のような内容の書面を認《したた》めている。

先年、私が諸経の要文を集めて著した「立正安国論」の予言が現実となりつつあります。急ぎ建長寺、寿福寺、大仏殿、極楽寺、多宝寺、浄光明寺などへのご帰依をお止めください。蒙古調伏の方法は日蓮でなければ叶いませぬ。国家の安危は政道の直否にあり、仏法の正邪は経文の明鏡によるからであります。正法とすべきは法華経であり、日蓮は法華経の使者であります。もし、お疑いあるならば御前に諸宗を集め、仏法の邪正を決せられるがよいでしょう。以上は、日蓮自身のためにあらず、国のため、一切衆生のために申し上げるのです。

一方、七カ寺の高僧たちに対する書状の内容は、公場で法論を果たし合い、どっちが正しいか決めようではないかという、いわば「挑戦状」であった。その中でも極楽寺の良観忍性《にんしよう》に対しては最も手厳しい筆調で綴っている。

蒙古からの牒状の件で、執権以下主だった人々に手紙を書いておりまする。先に日蓮が「立正安国論」で著わした内容と寸分たがわず、今まさに蒙古襲来の危機を迎えようとしています。そなたはどのようにお思いであろうか？　良観殿、貴殿が私を嘲け笑った心を改め、今こそ日蓮に帰依されてはいかがであろう。……法華経には貴僧のような輩のことを、「身の無事ばかりを願い、粗末な衣を着て、俗世から離れて悟りすましているような僧侶」と示されているではありませんか。貴僧は矯賊《きようぞく》の聖人《しようにん》であり、加えて国賊でもござる。来世は必ずや地獄に堕ちなさるでありましょう。さりとて、もしわずかなりとも後悔する気持ちがあるならば、この日蓮に帰依なさるがよい。所詮、お互いに対決する以外に道はござるまい。……ところで貴僧はいったい蒙古を調伏する秘伝をご存じなのか？　日蓮は日本第一の法華経の行者であり、蒙古を退治できる唯一の大将である。法華経に「一切衆生の中に於て亦《また》第一なり」とあるように……。

辛辣な文面である。
そもそも極楽寺という寺は第三代執権北条泰時の弟に当たる北条重時が正元元年（一二五九）、

鎌倉の西に創建した寺である。正元元年といえば鎌倉一帯に天変地異が打ち続いた康元、正嘉の次に改元された元号である。おそらく重時は厄難消除を願い、この地に祈禱調伏のために真言律宗の寺を建立したのであろう。この極楽寺に良観房忍性が招かれたのは文永三年（一二六六）の頃といわれている。極楽寺は創建当時においても相当な規模を有していたが、重時が病死してのちも、子息の長時、業時《なりとき》兄弟の財政援助を受けて七堂伽藍の整備を行うなど発展していた。

また彼は、鎌倉の困窮者に対して米を施したり、道や橋を造ったり、病人や貧民救済のための慈善事業を行っていたから人気は圧倒的に高く、行基《ぎょうき》菩薩の再来とか生身《しょうしん》如来とまで崇められていた。だが、実際には関銭《せきせん》や木戸銭をその財源としているし、幕府からは荘園も与えられている。日々の暮らしが精一杯の民、百姓にとって苦しい支出である。日蓮が怒るのも無理はない。

（民衆から搾り取った血税で民衆を救済する、これが偽善でなくてなんであろう。慈善事業と称しながら関税を取るとは何事か、どうせするなら身銭を切れ！）

そこには、国を想い正義を獅子吼《ししく》する自分は異端視され、権勢におもねる邪宗の僧が優遇されるという妬みがあったのかもしれない。日蓮は、国に巣くって人より金品を搾取するから良観のことを「国賊《こくぞく》」と批判した。また、うわべは慈善家のような顔をして、その実は幕府におもねり名声を博することしか考えていないと映ったから、「矯賊《きょうぞく》の聖人」と言い放ったのである。

蒙古襲来が現実のものとなろうとしている時、幕府や民衆から祈禱調伏の期待を一身に受けている良観に対して我慢ができなかった。日蓮には密教は『法華経』に仇を為す邪教であり、祈禱は『法華経』に限るという信念がある。社会救済という目的は同じでも、方法が異なれば敵対感は燃え上がる。

しかし、そうした批判はひとり真言律宗の良観のみにとどまらず、他の宗派にも及んだ。ここで問題なのは、念仏を称えると無間地獄《むげん》に堕ち、禅宗は天魔の所行であり、真言宗は亡国の教えであり、律宗は国賊だと言い放ったことである。なお、一般に言われているような、「念仏無間《ねんぶつむげん》禅天魔《ぜんてんま》　真言亡国《しんごんぼうこく》　律国賊《りつこくぞく》」というリズミカルな表現は用いていない。

ただ、よく考えてみると、天台宗についてはなんの評価も下していない。この頃はまだ天台宗の復興をめざして動いているという意識が強かったと思われる。

しかし、ともかくこれによって浄土宗、禅宗、真言宗、律宗（真言律宗）の僧侶たちを完全に敵に回したことはまちがいない。敵に回して法論で迎え撃つ。いうなればこの挑戦は、日蓮にとって一生一代の大博打《ばくち》のようなものであった。

ここまで言われたら「売られた喧嘩は買う」ことになる。当然それを期待して誘いをかけた日蓮であった。ところが、どういうわけか書状を受け取ったはずの相手からはなんの音沙汰もなかった。

考えてみれば、念仏宗批判はともかくとしても、律宗・禅宗そして真言密教にわたる三宗派への批判は、当時幕府が固めていた「禅密主義体制」に対する批判以外の何物でもなかった。弱小教団の主宰者である日蓮が「反体制」意識を露骨にして鉄壁の体制側宗教へ挑戦したのであるから、ただですまされるはずがない。書状を受け取った彼らは虎視眈々と日蓮を狙っていたにちがいない。

さて、「何も返答なし」という報告を潘阜から受けた蒙古のフビライは「子供の使いでもあるまいに！」と真っ赤になって潘阜を叱り飛ばした。そこで次は黒的《こくてき》と殷弘《いんこう》という二人の使者を高麗に送って、「なんとしても返事を受け取ってまいれ！」と厳命を下す。

文永六年三月、使者の一行は高麗から対馬に渡っている。その知らせを受けた幕府は「またか！」と、仕方なく京都の朝廷に伝える。だが、朝廷は依然として攘夷の意志が固く、彼らが本土へ渡ってくることすら拒否した。この間、時宗は蒙古大軍の上陸地点を筑前方面と予測し、着々と防備を固め、兵力を増強していく一方、ふたたび蒙古降伏の祈禱を全国の社寺に命じていた。

雨乞い法戦

記録によると、文永八年（一二七一）の夏は熱波でうだるような暑さが襲い、鎌倉一帯に大旱魃《かんばつ》が起こったと記されている。春から初夏までほとんど雨が降らない日が続き、井戸は枯れ、大地にも大きな地割れが入り農民たちは悲鳴をあげていた。そこで幕府は雨乞いの加持祈禱を極楽寺良観に命じることになる。

それを伝え聞いた日蓮は時を得たとばかりに、良観にふたたび書状を送った。

「七日の間に雨が降れば良観房の弟子となり念仏を称えん。然らざれば、我が弟子となり題目を唱えたまえ」

これを受けた良観も「妙計、意義なし」と応えた。

良観は、その二年前に、江ノ島で雨を降らせたことがあったので自信があったのであろう。

「日蓮の鼻をへし折ってくれる」とばかりに、六月十八日から一週間をかけて降雨を祈ることになった。

しかし、四日、五日と経っても空には雲一つ出ず、猛暑が打ち続く。良観は弟子を百二十人に増強して、しきりに印を結び、念仏や「請雨経《せいうきょう》」、さらには『法華経』まで転読するが、六日目を迎えても霊験は表れそうにもなかった。しだいに幕府役人も民衆もあきらめ始める。良観にとって、崇められてきた信用がわずか七日にして崩れ落ち、しかも日蓮の足下に跪《ひざまず》くことは恥辱の極み以外の何ものでもない。そんな良観のもとに、日蓮は次のような手紙を送りつけた。

「あの色好みの和泉式部《いずみしきぶ》や、能因《のういん》という破戒僧が三十一文字の和歌を詠んで、雨を降らしたというのに、貴僧が一滴も降らせないなら、それ以下ということになる。先の約束通り弟子になりなさい。そうすれば雨を降らせる法を教えてしんぜよう」

「火に油をそそぐ」とはこのことである。

良観は焦りに焦って、残されたその日を一心に天に祈請した。だが、すべては徒労に終わった。そこでさらに七日の猶予を願い出て祈禱を延長したが、やはり結果は同じであった。

日蓮は時を逃さない。目前に迫る他国侵逼の難という予言的中の追い風を受け、「今こそ！」とばかりに折伏攻勢をかける。

「下山《しもやま》御消息」によると、祈雨の修法に失敗した良観に対して日蓮は「本当に仏法を行ずる僧ならば、失敗を恥じ入って自ら邪法を改め、山林に隠棲すべきであるにもかかわらず、なんの反省もなく弟子や檀越（北条一門や幕府高官）の前に平然と姿を見せる神経が理解できない」と激しく非難している。

この時の日蓮の異常なくらいの昂《たかぶ》りは、まったく冷静さを欠いていたと言わざるを得ない。蒙古襲来のために国内の治安を維持しようと、神経をとがらせている幕府が黙認するはずがないのである。むろん、それを見抜けぬ日蓮ではない。

だが敢えてそうしたのは、良観が執権を初めとする北条一門から厚い帰依を受けていたからであろう。国を想う心は誰よりも強く、「他国侵逼の難」を言い当て、さらにそれから回避する道を説いているのに、一向に取り上げてはもらえない。それればかりか良観だけが異国降伏の第一人者であるかのように思われている。そこに日蓮のやり場のない近親憎悪にも似た恨みがあったにちがいない。そこに降って湧いたような雨乞い祈禱である。しかも雨は一滴も降らなかった。日蓮のボルテージが上がるのも仕方がないことではあった。

一方、良観もまた腸が燻《いぶ》されるような憎しみと、やり場のない無念にあふれている。だから、矛先を日蓮に向け、ふたたび「悪口罪《あっこうざい》」によって鎌倉から追い出そうと訴え出た。

良観は執権時宗につめ寄る。

「雨が降らなかったのは幕府が邪宗に帰依しているからであると、日蓮は幕政を批判するばかりか、時頼殿、重時殿が地獄に堕ちているという悪口も語っております。かかる狂僧を野放しにしておいては幕府のためになりませぬ」

だが、時宗は笑って突き放す。

「もとより雨が降らなかったのが御坊の責任であるとは誰も思っておりませぬ。今、国家の一大事、この際、私事の恨みは慎まれよ」

こう注意されては良観も黙って引き下がるほかなかった。だが、沸々と湧き上がってくる憎悪の念を抑えきれない良観は、七月七日、行敏《ぎょうびん》という浄光明寺の学僧を担ぎ出し、日蓮と個人的に法論させようと考えた。行敏は八宗兼学という仏教全般に通じていたので、彼を盾にして日蓮を論破しようと考えたのである。

もとより日蓮にとって不足な相手ではなかった。だが、一対一では面白くない。どうせやるなら幕府高官や諸宗の僧侶たちを前にした法論をしようではないかと、「公開討論」を提案した。しかし、良観は十日間沈黙を守った上で、今度は自分の添状をつけて日蓮に関する訴状を行敏に書かせ、幕府に提出させることになった。そこには浄土宗の良忠などの協力がうかがえる。

それはともかく、その訴状の内容は大きく三つあった。第一は諸宗の悪口を言ったこと。第二は時頼と重時が地獄に堕ちているという悪口を言ったこと。第三は松葉ケ谷の草庵に凶徒を集めて武器を貯えているということであった。当時こうした訴状はいったん被告人の手に渡し、それに対する反論を提出させることになっている。そこで、日蓮も幕府に対して反論書を書いた。

まず、自分の正当性を主張した上で正直に諸宗非難を認める。だが、時頼と重時が地獄に堕ちているという悪口については覚えがないと否定した。また、凶徒と武器の件については良観一派の集う極楽寺、浄光寺、建長寺ほかの寺々こそが凶徒の巣窟ではないかと反論したのち、身の安全のために武器を用いるのは仏法でも認められているという書状を書いた。これは「武器あり」という肯定である。

その当時、幕府は武家以外の者の帯刀を禁止している。おそらく不意の襲撃から身を守る程度のものだったと思われるが武器にはちがいない。

文永八年九月十日、鎌倉は夕陽に染まる中で秋風が木々の梢を鳴らしていた。日蓮は評定所に座る。取り調べには侍所の所司、平頼綱が直々に当たった。頼綱は日蓮を睨みつけ、声高に詰問した。

「念のために聞く。そちは有り難き諸宗を罵倒するのみか、最明寺殿、極楽寺殿を無間地獄に堕ちたりと申せしはまことか?」

まず、「悪口」についての尋問である。頼綱はなんとかこれを正式に認めさせ、兵器集合罪と合わせて、ふたたび「貞永式目」第十二条の悪口罪を適用したいと考えていた。時頼や重時の未亡人たちの日蓮に対する感情も、夫が地獄に堕ちたと吹聴する悪僧と吹き込まれていたから憎悪に近いものがあった。二人の未亡人はそろって極楽寺良観の師匠の叡尊《えいそん》から授戒を受けていたから、日蓮の立場はきわめて不利であった。その上、当時、頼綱の妻は時宗の子北条貞時の乳母であるから、貞時が執権に就けば地位の昇格はまちがいない。したがって、その意向を酌んで日蓮を厳罰に処することは、頼綱にとってはのちのおぼえめでたい出世につながる。

日蓮は正直に答えた。

「いかにも、諸宗批判は事実。我が国を憂うからこそ、そのように申し上げた。だが、最明寺殿、極楽寺殿の件については存ぜぬこと」

そして、しきりに国難を強調して牽制の論を吐こうとする。だが、頼綱は日蓮にそれ以上は語らせず、最後に兵器集合罪を突いた。

「兵器を貯え居《お》ること、すでに日蓮房自身が認めている通り。罪状は明白なり。追って沙汰をくだす！」

それで評定は閉じられてしまった。絶好の機会と目論んでいた日蓮であったが、終始頼綱のペースで発言は完全に封じられてしまい、またしても当てがはずれる結果となってしまった。

どうしても納得がいかない日蓮は、松葉ケ谷に帰って来るなり筆を走らせ、頼綱に宛てて「国諫《こっかん》の書」を送りつけた。意訳すると次のような内容である。

日蓮は僧となって釈尊の本意を悟った。しかるに正道に背き、邪宗がはびこる。そのために善神は怒り、国難が到来しようとしている。この国に生まれた日蓮がどうして日本を思わぬことがあろうか。だからこそ「立正安国論」を最明寺殿に上申した。蒙古が日本を窺っていることは他国侵逼の難の到来を予言する経文と合致しているではないか。未来を知る者は聖臣、法華経を弘める者は仏の使者。にもかかわらず、国を想う心は誉められず、邪僧の讒言《ざんげん》により望みを果たすことができないばかりか、国難を逃れる術すらいい尽くさず、実に不愉快至極な評定であった。

だが、頼綱はその文面を一笑に付した。

それから二日後、頼綱を大将とする一団がけたたましく松葉ケ谷の草庵に乱入して来た。武装兵は土足のまま駆け上がると、仏壇を倒し、釈迦如来像を足蹴にしたあげく糞溜《くそだめ》に投げ捨てた。そして、日蓮が懐に入れていた『法華経』第五の巻を取り上げ、頭や顔をさんざん打ち据えた。打ち据えたのは頼綱の郎従、少輔房《しょうゆうぼう》である。

不思議なことに、この「第五の巻」には「勧持品《かんじほん》」という経典があり、そこには「刀杖《とうじょう》を加うる者あらん」という一節がある。日蓮は叩かれながら、帯のように乱れた経巻にその経文の一節を瞬間的に見て、ハッと気付いた。「刀」の難は東条郷の小松原で景信から受けたが、「杖」の難はまだない。「杖」とは、今打ち据えられている経巻のことではないかと。こうなると、「刀杖の難」に遭った者は日本広しといえども自分ひとりしかいないということになる。

（法華経は不思議な未来記だ……）

そうした意義深い経巻で叩かれるということは、釈尊が少輔房を通して自分に法華経の行者であることを証明しておられるのだと思う。もしそれがふつうの杖ならば奪い取って踏み折るが、起こるべくして起こっている実証としての「杖」ならば、そうもいくまいと考え直し、心ゆくまで打ち据えられたという。

のちに弘安二年四月二十日に身延で書いた「上野殿御返事」とされる書状の中で日蓮は、その時の様子について詳しく述べた上で、次のように述懐している。

「日蓮、仏果を得むに、いかでか少輔房が恩を捨つべきや。何いわんや法華経の恩の杖をや。かくの如く思い続け候えば感涙おさえがたし」

日蓮にとって「法華経の行者」という自覚は、未来を予言して説かれた『法華経』の経文がこうした数々の現象と一致する事実に深められていくのである。

縄を打たれた日蓮は盗賊か謀叛人のように鎌倉の小路を引き回され、評定所《ひょうじょうしょ》へと護送される。申《さる》の刻というから午後四時頃のことである。罪状は伊豆流罪に次ぐ悪口罪の再度重犯である。

日蓮は頼綱に叫んだ。

「もし、日蓮を流罪や死罪にすれば、後悔されるのは幕府の方でありましょうぞ。日蓮は鎌倉幕府の敵にはありませぬ。国家安泰の指導者にして、日月であり、鏡であり、眼目でありまするぞ。それを倒すは国の柱を倒すなり。その日蓮を捨て去ると仰せになるなら、百日、一年、三年あるいは七年以内に同士討ちの自界叛逆の難、四方より侵略される他国侵逼の難が起こり、攻め滅ぼされるは必定《ひつじょう》でありましょう。それを後悔されたくなければ速やかに建長寺や大仏を焼き払い、由比ケ浜にて念仏僧の首を刎《は》ねるべし。さもなくば日本は滅亡しましょうぞ！」

何より驚いたのは頼綱であった。即座に立ち上がると声を震わせていった。

「に、にちれん！　そ、その悪態もそれまでじゃ！」

幕府役人と行敏は怒鳴る。

「この不埒《ふらち》者！」

「血迷ったか！」

佐渡遠流《おんる》の沙汰が下されたのは九月十二日、午後六時頃であった。

時に佐渡国を領していたのは武蔵守北条宣時《のぶとき》。宣時は第二代執権北条義時の弟である時房の孫に当たる。彼は四年前に朝廷から佐渡国の守護職に任じられているが、極楽寺良観の師匠の叡尊から授戒を受け、大仏《おさらぎ》宣時と名乗っている。

龍の口奇瑞

評定所から佐渡へ向けて出発したのは、夜中の二時頃である。真夜中に佐渡へ向けて出発するという不自然さを日蓮が不審に思わないわけがない。佐渡遠流の命令が執権時宗から下されたとはいえ、それは表向きのことで途中で首を斬られるにちがいないと直感した。

外へ出ると漆黒の闇、松明《たいまつ》の炎がおぼつかなく足下を照らしている。若宮大路に出て鶴岡八幡宮の前にさしかかった時、日蓮は丹塗りの社殿を睨みながら突然馬上から大声を発した。

「さても八幡大菩薩はまことの神なるや！　かつて清丸（和気清麿）が首を刎ねられんとした時は、長一丈《たけ》の月と現れて清丸を守り、また伝教大師が法華経を講ぜし時は紫衣《しえ》を布施されたと聞く。日蓮は法華経の行者なり。しかるに八幡大菩薩。かつて釈迦仏が法華経を説かれし時、善神相集って法華経の行者を守護すると誓ったではなかったか。そなたは真《まこと》の八幡か。それとも法華経広布の誓いを立てしは偽りであったか。今宵日蓮が首斬られて霊山浄土《りようぜんじようど》へ行きし時は、釈迦仏に対し、八幡大菩薩こそ誓いに背いた神の筆頭と申し付けようぞ。さもなくば急ぎ日蓮を助けたまえ！」

日蓮は神を怒鳴りつけたのである。警護の武士たちは、「こともあろうに、いみじき八幡大菩薩になんということを言うか」と呆気にとられた。

日蓮は、釈尊が霊鷲山《りようじゅせん》で『法華経』を説かれた時、菩薩を初め、明月天子《みようがってんじ》、梵天王《ぼんてんのう》、龍王《りゅうおう》、阿脩羅王《あしゅらおう》、そのほか日本の天地一切の神々がそれを聴聞して、『法華経』を守る誓いを立てたと考えている。また当時、かつて伝教大師が『法華経』を説いた時、八幡大菩薩は宝殿を開いて紫衣を捧げた。したがって、日蓮にとって八幡大菩薩は少なくとも『法華経』の行者を守護しなければならない役目があった。

警護の武士たちに引かれた日蓮は由比ヶ浜から長谷《はせ》を過ぎ、極楽寺切り通しを越えて、稲村ケ崎に出る。七里ケ浜は夜を迎えて闇の中に潮騒の音だけが不気味に鳴り響いている。頼綱はひそかに首斬り場所を「龍《たつ》の口」と決めていた。この地は昔から処刑場であり、ここで処刑することが頼綱自身が描いたシナリオだった。あとで判明したことであるが、そこには時頼や重時の後家尼御前《ごけあまごぜ》たちの扇動工作があった。

途中、日蓮斬首の報を受けて駆けつけた四条金吾や三位房などの弟子たちは、「聖人が首斬られれば、拙者も切腹してお供をつかまつる」と泣き叫んですがり寄る。だが、日蓮はしたたかに「虚しく一生を過ごした人間は数知れぬ。まして法華経のため

龍の口奇瑞の碑

に命を捨てた者はおらぬ。これを弘めて命を捨てることは、かねてよりの覚悟。これほどの悦びはない。笑うべきだ」と、逆に慰める始末であった。

午前三時頃、日蓮は馬から下りるよう促される。役人たちは無言のうちに処刑の準備を進める。日蓮が刑場に引き据えられると、暗闇の中に一本わずかに点る松明を持った役人が敷皮石《しきかわいし》と呼ばれる首座の横に立つ。首斬り役人は背後に回ると、やおら太刀を抜いた。日蓮は目を閉じ、覚悟を決める。首斬り役は依智《えち》三郎直重。日蓮は砂上の筵に座り、首を垂れる。直重が距離を合わせて太刀を振り上げた瞬間、信じられないことが起こった。

江ノ島の方角から突如として鞠《まり》の大きさの光り物が飛んで来て空に閃光が走った。直重は目がくらみ、声を上げて倒れ込んでしまい、役人たちも狼狽して地に伏し、馬上でうずくまったまま誰一人動こうとはしなかった。とても首を斬る状況ではない。

日蓮は「何をしている。急ぎ首を斬られい。夜が明けると見苦しいぞ。首を落とすなら早く斬るがよい！」と叫ぶが、役人たちは怖じ気づいて近づこうともしない。この出来事について日蓮は次のような記述を「種々御振舞御書《しゅじゅおんふるまいごしょ》」という遺文に残している。

江ノ島の方より月のごとく光りたる物、鞠のようにて辰巳《たつみ》の方より戌亥《いぬい》の方へ光りわたる。十二日のあけぐれ、人の面も見へざりしが、物の光り、月の夜のようにて、人々の面もみな見ゆ。太刀取り、眼くらみ倒れ臥し、兵共おぢ怖れ、興ざめて、一町ばかりはせのき、ある

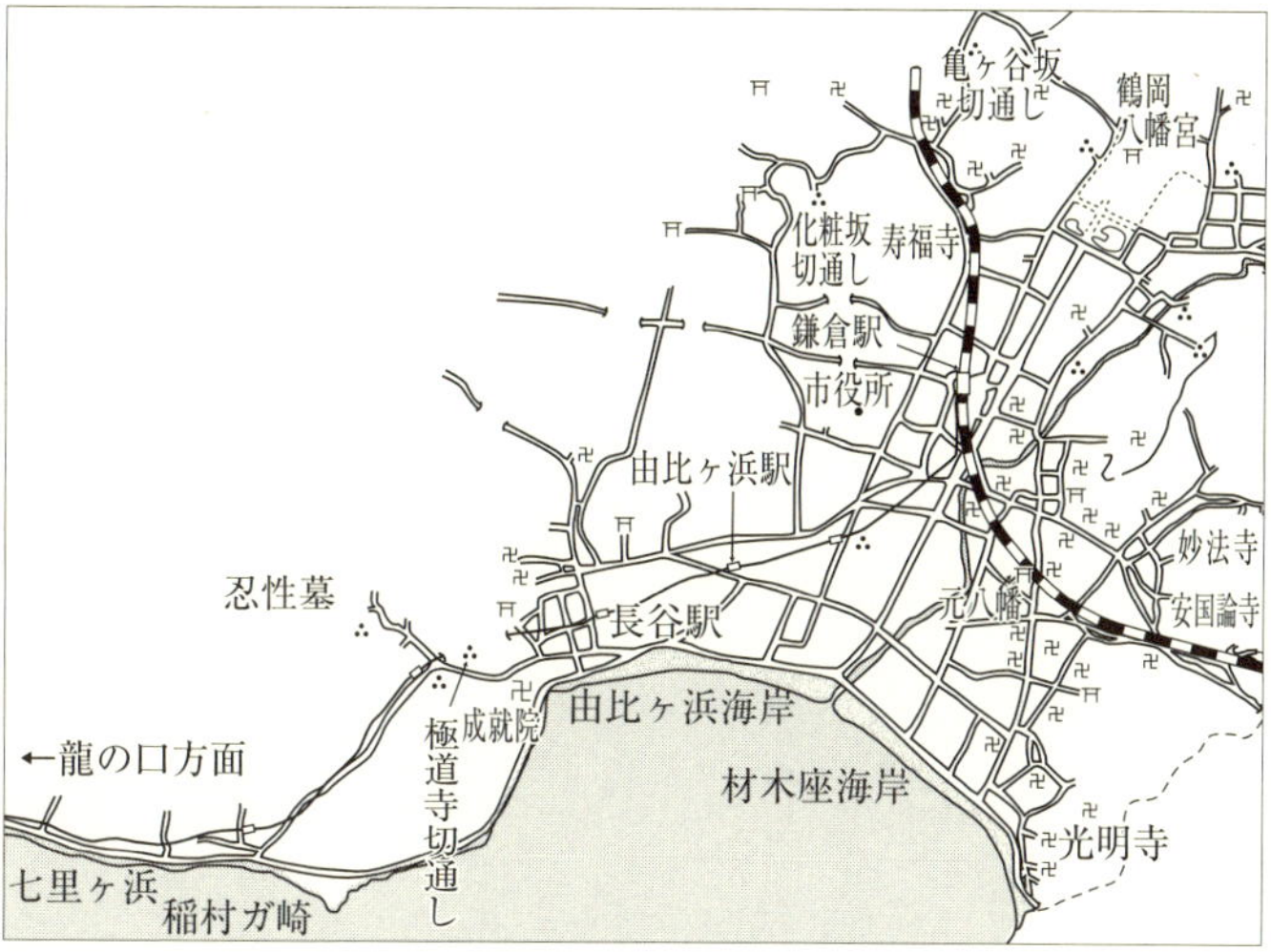

鎌倉七里ヶ浜周辺

いは馬より下りて畏まり、あるいは馬の上にてうずくまれる者あり。

この御書については日蓮の真筆ではないという説もあるが、それはともかく、この「光たる物」の正体について、天雷であるとか、流星であるとか、隕石であるとか、識者たちによって、さまざまな見解が分かれている。だが真実は今もって謎である。

幕府の公式記録にはこの「光り物」についての記述は見当たらないが、なんらかの自然現象が事実として発生したという可能性は否定できない。日蓮はのちに身延山に籠った時、「撰《せん》時《じ》抄《しょう》」という遺文の中で、「末代悪世に法華経を弘める者の悪口を言い、罵倒する者に天雷が落ち、身を裂くことがないとするならば（法華経そのものが）不審である」と語っている。この龍の口の「光り物」について日蓮自身は天雷だと考えていた。

その背景には、かつてインドのコーサラ国の瑠璃王《るりおう》が釈尊の故郷の釈迦族を殲滅《せんめつ》したのち、舎衛城《しゃえいじょう》の王宮に戻って戦勝祝賀の美酒に酔いしれている時、突然の暴風雨と天雷に見舞われ、群臣と共に不慮の死を遂げた説話がある。日蓮はこうした現象の有無によって、『法華経』の行者であるかどうかが証明されると断言している。


やがて、鎌倉からの早馬で、時宗の書状が頼綱のもとに手渡された。

「沙門日蓮儀、ひとまず当国依智郷《えちごう》（厚木）の本間三郎左衛門重連へ引き渡し候へ」

斬首が中止された理由として、時宗の正室が懐妊していたので不吉を避けるためという説もあるが、これも定かではない。

頼綱は好機を逸したことを地団太踏んで悔しがったが、日蓮もまた自由の身となったわけではなく、佐渡へ出発するまで一時的に本間重連の屋敷に預けられる身となったにすぎない。こうした騒動があっている頃、重連は佐渡に渡っていた。頼綱は重連の留守役の右馬太郎《うまたろう》という家臣に日蓮の身柄を引き渡すと、いまいましい表情で鎌倉へ戻っていった。

本間屋敷に着いたのは九月十三日の正午頃。九月とはいっても旧暦のことで相模はすっかり秋の気配に包まれていた。日蓮は酒を取り寄せて警護の役人たちに振る舞い、労をねぎらったという。首を刎ねようとした役人に酒を振るまうなど考えられないが、この時代「酒席」についていくつかの約束事があった。横道に逸れるが、興味深いことだから列挙してみよう。
一、少しの酒でも一人で飲んではならない。
二、都合のつく仲間を集めてふるまう。
三、貧しい人や末席に座っている人がいたら、「これへ、これへ」と呼び寄せる。
四、盛り上がって酒席が乱れても、他人の肴や果物には手を出さない。
五、酔っぱらって路上を歩かない。
さて、日蓮自身は昼から食が進まず夕食にもほとんど箸を付けなかったが、役人たちは屋敷の縁側に座り、酒を酌み交わしながら、龍の口の奇瑞について話をしていた。
ちょうどこの日は十三夜の名月に当たる。秋風も動きを止め、中天にかかった月が煌々と光を放っている。日蓮は縁側から降りて梅林の庭に下り、老樹のもとにたたずむと、その月に向かって手を合わせ、静かに『法華経』の自我偈を唱えた。

咸《げん》皆《かい》懐《え》恋《れん》慕《ぼ》　而《に》生《しょう》渇《かつ》仰《ごう》心《しん》　衆《しゅ》生《じょう》既《き》信《しん》服《ぶく》　質《しち》直《じき》意《い》柔《にゅう》軟《なん》
一《いっ》心《しん》欲《よっ》見《けん》仏《ぶつ》　不《ふ》自《じ》惜《しゃく》身《しん》命《みょう》　時《じ》我《が》及《ぎゅう》衆《しゅ》僧《そう》　倶《く》出《しゅつ》霊《りょう》鷲《じゅ》仙《せん》……

次第に日蓮の眼が潤んでくる。
（月よ、そなたは何ゆえ静かなのか。地上は濁り、日蓮はこのように苦しんでいるのに、なぜこんなに優しく照らすことができるのか。明月天子は法華経の序品に列座した時、釈尊の法華経を聞き、この裟婆世界に法華経を弘める誓いを立てたはずではなかったか。今この時何ゆえそなただけが無心に澄み切っておられるや……）

国家の安泰、天下万民の幸福を希《ねが》っての広宣流布にもかかわらず、そのために何度も迫害を受け殺されかかったことも数知れない。それでも日蓮は徹底して獅子吼した。そうした孤独の戦いの中で心を支えてくれるものは、神仏の守護以外に何があろう。守護さえあれば心は潤う。『法華経』の「序品」に示されているように、それを守護すると釈尊の前で約束した諸天善神の一人である明月天子。なのになぜ窮状を眺めるだけで、誓いを果たそうとしないのか。そこに涙の問責があった。

その瞬間、またしても丸い大きな光り物が庭先の老梅の上にとどまったという。縁側にいた武士たちは狼狽して家の中に逃げ込んだというが、これも先の「龍の口奇瑞」と並んで「星降り奇瑞」と呼ばれる伝承である。

第九章　佐渡遠流

鎌倉から越後へ

日蓮は約一カ月の間、本間屋敷に軟禁された。おそらく鎌倉の大仏宣時と佐渡の本間重連が連絡を取り合う往復文書が約一カ月ほどかかったからだろう。

この間、鎌倉のあちこちに火が放たれ、辻斬りが横行するという事件が頻発したが、それが日蓮残党の報復によるという噂が市井に流れていた。そこで幕府は、この際日蓮一派を根絶やしにしようと僧侶や信者を捕らえた。逮捕者は二百六十余名にものぼった。

伝えられるところによると、妙一尼という信者の夫は所領没収となった。あの四条金吾も所領没収、所払いの憂き目に遭おうとしたが、主君、江間光時《えまみつとき》の庇護によりかろうじて免れている。その他、身内から勘当された者も多数あったという。そのため信者はこれを恐れて信仰を離れていく。遺文によると「千がうち九百九十九人までが脱落してしまった」と、日蓮は嘆いている。

史料を調べると、龍の口法難が起こった九月十三日、幕府は「御教書《みきようしよ》」を発している。その内容は、守護は速やかに本領へ戻り、領内の悪党を取り締まれというものである。蒙古の来襲が目前に迫っている。そうした治安上の危機感から厳戒態勢を敷いていたので、幕府にとって日蓮一派は看過できない「残党」であった。

だが、あとで判明したことだが、そこに乗じて放火したのは禅僧の持斎《じさい》という人物や念仏者たちであった。彼らは「頃合いは良し」とばかりに、日蓮一派を一挙に弾圧させるための謀略を立てたのである。

一門壊滅――。この窮状は佐渡への出発前日に日蓮の耳に伝わる。亡きあとを託していた弟子はもとより信者にまで罪を負わされ、一門が根絶やしにされることを感じ取った日蓮は闇の底が抜けた心境だった。誰がどのようになったのか、情報の収集もままならないでいる。

ただ、日朗ら五人は宿屋光則の屋敷の土牢に閉じ込められていることが分かった。宿屋光則の邸は由比ヶ浜の北、長谷《はせ》観音の近くにある。市井から離れた山の谷間の静かな場所である。土牢そのものは邸宅の横から四、五分登った山の中腹の横っ腹を掘った砂岩の洞穴で、五人も入れば窮屈な広さであった。かろうじて朝日は入るものの、昼を過ぎれば太陽は山の端に陰り、夕は底冷えが襲ったにちがいない。当時、彼らもいずれは首を刎ねられるという噂が伝えられていた。

折からの厳しい寒さである。日蓮はその土牢の中に押し込められた五人の身の上が心配でならない。そこで万感の思いを込めて筆を執り、慰めと励ましの書状を本間屋敷から送る。

日蓮、明日は佐渡の国へまかるなり。今宵の寒さにつけても牢の中の有様、思いやられて痛ましく候へ。（中略）籠をばし出でさせ給い候わば、疾《と》く疾《と》く来たり給へ。見たてまつり、見えたてまつらん。

これは「土籠《つちろう》御書」として、現在遺文になっているが、この手紙を受け取った日朗は、「厳寒の佐渡へお渡りになるというのに、我々弟子の身を案じてくださるとは……」と、手紙を抱いて誰はばからず泣きに泣いた。その姿を見た宿屋光則は師弟の絆の深さに心打たれた。

光則はかつて日蓮が「立正安国論」を上申した時に、時頼に仲介してくれた恩人でもある。しかし、すでに老齢の身。日蓮に対して好意を寄せる一人ではあったが、為す術はなかった。一方、日蓮逮捕を機に、信仰を捨てた者の中に領家の尼、能登房《のとぼう》、名越《なごし》の尼などがいた。日蓮は彼らに対して、やり場のない悲しみに彩られた怒りを放つ。

文永八年（一二七一）十月十日、警護の武士に連行されて、日蓮は鎌倉の本間屋敷を出立した。越後までの随伴を許されたのは、弟子の日興《にっこう》、日持《にちじ》、日頂《にちちょう》、日向《にこう》と富木常忍の家来たちであった。総勢十数人の一行は八王子街道から甲州街道を抜け、信州を経て、越後路へと進んで行った。

この時日蓮は、齢五十歳である。山路ばかりの難所を十二日間もかけて越後まで歩く辛さは、筆舌に尽くせるものではない。だが、もっぱら気がかりなのは消息が分からない鎌倉の弟子や信者たちのことであった。

当時、「死は多く、生は希《まれ》」といわれる佐渡流罪。終身刑に相当する重刑である。不安を抱えた暗く、辛く、長い旅であったにちがいない。

やっと到着した越後の寺泊《てらどまり》の津には佐渡への渡船場があった。寺泊は奈良時代から公の港として栄えてきた場所で、佐渡に渡る官船はほとんどここから船出した。寺泊から佐渡までは約八里ほど離れている。順風でも舟で五、六時間かかるが、秋十月から翌春の三月頃までは北西の季節風が強い。逆風を突いて進むことができない当時の航海技術では、風を待つ「船待ち」をすることは、ごく当然であった。

この港に到着した十月二十一日もシベリヤからの北風に見舞われていた。現行の太陽暦では十一月二十九日のことである。遠く佐渡の方角を眺めれば一面灰色の空が広がり、吹きさらしの風が肌を刺す。冬が早い越後の日本海は強風波浪が続き、閉ざされた暗黒の世界に豹変していた。海上しけのため、日蓮一行は天候の回復を待って大越清三郎の屋敷に宿泊して船待ちをする。そこで日蓮は、早速、寺泊まで随行してくれた富木常忍宛てに、その家来を通して便りを託した。

此《これ》より大海を亘って佐渡の国に至らんと欲するに順風定まらず、其の後を知らず。道の間のこと心も及ぶことなく、また文筆にも及ばず。ただ暗に推《お》し度《はか》るべし。また本より存知の上なれば始めて嘆くべきに非ざれば、これを止む。(中略)日蓮は八十萬億那由佗の諸の菩薩の代官として之を申す。彼の諸の菩薩の加被《かび》を請くる者なり。

この内容を意訳すると、次のようになる。

これから海を渡って佐渡の国へ行こうとしているが、いつになったら風が収まるか分からない。どういう道中になるか予想がつかないので、文筆でも書き尽くせず、ただ推測するしかない。だが、こうなることは最初から分かっていたことなので、今さら嘆いても仕方がないことである。（中略）日蓮は多くの菩薩の代官として申し上げたのだから、必ずや多くの菩薩たちが力を貸してくれるはずである。

これは現在、「寺泊御書」という遺文になっているが、その末尾には「土牢の中の弟子たちの身の上だけが気になるので、時々連絡をください」と、述べている。締め括りの日時は、「十月二十二日辰の刻」とあるから、朝八時に書き終えている。難渋を極めた旅路の疲れを癒すこともせず、夜を徹して筆を執ったのであろう。

ようやく佐渡へ向けて船出となり、一行は寺泊港をあとにしたが、船出の時は晴れていた空がにわかにかき曇り、逆風にあおられた船は寺泊の北、越後の角田《すみだ》の浜に流されてしまった。一行は岩陰に身を寄せ、火を焚いて風の収まるのを待った。ここには日蓮が風浪鎮静を龍神に祈ったと伝えられる岩がある。その祈りが通じたのか、翌二十八日は少し波が静まる。

警固の役人は、「この機を逃してはならぬ」と出帆を命じるので、船頭は仕方なく船を出したが、しばらく経つうちに西北の空に一塊の黒雲が現れ、風が強くなり始め、大暴風が襲ってきた。

怒濤逆巻く中で舟は木の葉のように翻弄される。役人たちも生きた心地がしない。船頭は必死に櫓《ろ》を操り、波と格闘する。

船縁につかまる役人たちが必死に懇願すると、舳先《へさき》に立った日蓮が前後左右に棹を動かした。すると波間に「南無妙法蓮華経」の文字が浮かんだという伝説がある。佐渡の「波題目」の伝承は、この時の「瑞」から起こっているといわれている。

ただ、日蓮本人はそうした事実があったとは一言も遺文に残していない。日蓮は愚直なまでに事実をありのままに伝える人間であったが、後世の人々は神格化するあまり、事実と異なるものを伝えようとするきらいがある。しかし、それでは正しい思想なり、人格像は歪曲されてしまう。作り変えられた説話を排除しなければ、日蓮の真実の姿は浮かび上がってこない。

雪の三昧堂

離別の悲しみに暮れる弟子たちをあとにして出帆した船は、二十八日の夕刻、無事佐渡の松前《まつまえ》の港（現・松ケ崎）に着いた。日蓮一行を出迎えたものは荒涼たる風景と寒風だけであった。

行先は国仲《くになか》平野の新穂《にいほ》という場所にある地頭本間重連の邸である。

暗闇に包まれたので、一行はとある神社で夜を明かすことにした。だが、夢の中でも日蓮は夜道を歩んでいた。道横から誰かの呼び声がした。振り向くと欅《けやき》の下に白髪の老人が立っている。

老人は手招きをして日蓮を大きな欅の空洞に誘い、寒さに打ち震えていた日蓮のために火を起こし、酒をふるまい、「遠慮はいらぬ。今宵はここに泊まられよ」と、笑顔でもてなしてくれた。

しかし、目が覚めると老人の姿はない。気がつくと欅の根もとの大きな洞窟の中、外に出てみると社殿の山額には「松前明神」とあった。手厚いもてなしは霊夢であった。日蓮は、白髪の老人は松前明神と直感したという。だが、これもまた伝承である。

翌朝もまた、灰色の雲と冷たい北風の中を連行されるまま歩む。小佐渡山脈の峠を越えるとシベリヤおろしの寒風が一層身に沁みた。国仲平野の新穂という場所にある本間重連の邸に着いたのは翌二十九日であった。

佐渡はその形から「日本海の蝶」と呼ばれているが、西の大佐渡山脈、東の小佐渡山脈はその羽の模様部分に当たる。一方、国仲平野は蝶の体に相当する部分であり、東西を山、南北を海に囲まれた穀倉地帯である。

本間重連は「守護所」で、到着した日蓮を冷淡な眼で迎えた。佐渡国の守護はあの雨乞いの法戦で破れた極楽寺良観の信徒、大仏宣時であった。良観の恨みは宣時の恨み、そして宣時の恨みは重連の恨みかどうか分からないが、念仏門徒であるから快く思うはずがなかった。

ただ、幕府からは、「佐渡流罪人、日蓮に害意あるべからず。島内の行動は自由に任せ、島民の圧迫を許さず」という内命が届いていた。蒙古襲来が現実のものとなっているし、僧侶を殺すことは貞永式目でも御法度になっていたからであろうか。幕府の命令を無視するわけにもいかない重連にとっては、実に「厄介者」を引き受けたということになる。

文永八年十一月一日、重連は日蓮を邸内にとどめず、裏手のだだっ広い死人捨て場の中にある一軒の荒屋《あばらや》に「死ねよ」と言わんばかりに投げ込んだ。ここには現在、「塚原山根本寺」という寺があり、その境内の一隅に草庵跡と称される霊跡がある。現在では、そこから少し離れた妙満寺の辺りが、実際の場所ではないかとされているが、いずれにしても、その建物はわずか一間四方の広さで、ところどころ屋根は腐れ、壁は砕け落ち、風雪や雨を凌ぐことすらできない荒屋であった。

二日目は水を飲んで飢えを凌ぎ、三日目は里人のもとを訪れ、米を買おうとした。信者の布施によるわずかな路銀はあった。だが、不売指示が徹底されていたために、国仲平野という越後でも有数の穀倉地帯にありながら米一合も手に入れることができなかった。

この塚原の荒屋での有様について「法蓮抄《ほうれんしょう》」に記された遺文を意訳すると、次のようになる。

北国であるから、強烈な冬の風や雪が深いのは当然であろう。尾花や刈萱《かるかや》が生い茂る野原の中の粗末な草葺きのお堂に住んでいるが、屋根は雨漏り、壁は風が吹き抜け放題。昼夜を問わず聞こえるのはただ風の音ばかり。朝にもなれば路が見えなくなるほどの雪が積もり、飢えと寒さで生きながらにして餓鬼道と寒地獄にいるようなものであった。

せめて風雪を凌げる程度にしたいと願うけれども、道具もなければ材料もない。容赦なく吹き荒れる風雪から寒さを防ぐために、日蓮は簑を着て腹の底から経文を唱え、天候の回復を待つ以外に術はない。だが、襲ってくるのは風雪だけではなく空腹もある。飢えると身体が震え出す。そんな時は凍える手で雪をかき分け草を食べた。

本間一族は非情であった。ただ、幕府から「害意あるべからず」の内命を受けているので殺すことはできない。犬のえさにも似る、ほんの一握りの食事を与えたかと思うと、翌日は与えないこともある。そんな時、肌身離さず持ち続けている釈迦の尊像に向かって祈り、凍てつくように照らす月や散りばめた星たちに向かって話しかけた。

（自分は末法の乱世に対する疑惑を究明し、邪悪の根源を断ち切る必要を痛感したのだ。出家以来一貫してそのために一身を投じて、国を救うべき正しい教えを求めてきたつもりだ。既成仏教にはそれが見当たらなかったが、やがて、それが法華経にあったことを知った。末法の世を救うものは法華経以外にはなかったのだ。その真意を知りながら、知らぬ振りをすることは許されなかった。法華経を用いなければ混迷は長く続き、国難は止むことがない。だからこそ、自分は立正安国を叫び続けたのだ。だが、結果は反逆者、異端者の烙印を押され、ついには権力に媚びる僧侶たちの意のままに流罪の身となった。

しかも、日頃からあれほどまでに教え込んだにもかかわらず、害が及びそうになると信仰を捨てる者が現れる始末。彼らは信仰を貫く意味を知らないのだ。法華経の「法師品」には「如来の現在すら猶怨嫉《なおおんしつ》多し。況わんや滅度の後をや」とあるではないか。法華経を弘めるには釈尊の御在世すら恨み、妬みが多かった。まして末法の時代にはなお一層激しい法難が来ることになっているのだ。だが、必ず如来がその衣で覆い守ってくださるというに……）

そう思うと、日蓮の目からはらはらはらと無念の涙がこぼれ、月や星たちがにじんで映った。

　我が弟子に朝夕教えしかども、疑いを残して皆捨てん。拙き者の習いは約束せしことを真の時は忘るるなるべし。

日蓮は、万感の思いを込めて遺文の中にそう述懐している。

だが、日蓮自身の信念は手折れることがない。飢えと寒さに縮まっていても無為の時を過ごすばかりである。思い切って島内の巡回布教に立ち上がった。すると、漁師や農家の名もなき老女たちの中には、日蓮を哀れに思って食を恵んでくれる者もあった。ところが、しだいに噂が広がると、佐渡の僧たちが反感を持ち始める。

「流罪の身の上にある邪僧が性懲りもなく、浄土の島を巡回するとは言語道断！」

「ひそかに首を刎ねい！」

またもや日蓮は渦中の人物となってしまった。彼らは手を変え、品を変え、迫害の矢を打ち込んでくる。国府の守護所に押しかけ、「今日は斬る！」、「明日は斬る！」と詰め寄る者も現れる。

だが、万が一にも日蓮に害が及べば重連の責任である。かといって諸宗の蜂起を無視すれば収拾がつかない。重連は考え抜いたあげく、「ただ法門によって攻めよかし」と、法論によって対決させる道を思いついた。

ある夜、一人の念仏僧がこの三昧堂に乗り込んできた。読経を止めて後ろを振り返ると、腰に太刀を引っ提げ、敵意に燃えた異様な目で突っ立っているではないか。

「何用じゃ、名を名乗られい」

「言うまでもなし、この佐渡は念仏の島。流罪の身でありながら、この地で法華経を唱えるとは許しがたい。成敗してくれる！」

念仏僧は身構えて太刀の柄に手をやったが、日蓮は動じず、颯爽《さっそう》と言い放った。

「これは笑止千万、佐渡の念仏僧は太刀を帯びて辻斬りをなさるのか。弥陀の慈悲を知らぬと見える。まず名乗られい！」

念仏僧は、堂々とした日蓮の態度に少し躊躇したのか、身構えながら答えた。

「冥土の土産じゃ、拙者は僧形《そうぎょう》なれども遠藤為盛と申す武士だ！」

「その遠藤氏とやらが、何ゆえ拙僧を斬らんとするか？」

「念仏にとって法華経は敵だ。この地を汚す！」

「何ゆえこの地が汚れる。僧侶が僧侶を斬る、それこそが弥陀の顔を汚す行いなるぞ！」

「この塚原は亡き順徳上皇の御聖地。この地で法華経は読ませぬ！」

「待たれい！　見る通り、拙僧は数珠しか持たぬ。斬るのは話を聞いてからでも遅くはあるまい。拙僧も昔は念仏僧であった……」

念仏僧だったと聞いて、少し表情を柔らげた。

日蓮は座を勧めた。

「まあ座られい。語る友もなく、さみしい思いをしていたところじゃ」

念仏僧は落ち着き払った日蓮の風貌に接し、硬い表情のまま堂の板敷に腰を下ろした。

まず、日蓮が名乗った。

「悪口罪とやらで流刑の身となった日蓮でござる」

念仏僧もそれに応える。

「拙者は過ぐる承久の乱のみぎり、順徳上皇がこの島へ流されたまいし時、お供つかまつり、身辺の警護を申し上げた。しかるに上皇御崩御《ごほうぎょ》の憂き日に遭い、そのままこの地に残った。おいたわしい上皇を偲び、香華の供養を絶やすまいとそのまま入道した者で阿仏房《あぶつぼう》という」

そう言われて、日蓮は驚いた。思えば、日蓮がまだ善日麿と称していた頃、清澄寺の義浄と浄顕から承久の乱について話を聞き、上皇の悲哀に涙を流して、神仏の守護に疑いを抱いたことがある。考えてみれば、その順徳上皇が流された先は、この佐渡であった。その三十年後、五十歳にして佐渡へ流された奇縁を思うと、日蓮の眼からかっと涙があふれた。

「何ゆえ上皇が流罪の身となられたか、貴僧はご存じか？」

「知らいでか、逆賊政子と義時の謀反じゃ」

阿仏房は積年の恨みを抱いていた。だが、日蓮は手を振る。

「いや、まことの原因はそこにあらず。釈尊の本懐である法華経を国の御柱と立てず、邪宗を立てたがために諸天善神が国を捨て日本に悪鬼が侵入した。そのため地が天を覆す乱が起こったのじゃ」

阿仏房はふたたび日蓮を睨みつけた。

「何ゆえ念仏が邪宗じゃ！」

「しからば、念仏によって上皇は救われなさったのか！　上皇が流罪に処せられし時も、念仏の高僧たちはそれまでの恩顧を忘れ、おのが保身を図っただけではござらぬか！」

日蓮の言葉には気迫があった。だが、日蓮にあふれている涙は、しだいに阿仏房の涙を誘っていった。

たしかに、承久の乱で後鳥羽上皇がもっとも期待したのは寺社勢力であったが、寺社はまったく動かなかった。阿仏房も返す言葉が見つからない。しんしんと降り積もる雪の音に交じって二人のすすり泣く声が続いた。

思いきや　雲の果てまで流れ来て　真野《まの》の入り江に　朽ち果てむとは

日蓮は目を閉じ、順徳上皇の歌を吟じた。京都遊学の時、冷泉為家《れいぜいためいえ》卿のもとで和歌を嗜《たしな》んでいたのである。

「さぞかし都へ帰らんと望まれたであろうのう……」

その言葉を聞いて、阿仏房は手をつき頭を垂れると、上皇を偲び、板敷を叩いてはらはらと無念の涙をこぼした。思えば都の生活に慣れきっていた上皇にとって佐渡の厳しさと不便さは筆舌に尽くしがたいものだった。順徳上皇は後鳥羽天皇の第三皇子であり、十三歳で即位した。二十四歳の時、父君の後鳥羽上皇や兄君の土御門上皇と共に討幕運動に立ち上がったが、利なくして承久の乱に敗れ、佐渡に流されたのである。

阿仏房は二十二年という歳月、順徳上皇のわびしい流人生活を支えて仕えてきた。だが、京都帰還の道が断たれた上皇は、悲痛のあまり絶食して四十五歳という若さで崩御した。順徳上皇は父を失い、兄を亡くし、妻も子とも別れて悲哀の生涯を閉じるのであった。日蓮もまた佐渡流罪によって、多くの弟子檀越《だんおつ》を失っている。孤立無援の危機の中で釈迦を恋慕して、『法華経』流布に命を懸けている。

その身の上話を聞くと、自分の上皇に対する思慕の念に勝るとも劣らない日蓮の一徹さに心を揺さぶられた。上皇を失ってもなお墓を守り通そうとしている自分、立場は違っても釈迦のために生きている日蓮。生きねばならない者同士が心を通じ合わせたのも当然であったにちがいない。

日蓮は涙を押しぬぐうと、一転して笑って言った。

「生きて仕えるは忠臣の道、だが崩御されてなお仕えるは忠臣中の忠臣。赤誠の御心《みこころ》、感服つかまつった。なれど、伊豆の臣民北条氏のために、かかる辺土に没せられたるは、お信じ遊ばるる浄土念仏に祈禱の霊験がなかったからでござる。上皇の不幸は武運つたなきにあらず、玉体を守るべき念仏に力がなかったと考えらるるべきじゃ」

日蓮は夜が白むまで阿仏房を説得し、改宗を迫った。

阿仏房は家に戻ると、妻に日蓮について話をした。阿仏房の妻は千日尼《せんにちあま》と呼ばれている。順徳上皇が京の都へ再帰できるよう千日間祈願したところから、その名が付けられたという。

佐渡の慈母たち

翌日の深夜、三昧堂に向かう二人の姿を月影が雪道に映していた。その二人こそ阿仏房とその妻千日尼であった。日蓮が二人を喜んで迎え入れると、阿仏房は妻を紹介した。

挨拶を交わし、一段落すると、やがて日蓮は千日尼に女人成仏の道を説き始めた。

「のう、千日尼どのよ。日本国は天照大神という女神が創り出された島国じゃ。ところが、昔から女人の業は深いといわれてきた。華厳経《けごんきょう》という経典には、『女人は地獄の使いなり、よく仏の種を断ず。外面は菩薩に似て、内心は夜叉の如し』と説かれている。また『三従の罪』といって、『幼くしては父母に従い、盛んにしては夫に従い、老いては子に従う。一期身を心に任せず』ともいわれている。じゃが、女人があるから男も生まれる。その女人を救わずして日本は救われまい？」

日蓮の表情は穏やかである。眼からは優しさがあふれている。千日尼はその優しさに、少しずつ緊張を緩めていった。

「法華経には、八歳の龍女は蛇身のままで成仏したとある。これを初め釈尊の義母、摩訶波闍《まかはじゃ》波提比丘尼《はだいびくに》という女人も法華経を聞きなさって『一切衆生《いっさいしゅじょう》喜見《きけん》如来』と名前を与えられ、釈尊の后《きさき》にあらせられた耶輸陀羅《やしゅたら》比丘尼も眷属《けんぞく》の比丘尼と共に『具足千萬光相《ぐそくせんまんこうそう》如来』と授記を得られた。

法華経こそが女人成仏《にょにんじょうぶつ》の経文なのじゃよ……。ところが、その女人たちを救おうと思っているにもかかわらず、北条一門の女性たちは、みんなでこの日蓮を讒言《ざんげん》して伊豆へ流し、今また佐渡へ流させられた。日蓮がまちがっていたのであろうか……」

溜息をつきながら伏し目がちになる日蓮を見て、千日尼は袖で瞼を押さえた。「まちがっていたのであろうか」という言葉は、かつての順徳上皇の口癖であった。上皇は父君の後鳥羽上皇に従い、日本のあるべき国体を守らんとして立ち上がられた。しかし、結果は利なくして佐渡の露と消えられた。勝負は時の運もある。正義が必ずしも勝つとは限らない。それが分かるだけに、千日尼には哀しい思い出が蘇ってきた。

日蓮はなおも語る。

「法華経は星の中の月であり、人の中の王であり、山の中の須弥山《しゅみせん》、水の中で最大の海である。一切経の中でどのように女人の業深きを説こうとも、法華経だけは女人成仏を保証する尊い経典なのじゃ」

千日尼は、以前から一つの疑問を持っていた。それは女性の「月経《げっけい》」に関することであった。当時は、それを「月水」と呼んでいた。

「お恥ずかしいことでございまするが、世の中には昔から女人の月水を不浄のものとして忌み嫌う風習がござります。その時は神仏への参拝さえも許されませぬ。それは事実なのでござりましょうか？」

「日蓮、今まで一切経に幾度となく目を通して参りましたが、それを忌み嫌う経論《きようろん》は、ついぞ見たことがありませぬ。月水は外から来る不浄にはあらず。子孫の種をつなぐものでありまする。そのようなことを気にされる必要はありませぬぞ。普賢経《ふげんきよう》に『此の大乗経典は諸仏の宝蔵なり。（中略）三世の諸の如来を出生する種なり』とありまする。この法華経を除いて女人成仏はありませぬぞ。どうか法華経に帰依なされ、日蓮を信じなされや」

それまで女性は不浄、卑賤、罪業深き者と思い込んでいた千日尼の眼は輝き出した。

（なんという素晴らしい御坊であろう……）

かつて、これほどまでに女人の気持ちを思いやり、理路整然と教えてくれる僧侶に出会ったことはなかった。ちなみに、日蓮はこれより六年前の文永二年、鎌倉で「女人成仏抄」を著し、女性の成仏を説いている。

夫妻は日蓮の『法華経』に対する情熱と真摯な修行に触れるうち、ますます傾倒し、佐渡で最初の信者となった。日蓮の身辺の世話を買って出て、人目を忍んで、来る夜も来る夜も凍てつく雪原を歩んで日蓮のもとへ通いつめた。阿仏房は干飯《ほしいい》・餅・布、紙などを納めた飯櫃《めしびつ》を背負い、千日尼はそこから一つひとつ品々を取り出し、日蓮に差し出す。

「かたじけない。これを背負っての雪道、さぞ難儀じゃったろう」

「なんの、ご供養させていただけることこそ我らの喜び」

「じゃが、天下の流罪僧に近づけば、きつく咎めを受けることになりましょう。もう、日蓮のことは捨て置いてくだされ」

日蓮にとって連座の責任を負わせることは苦痛だった。阿仏房夫妻に苦しみを味わわせることは身を裂かれることよりも辛い。苦しみは自分だけでいいと考えた。身の上を案じて給仕を断ると、阿仏房は泣きながら日蓮に訴えた。

「何ゆえ、我らの喜びを断たれる……。我らは御法の価値に打たれて、この法を一刻も早く流布すべしとの信念に立っております。そのための聖人でございまする。このような雪深い地で埋もれるお方であってはならない。片時も早く佐渡を離れ、鎌倉に戻られて国難を救う法務に立たれることが釈尊の願いでありましょう。ふたたび上皇の悲哀を聖人に見ることは忍びませぬ……」

日蓮の眼から一筋の涙が頬を伝わって落ちる。

（そうだ生きるのだ、生きて捲土重来を期さねばならぬ……）

ふたたび日蓮は、腹の底から使命感を湧き起こした。

阿仏房夫妻の給仕によって、ようやく生活の安定を得た日蓮はふたたび島内を巡回し、『法華経』を流布し始める。「島内は自由に」の命令がある以上、本間重連もこれを止めることができない。こうした寛大な処置は「他国侵逼の難」の予言が的中しそうな情勢と無縁ではなかった。ところが、荒屋に放置しておけばいつか野たれ死にするであろうと高を括っていた本間重連は、日蓮が死ぬどころか、やせ細る気配すらないのを不審に思うようになる。

内偵するうちに、ついに阿仏房夫妻が浮かび上がる。夫妻は科料に処せられ、家宅没収の上に住所を追われる憂き目に遭う。だが、阿仏房夫妻が日蓮のもとから離されると、今度は夫妻の昵懇《じっこん》である国府《こう》入道夫妻が日蓮を助けた。

国府入道は守護のある国府に住む名主《なぬし》であったが、阿仏房の感化を受けて日蓮の信者となり、人目を忍んで衣食を運んだ。万が一の時は責め苦を負うとの覚悟ができていたのである。日蓮にとって千日尼や国府入道の妻は、母梅菊が身を変えて佐渡に現れた「変化《へんげ》の人」であると思わずにはいられなかった。

文永九年の正月、越後、越中、出羽、信濃、奥州の六カ国、念仏、真言、禅、天台宗など百余人の各宗の僧侶たちが、日蓮に法論をしかける。重連が考えついた法論対決が始まったのである。塚原三昧堂の前は時ならぬ人出で賑わっている。世にいう「塚原問答《つかはらもんどう》」である。恣意的になるが再現してみたい。

まず立ち上がったのは天台宗の僧侶であった。

「流刑の身の上にもかかわらず、性懲りもなく諸宗を罵倒するとは言語道断！」

「罵倒にあらず、天台大師の仰せのごとく法華経に帰るよう理を以て諭している。法華経は諸経の中の王経なるぞ」

「では問う、その文証はいずこにあるや？」

「無量義経《むりょうぎきょう》に『四十余年には未だ真実を顕《あらわ》さず、この故に衆生の得道差別《とくどうさべつ》して疾《と》く無上菩提《むじょうぼだい》を成ずることを得ず』と見えたり。これ華厳《けごん》、阿含《あごん》、方等《ほうとう》、般若《はんにゃ》時の説法は真実にあらずという文証なり。されば念仏、禅、真言は方等時の説法を表した経典を依正とする以上、正教にあらず」

それを聞いた真言僧が立ち上がって怒った。

「天台僧でありながら密教を否定するとはどういう了見か？」

「密は否定しない。だが、弘法大師は十住心論《じゅうじゅうしんろん》の中で法華経は華厳経に劣る戯論《けろん》だといい、秘蔵宝鑰《ひぞうほうやく》では久遠実成の釈尊を凡夫と罵るること断じて許し難い。今の叡山の実態は、その真言の所領じゃ。伝教大師の流れを汲んではおらぬ。だから叡山を見限ったのじゃ」

真言僧は「十住心論」も「秘蔵宝鑰」も知らない。勉強不足であった。「真言をなぜ腐す！」、ただ、その一点張りである。

「真言もまた権力奉仕の宗派じゃ。公家衆に乞われて呪詛、祈禱を繰り返し、おのが名聞のためにする罪を犯している。娑婆の教主は唯一釈尊。真言は釈尊の前に大日如来を立て、法華経の前に金剛頂経を立てる。これでは国を護るどころか亡国の元凶となろう」

すると、ふたたび天台宗の僧侶が立ち上がった。

「そもそも叡山で学びながら、叡山を腐すか。この恩知らずめが！」

数珠を振り回しながら罵倒する姿に呼応して、あちこちから日蓮へ向かってヤジが飛ぶ。法論場の監視役の本間重連が座を静める。日蓮は切り返した。

「恩を知るからこそ、叡山を伝教大師の源流に戻さんとした。だが、今の叡山は腐敗しておる。叡山を見限っても天台、伝教の両大師を見限ったわけではない。天台、伝教の両大師が主経とされた法華経を末法の時代に生かそうとしている。日蓮はその正統を受け継ぐ法華経の行者である」

こう言い放つと、周囲はますます騒然となった。流罪僧のくせに天台の正統というのが許せない。「日蓮を叩きのめせ！」と、荒れ狂う者も出る。それを重連の家来が抑える。

するとと今度は浄土僧が立ち上がった。

「わが法然上人を悪師と罵倒することこそ絶対に許し難い。法然上人は末法に喘ぐ民衆に、阿弥陀の本願を示された。勝手な屁理屈を並べるな！」

日蓮は眼をかっと開いて言い放った。

「観経（観無量寿経）は四十余年の方便経。経典の優劣を論じれば、最後八カ年の法華経が正当なり。それを捨閉閣抛《しゃへいかくほう》（捨て、閉じ、閣《さしお》き、抛《なげす》てること）せよと申さるる法然上人の論こそが屁理屈じゃ！」

「たしかに法然上人は法華経を修学せられた。じゃが、難信難解《なんしんなんげ》なるがゆえに易行法門としての念仏を選択された。それは只管《ひたすら》、凡夫往生の道のためであって慈悲心から起こったことじゃ！」

日蓮は呵々と笑った。

「ワッハッハッハ。現世に生きる道を示さずして慈悲とは笑止千万。念仏を称えれば悪人すらも成仏すると嘯《うそぶ》くために無頼の輩が生まれ、自殺、強盗、殺戮が巷に横行している。だからこそ安貞元年（一二二七）には法然上人の墓が破壊され、文暦元年（一二三四）には念仏禁止の措置が講じられたではないか」

（ああ言えば、こう言う。こう言えば、ああ言う）

全員歯ぎしりして黙り込む以外にどうすることもできない。

日蓮は徹底した原典主義者であり、二十数年の修学で諸宗の経典を幾度も学び、比較検討した上で『法華経』を最上の経典と確信している。また、末法という社会考察から立ち上げた立正安国の使命感がある。その上、朗々とした美声から放たれる淀みない弁舌と、『一切経』を読破した学識から優劣を論じている。これに太刀打ちできる者は、佐渡近隣はおろか叡山ですらも一人としてなかった。

怒号とヤジは、次第になりを潜めていく。残念ながら彼らの法論はあまりに稚拙すぎた。結局、各宗の僧たちは俯き、舌を打って帰って行った。日蓮は、この時の法論について「名刀を以て瓜《うり》を切り、大風が草をなびかせるような手応えのない法論であった」と印象を述べている。

一部始終を眺めていた重連《しげつら》は結末を確認すると、日蓮の見識と度量に感じ入った様子で、遠くから軽く一礼をして帰ろうとした。

「あいや、重連殿、しばしお待ちくだされ。鎌倉へはいつお上りになられるのか？」

「所領の農作業を見届けた七月頃と考えておるが……」

「弓を取る者は国家の大事に際し、手柄を立てることこそ武門の誉れ。日蓮の眼には鎌倉で謀叛が起こるように見える。すぐにも出立されたほうがよろしかろう」

「今の世に謀叛など起ころうか。世迷い言を申されるな」

「世迷い言にはあらず。これは自界叛逆の難の到来じゃ。日蓮の眼にはそう映りまする。速やかにお上りなされい」

だが、重連にはなんのことか分からない。一笑に付して塚原をあとにした。雪が降りしきる野原一帯にはふたたび静けさが訪れた。


それから一カ月ほど経ったある日のことである。家来を従えた本間重連が日蓮に会いに来た。重連の表情は以前とは打って変わり穏やかで、態度は慇懃《いんぎん》であった。

「先日の法論、敬服つかまつった。本日は御坊にお詫びに参った。あの法論後の一月十八日、御坊の仰せの通り、京都に兵乱が起こり申した。このこと御坊に報告せんと、とりあえず罷《まか》り越した次第。まったく恐れ入り申した。数々のご無礼、ご容赦願います」

重連の丁寧な口上に、日蓮は微笑を浮かべた。

「それはご苦労でござる。して御謀叛はどなたに候や?」

「鎌倉の名越時章《なごしときあきら》殿、教時《のりとき》殿、そして京都南六波羅探題の北条時輔《ときすけ》殿でござる」

名越時章、教時の兄弟は第二代執権北条義時の次男、朝時を祖とする。朝時は時宗の曾祖父で第三代執権泰時の異母弟であり、北条政村の兄に当たる。名越氏は、能登・越中・越後の北陸三カ国と筑後・肥後・大隅の鎮西三カ国の守護を兼ね、幕府の評定衆・引付衆を務めるなど重鎮中の重鎮であった。

また、時輔は第五代執権北条時頼の側室、讃岐の局の子で、時宗が執権に就くと京都・西国の要として京都の南六波羅探題長官の地位にあった。だが、時頼の側室の子であるという理由で冷遇され、家督を時宗に奪われたことを恨んでいたのかもしれない。「しれない」というのは時輔が反得宗家一派に担ぎ出された可能性もあるからである。

ともかく、この三人が首謀者となって内通し、鎌倉と京都で同時に乱を起こしたのである。

「ふむ、いかがなり申した?」

「謀事が洩れ、時輔殿は六波羅で打たれ、教時殿と時章殿は鎌倉で斬られたやに使者から聞いておりまするが、詳細は分かりませぬ」

文永九年二月十一日、幕府は即座に北六波羅探題の北条義宗《よしむね》に南六波羅の反乱兵士の討伐を命じている。今でいうなら一国の軍隊が二分して相争うようなものである。京都は戦乱の巷と化したが、その結末は時輔方の敗北に終わる。

これは宝治合戦(北条氏と三浦氏の戦い)以来の大規模な内戦であり、「二月騒動」と呼ばれている。時輔は北六波羅探題の北条義宗に攻められ、京都六波羅で戦死した。また、鎌倉で蜂起した時章と教時は、たしかに鎌倉で処刑されている。かつて日蓮が時頼に予言した二つのうち、一つ目の「自界叛逆《じかいほんぎやく》の難」が現実となった。

日蓮は、残念そうに言った。

「これはまた、重連殿、戦功を逃されたのう」

一方、重連は日蓮に声をひそめて尋ねた。

「いや、まったく、あの時御坊の仰せに従ってさえいれば鎮圧の武功を立てていたであろうに、返す返すも恐れ入り申した。しかし何ゆえ、このようなことが御坊に分かられるや?」

日蓮は、だが微笑を浮かべながら少し脅しをかける。

「されど次に起こる他国侵逼の難は、これくらいのものではござらぬぞ」

重連は内心驚いたが、表情に出さず話をそらす。

「とりあえず報告に参ったが、鎌倉出立《しゅったつ》のために時間がござらぬ、詳しいことはまた追って御報告に。これにて御免蒙《こうむ》る」

重連は、日蓮が「自界叛逆の難」を予言したのをはっきりと覚えている。そのまま鎌倉へ出立したが、その時重連は「永く念仏申し候《そうろう》まじ」と誓ったと、日蓮は遺文に紹介している。もう念仏は捨てるという意味である。

「二月騒動」と呼ばれるこの内乱は、時宗に敵対する勢力の壊滅という結果で幕を閉じた。名越家の所領のうち筑後は鎮西の有力御家人大友頼泰へ、肥後は時宗の外戚安達安盛へ、大隅《おおすみ》は千葉宗胤《むねたね》へと分割される。

文永九年二月、日蓮は「開目抄《かいもくしょう》」上下二巻を完成させている。

「開目」とは衆生の盲目を開くという意味である。前年の十一月から手がけていたものであるが、十一月といえば塚原三昧堂に住み始めた翌月のことである。おそらく、蓑をまとい、笠をかぶり、凍えそうになる指を励ましながら書いたものであろう。

その中には、「日蓮といひし者は、去年九月十二日子丑（午前零時～四時）の時に首刎ねられぬ（中略）之は、釈迦・多宝・十方の諸仏の未来、日本国当世をうつし給ふ明鏡なり、日蓮の形見とも見るべし」とある。つまり、それまでの日蓮は龍の口で死に、佐渡で生まれ変わったという意味である。だから、「この開目抄は形見と思え」と言っているのである。

そうして綴られている著述であるが、「勧持品」には、『法華経』を説く者は法難に遭うことが予言されているではないか、いったい自分の他に誰がこの体験をしたというのだ、ならば「如来の使者」は自分を除いて他にないではないかと自問自答の形式で結論付けている。

諸の無智の人あって悪口罵詈《あっくめり》等し刀杖瓦石《とうじょうがしゃく》を加ふる者あらん等云々、今の世を見るに日蓮よりほかの諸僧の誰の人か法華経につけて諸人に悪口罵詈せられ、刀杖等を加えらるる者ある、日蓮なくば此の一偈の未来記は妄語《もうご》となりぬ。

「この一偈」とは、「勧持品」に示されている種々の法難のことである。つまり、もし日蓮がそれを体験しなかったとするならば、その経文の証拠を事実として現すことはできないのであるから、「釈尊は大妄語の人となり、此の経を弘めると誓った八十万億の菩薩たちも人を偽り、たぶらかした罪を免れることはできない」というのである。日蓮をして、これほどまでに言わしめる信念はどこから起こったものであろうか。

筆調は相変わらず強い。「日蓮によりて日本国の有無はあるべし。たとえば宅に柱なければもたず、人に魂なければ死人なり。日蓮は日本の人の魂なり」とある。

おそらく、この遺文から推定して日蓮は佐渡から生きて帰ることはないだろうし、かといってこのまま死ねば大妄語、嘘つきという誇りを後世に受けるかもしれないから、法難という『法華経』の予言をそのまま身で読んだ体験から末法における『法華経』の行者としての立場を、今のうちに明かしておく必要があると考えたのであろう。

その一方で、日蓮はその「開目抄」の末尾に「日蓮が流罪は今生《こんじょう》の小苦なれば嘆かしからず、後生《ごしょう》には大楽を受ければ大いに喜ばし」と述べている。流刑の身は辛いが、『法華経』のために功徳を積んだのだから、死後の世界では必ず楽を授かるはずだと語っている。

流刑の身の辛さ――。ところが日蓮は憎しみを乗り越えている。死を覚悟して以来、常人とまったくちがう思い方に転心する。

翌三月に書いた「佐渡御書《さどごしょ》」の中では「獄卒《ごくそつ》から責められなければ罪人は地獄から出ることができないように、日蓮を迫害する権力者たちがいなければ過去世からの罪は消えないのだ」とも述べている。過去の罪とは清澄時代に念仏を称え、密教を信じていたことである。その罪が法難という報いとなって現れたのだと反省する。

また、日蓮は自分に危害を加える者は釈迦を迫害した提婆達多《だいばだった》と同じく、「善知識《ぜんちしき》」であるとも述べている。東条景信も、平頼綱も、極楽寺良観や建長寺道隆なども、実は敵対者ではなく彼らを通して、仏が修羅となって自分に試練を与えられているのだと思い直す。そう思うと、とめどなく涙が落ちて、どうにもならないという。

ここでは過去世、現世、来世という三世にわたる日蓮の罪悪観がよく表れているばかりか、苦しみを試練と思い変えたり、後生の楽を信じたり、罪障消滅のための修行と捉えるなど、自虐的なまでに法難を肯定しようとする心情が酌み取れる。苦難を善意に受け止められるほど、日蓮が『法華経』を無過上の経典として尊信していた表れであろう。

翌年の五月のことであるが、弟子最蓮房《さいれんぼう》に寄せて送った手紙がある。最蓮坊という人物は比叡山に学んだ天台僧であったが、日蓮が伊豆流罪から赦免された翌年に起こった園城寺焼き討ち事件に連座した罪で佐渡に流されていた。以来、比叡山が『法華経』を主経とする伝教大師の精神に帰ることを願っていた。そうした折、例の塚原問答での日蓮の識見に信服して弟子となっていた。手紙の中には次のような一節がある。

現在の大難を思い続けるにも涙、未来の成仏を思うて喜ぶにも涙せきあへず。鳥と虫は鳴けども泪《なみだ》落ちず、日蓮は泣かねども涙ひまなし。この法門は世間の事には非《あら》ず。ただ、ひとえに法華経の故なり。しからば甘露《かんろ》の涙《なみだ》と云ひつべし、涅槃経《ねはんきよう》には父母、兄弟、妻子、眷属に別れて涙すところの涙は四大海の水より多しといえども仏法のためには一滴をもこぼさずと見えたり。

現在の法難を思うと涙、未来に成仏できることを思っても涙を抑えることができない。鳥や虫は鳴いても涙はこぼさない。日蓮は泣いているわけではないが、とめどなく涙があふれてくる。これは世間のことではなく、『法華経』を思うがゆえに流れ出る涙である。であるなら、温かく甘い甘露の涙というべきだろう。『涅槃経』には父母、兄弟、妻子、部下などに別れる時に流す涙は海水よりも多いが、仏法のために涙を流す人はない。

こうした遺文から推定して、日蓮はむしろ法難を楽しんでいる感じさえうかがえる。

極寒の塚原三昧堂の軒先に垂れ下がり、太陽の光を浴びて美しく光るツララを見ては、釈迦が自分を慰めてくださっているのだと思って涙を流す。寒地獄の中にも浄土を見出し、苦難の中に喜びを見出す。それがふたたび自分の使命感を啓発するのである。

人は死を目前にした時、やるべきことがたくさん残っていることに気づく。それは人生に手抜きがある証拠かもしれない。そして末期を見つめて生きようとする時、ありったけのエネルギーを結集して残された者へ遺志を伝えようとする。そんな日蓮だった。

前後するが、文永九年二月、日蓮は堂の南面に座り、昼夜兼行で弟子の最蓮坊へ返事の筆を走らせた。これはのちに、「生死一大事血脈抄《しょうじいちだいじけつみゃくしょう》」としてまとめられている。その末尾には、妙法蓮華経を弘めるべき上行菩薩の出現の時節について案じている。

上行菩薩、末法今の時、此の法門を弘めんが為に御出現之《ごしゆつげんこ》れ有るべき由《よし》、経文には見え候《そうら》へども如何が候やらん。上行菩薩出現すとやせん。出現せずとやせん。日蓮先ず粗《あらあら》弘め候ふなり。

つまり、末法に入った今、上行菩薩が出現して『法華経』を弘めらることになっていると経文には示されているがどうなのだろう、本当に出現されるのかどうか分からないが、とりあえず自分が先駆けして弘めておこうという意味である。日蓮にとっていかに上行菩薩が待望の導師であったかが分かる。なお、日蓮は病身の最蓮房のために手紙を送っている。これは現在「祈禱抄《きとうのしよう》」という遺文になっているが、密教の祈禱に対して『法華経』による祈禱に言及したものである。これより日蓮法華の祈禱法が後世に伝わることになる。

内衣裏の宝珠

佐渡に来て半年が過ぎ、ようやく春が巡ってきた。野原にはヒラヒラと蝶が舞い、菜の花の蜜を吸っている。日蓮は蝶を見ながら流罪の身とはいえ、書を著したり、島内を自由に歩き回れる幸せを思った。

もし、鎌倉にいるならば常に身の危険にさらされ、執筆さえままならなかったかもしれない。念仏の敵ともいうべき者が念仏に篤い代官の館に預けられ、「害意あるべからず」という幕府の触書で身を守られているわけだから、皮肉といえば皮肉であった。

「住めば都じゃ……」

日蓮はそう思いながら行く春を惜しんだ。

文永九年四月七日、日蓮は一谷《いちのさわ》にある近藤清久の館に移されることになった。重連があの霜月騒動の事後処理で急遽鎌倉へ上ることになった時、監視役を近藤清久に命じていたのである。清久は浄土宗に帰依する僧で、館の一角に阿弥陀堂を建てていたから、俗に「一谷入道《いちのさわにゅうどう》」とも呼ばれていた。

この地は、寒風吹きつける塚原三昧堂と比べれば湿気も少なく、はるかに凌ぎ易かったことだろう。東北に位置する金北《きんぽく》連山はうららかな太陽を浴びて長い冬の眠りから覚めようとしている。その山の裾がたなびく霞と共に一谷一帯を抱き込んでいる。日だまりの山手からは鶯の声が聞こえ、点々と山桜が咲き始める。

そうした時候に移り住んだわけだが、一谷入道夫妻にとって日蓮はやはりここでも「厄介者」であった。近隣の僧侶たちからは「日蓮は法力を使い、国を惑わす悪僧だ」と聞かされていたし、反日蓮の暴徒からは身を守ってやらねばならない。その上本土からは弟子や檀越たちが頻繁に日蓮のもとを訪ねて来ていた。おそらく、蒙古襲来が現実のものとなりつつあったので拘束が緩み、重連の配慮もあってか、弟子や信者との面会が許されたのであろう。この頃、弟子の日興が日蓮の給仕を許されている。

しかし、一谷の女房は日蓮一人分の食事しか準備しなかった。その上、いつも恐る恐る食事を堂の廊下に置くと、逃げるように姿を消す始末であった。だが、それにもかかわらず慇懃に礼を述べる日蓮の礼儀正しさと、わずかな食事でさえも決して独り占めすることなく、弟子たちと分け合って食べる姿を見るうちに、噂されているような悪僧ではないことを知る。

日蓮は本土の信者たちから供養の品物が届くと、まず御宝前に供えて経文を誦し、その功徳によって施主の無事息災を祈る。時には弟子に説法をしたり、著述に当たる。訪れる弟子や信者に対しては筆を休め、柔らかな眼差で応対する。帰る路銀がない信者を知ると、哀れに思い、返済を保証して一谷入道の女房に対して丁寧に借用を申し出ることもあった。

そうした折、四条金吾が鎌倉からはるばる日蓮のもとを訪ねてきた。二人は久しぶりの対面に手を握りしめて泣いた。

「師の御坊のお身体ばかりを案じておりました……」

「よくぞ、よくぞ訪ねてくださった……」

日蓮はしっかりと握り合った手を何度も上下に振りながら、あまりの感激に絞り出すように挨拶を交わすのが精一杯であった。だが、まず知りたいのは鎌倉の現状。特に、土牢に押し込められた日朗など五人の弟子たちのことである。

「ご安心くだされい。宿屋殿も手厚くもてなされておりまする。本日はその日朗上人のお手紙を預かって参りました」

日蓮はその書状を読み、五人が達者でいることを知ってひとまず胸をなで下ろしたが、弾圧の衝撃を改めて思い知らされた。日蓮逮捕を機にいち早く『法華経』を捨てた者の中に、領家の尼、少輔房、能登房、名越の尼がいた。改めてそのことを聞かされると、悲しみが込み上げてくる。

「金吾殿よ。いつまで上行菩薩を待てばいいのだろうか。南無妙法蓮華経の題目を唱えて露払いをしてきたが、他国侵逼の難が目前に迫っているというのにまだ出現される気配がない。わしもすでに齢五十を過ぎた。この先のことが案じられてならぬ。このまま法難ばかりの人生で終わるのであろうかのう……」

金吾は日蓮の気弱な言葉を初めて聞いた。

「しかし、蒙古の襲来は近うござる。幕府も聖人を呼び戻すことは必定でありまする」

「なれど、国難から救わんとするのに幕府も諸宗の僧も流罪を喜んでいる。これは日蓮めを捨て去れという魔の術中にはまったという証じゃ」

「恐らく、痛い目に遭わねば気づきますまい」

「……のう、わしがこのように迫害を受けるのは過去世の業によるものじゃ。かつてわしは念仏を称え、法華経を修行する僧侶を嘲笑ったことがある。酒を飲んで親を叩いた息子が酔いから覚めて、自分の酔狂をいくら嘆いても詮ないように決して罪は消えぬもの。この罪を今生《こんじょう》のうちに消滅しなければ、来世において地獄に堕ちることになろう」

「師の御坊がこれほど多くの法難を過去の罪と仰せられるなら、拙者の罪は図りしれず、生涯償うことはできますまい……」

昔のこととはいえ、日蓮を松葉ヶ谷に襲ったことのある四条金吾は、そう語ると目を伏せた。日蓮は金吾の気落ちする顔を見て、微笑を浮かべて励ました。

「もう愚痴はよそう。『邪法を信じる者は大地の如く、正法を信じる者は爪上《そうじょう》の砂のごとし』と経文にはある。もとより法華経に命を捨てた身、法難は宿命じゃ。これを乗り越えれば過去の罪障も消えよう。共に精進あるのみじゃ！」

瞳の奥に剛毅な信念が復活したのを読み取った金吾は、もしかすると眼前の師こそ上行菩薩ではないかと思った。

一段落すると、金吾は生まれたばかりの我が子のことについて話題を変え、丁寧にお礼を述べた。なかなか子宝に恵まれなかった金吾であったが、四十二歳にして念願叶って女児を得ていたのである。その子は一年前に「月満御前《つきまろごぜん》」と日蓮から命名されていた。

日蓮は眼を細めて語った。

「めでたい、めでたい。金吾殿夫妻が月満御前を愛《いとお》しまるるように、釈尊もまた我らを慈悲せらるる。『其《そ》の中の衆生は悉《ことごと》く是れ吾《わ》が子なり』とはこのことじゃ」

夜が更けるのも忘れて、二人は話に花を咲かせた。最後に金吾は、銭・薬草・紙などを取り出し、日蓮から依頼されていた天台大師の『法華玄義《ほっけげんぎ》』、『法華文句《ほっけもんく》』や『貞観政要《じょうかんせいよう》』などの著書を差し出した。日蓮は喜んでこれを受け取ると、著述したばかりの「開目抄」上下二巻を渡して、鎌倉に残った弟子や信者で書写するよう勧めた。

金吾が鎌倉に帰ってしばらく経った頃、日蓮は執筆の手を休めて阿仏房を招き寄せた。阿仏房は所払いの身となっていたが、ものともせず一谷を訪れ日蓮の給仕をしていた。日蓮の教説を聞くのが楽しみで、疑問があれば進んで尋ねた。

「ずいぶん寒くなってきたのう。阿仏房殿こちらへござれ。茶でも飲みながら、しばし法華経を講じ申そう」

「かたじけのうござりまする。その前に御聖人にお詫びしたきことがござりまする」

「しからば、まず承り申す」

日蓮が座を勧めると、阿仏房は会釈して座り、恐縮した様子で切り出した。

「先日、聖人がお書きになった最蓮房上人への御消息。ちょうど聖人が島内巡回でご不在中、その書状が風に吹かれましたので、片づけながらつい読んでしまいました。まことに申し訳ありませぬ。お許しくだされ」

阿仏房は深々と頭を下げた。

日蓮は笑ってうなずいた。

「よい、よい。詫びるには及ばぬ」

「申し訳ございませぬが、ただ、その中に『地涌千界《じゆせんがい》の大菩薩、大地より出来《しゆつらい》せり』とありました。これはいかなる菩薩にありましょうや？」

「いや、そなたも肝心を突かれるのう」

昆布湯をすすりながら満面に笑みを湛えてうなずくと、日蓮は真剣な表情になった。

「涌出品《ゆじゆつほん》という経文に未来に四人の釈尊の使者が現れ、娑婆世界の導師となって法華経を弘めるとある。法華経信仰の奥義はその四人が出現しなければ究められぬ。ただ、上行も無辺行も未だ出現してはおられぬ。この日蓮もそれをひたすら待っておる。必ずや出現されるお方じゃがのう……」

「されば、それがしは聖人こそが上行菩薩という気がしてなりませぬが……」

日蓮は手を振る。

「いやいや、滅相もない。わしはその器ではない。月が出るまでは提灯でもよかろうし、宝珠なき所には金、銀も宝じゃ。それと同じように、わしの役目は上行、無辺行などの聖賢の前座にすぎぬ。いずれ必ず四大菩薩が出現されようぞ。わしはその露払いじゃ」

いつしか、それは『法華経』講義になっていく。

「五百弟子授記品《じゆきほん》という経文の中に、一人の乞食の男が官吏の親友を訪ねる物語があってのう。

乞食は親友の家を訪れ、馳走になり酒に酔ってそのまま眠り込んでしまう。親友は出かける用事があり、はたと困ったが、乞食は泥酔して一向に起きようとはしない。そこで身の上を哀れみ将来を案じて、乞食の衣服の裏に宝珠を縫い込み、外出する。やがて酔いから醒めた乞食は、親友がいないことに気づき、仕方なくふたたび流浪の旅を続ける。そして数年経って二人がばったり再会する。その時親友は相も変わらず乞食が流浪していることを叱責して、衣の裏に縫い込んでおいた宝珠を示して、それを元手として裕福になれと諭す一節じゃ。ご存じかのう？」

「存じております る。法華経第四の巻、五百弟子授記品。釈尊のお弟子、富楼那尊者《ふるなそんじゃ》のことについて書かれております」

阿仏房は力強く答えた。

「その通りじゃ。富楼那尊者は四十年余り、釈尊の教えを聞いてこられたが、それに酔いしれるばかりで自ら仏になろうとする気力を失っておられた。一方の釈尊は四十有余年間、一貫して仏になる道を説かれておられたのじゃ。そのことに気づかなかった富楼那尊者は、やっと法華経を聴聞するに及び、今まで迷いの仏道修行ばかりを繰り返してきたことを懺悔《ざんげ》なさったという話じゃ」

「なるほど、迷いの心が流浪の乞食。親友とは釈尊、乞食とは富楼那尊者のことでありまするか……。なるほど、今やっと分かり申した」

「では、その宝珠の正体ははどういうものであろうかのう？」

日蓮はわざと隠すように優しく声をひそめて尋ねた。

「分かりませぬ」

阿仏房は首を振る。日蓮は湯呑みを干すと、微笑を浮かべて話した。

「それが仏性《ぶっしょう》じゃ。つまり、法華経にきて、ようやく宝珠のありかを釈尊から教えていただいたということは、仏性あることを示されたということじゃ。誰もが心に仏性を有しているから、仏になれる。つまり、仏性を浮かび上がらせられたのが法華経の説法じゃ。一念三千の法門の価値はここにある」

「ならば、宝珠とは一念三千。つまりは仏性のことでありまするか?」

日蓮はうなずき、今度は一転して厳しい顔になった。

「末法の今時《こんじ》、その富楼那とは今日諸宗の僧たちと考えよ。彼らは方便の教えに迷い、宝珠を見失ってしまっておる。したがって、釈尊に代って誰かが宝珠のありかを教えてやらねばならぬ。そのために上行菩薩は題目を唱えさせせられるのじゃ。たとえば、空飛ぶ鳥が鳴けば籠の中の鳥も外に出ようとして鳴くであろう。唱えることで仏と感応し、仏性が呼び覚まされるという仕掛けじゃ。ワッハッハ」

日蓮は高笑いした。

「つまりは南無妙法蓮華経と唱えることで、仏界の境地が心に拓《ひら》けるということでございましょうか?」

「いかにも。だが、口先の唱題では百年、千年、唱えようと空題目。心に法華経信仰を固く保ち、身に題目を実践する。題目は信仰の発露として唱えるのじゃ。題目を唱えながら、心を磨けば仏性が輝き出す」

「仏性が輝く?」

「そうじゃ。自己一身の利益のみを求める題目であってはならぬ。欲にまみれた心を洗い清めるような題目を唱えなければならぬ。そうすると心の眼が開け、法華経の真意も分かるはずじゃ。『意根清浄《いこんしょうじょう》は無量の義に通達《つうだつ》す』とある」

「なるほど、ならば我らは題目の唱え方を誤っておりました。しからば、次の無辺行《むへんぎょう》とは何をなさるお方でありましょうや?」

「うむ、上行菩薩が題目を弘められたのち、次の時代に如来第二の使者としてこの妙法を無辺に宣布されるお方であろう。題目の真意を知らぬ者が増え、まちがった唱題行がはびこれば法華経信仰も乱れよう。そこで仏に通じる祈りを明確に説き示されるはずじゃ。法華経の行者の祈りの叶わぬことはない」

「では、次なる浄行《じょうぎょう》菩薩はなんの目的で出現せられるのでありましょうや?」

「水も淀めばやがて腐る。上行菩薩が種をまき、無辺行が育てても、時の移ろいとともに我欲を満たす手段の信仰となる時が到来する。それをふたたび浄化する役割が必要となる。それが第三の使者、浄行菩薩の役目であろう。第四の使者、安立行《あんりゅうぎょう》菩薩に至って安心立命の世が完成しよう。時代は推移するから、その時代、その時代の法華経の弘め方がある。釈尊は末法の世の推移を見通され、必要な時期にそれぞれ、四人の使者に勅命を下されるのじゃ」

「すでに亡くなっている釈尊がいかなる方法で、四人の導師を未来に遣わされるのでございましょうや?」

日蓮は「ほう、突かれるのう」と感心して笑みを浮かべたが、「釈迦如来の御魂が入らるるのじゃ。一念三千と申す法門じゃ。では文底秘沈《もんていひちん》の大法を説こうぞ……」と語って、「如来寿量品」の講義を始めた。

阿仏房はいつになく熱心に質問を浴びせ掛ける。やがて日蓮に赦免が下りれば別離の時が訪れる。それまでに『法華経』の真髄を学んでおきたいと思ったのである。

五十七歳の時に身延山で書いた「本尊問答抄《ほんぞんもんどうしょう》」には次のように示している。

経には上行、無辺行等こそ出てひろめさせ給ふべしと見え候へども、いまだ見えさせ給はず。日蓮は其の人に候はねども、ほぼ心得て候へば、地涌の菩薩の出でさせ給ふまでの口ずさみにあらあら申して況我滅度後《きょうがめつどご》のほこさきに当たり候ふなり。

経文には上行、無辺行などの四大菩薩がこの世に出現して『法華経』を弘めると示されているが、未だに出現されてはいない。日蓮はそういう立場にはないが、ほぼ理解しているので、これら四大菩薩が出現されるまでの間、『法華経』の功徳をあらあら説いて、末法悪世の矛先《ほこさき》に備えるつもりである。

文永十年四月二十五日、日蓮は「観心本尊抄《かんじんほんぞんしょう》」を認《したた》めた。この書は青葉の雫《しずく》を硯《すずり》に湛えて書いたといわれ、日蓮の宗教理論の上で最も重要な著作の一つとなっている。その内容は、「南無妙法蓮華経」と唱えることで、釈迦の因果《いんが》功徳《くどく》がそのまま譲り与えられて仏になるというものである。その末尾には次のように認めている。

天晴れぬれば地明らかなり。法華を識《し》る者は世法を得べきか。一念三千を識らざる者には、仏大慈悲を起して五字の内に此の珠を裹《つつ》み、末代幼稚の頸《くび》に懸《か》けさしめたまふ。四大菩薩、此の人を守護し給はんこと、太公《たいこう》周公の成王《せいおう》を攝扶《しょうぶ》し、四酷《しこう》が恵帝《けいてい》に侍奉《じぶ》せしに異ならざる者なり。

天は常に明るく晴れ渡っている。地上を暗くするものは邪教の暗雲が天の光を遮るからである。邪教を払いのけて正法の光を注がなければ、一切衆生は死滅する。正法の光があれば、おのずと世間の法は正され、仏の国土が誕生する。一念三千というむずかしい理論は知らずともよい。なぜなら、釈尊は大慈悲を起こして「妙法蓮華経」という袋にこの珠を包み込み、仏の子供である末法の凡夫の首に懸けさせられた。「南無妙法蓮華経」と唱えるならば、その中にすでに一念三千の珠があるのだから、必ず四大菩薩がその人を守られる。それはあたかも殷《いん》を破った周の武王の子、成王に仕えた太公望《たいこうぼう》、周公旦《しゅうこうたん》という聖臣のようなものであり、さらに漢帝国を開いた高祖劉邦《りゅうほう》の皇太子である恵帝《けいてい》に仕えた綺里季《きりき》、東園公《とうえんこう》、夏黄公《かおうこう》、角里《かくり》という四人の賢臣のようなものである。

つまり、このことは末法の題目信者を守ることが四大菩薩出現の使命であるという意味である。そしてこの文章は先述した官吏《かんり》が窮友《ぐうゆう》の衣の裏に縫いつけた宝珠の話を根拠としている。日蓮は「五百弟子授記品」の「官吏と窮友の喩《たと》え」に基づいて「観心本尊抄」を認《したた》めたと考えられる。

これらのことから、少なくとも日蓮にとって待望の如来第一の使者の上行菩薩は、題目を唱える大衆の仏性を浮かび上がらせ、同時に日本を「娑婆即寂光土」に仕上げていく使命を有する末法の大導師ということになる。

さて、『法華経』は現身成仏の最高の教えといわれる。だからこそこれを仏滅後に弘めよとされている。ところが、不思議なことにその内容については具体的に示されてはいない。末法に出現する地涌の菩薩に対しても、「此の経を娑婆世界に広宣流布せよ」とあるものの、肝心の内容についてはなんの説明もない。

ここに昔から有識者たちがいまひとつ『法華経』に踏み込めない理由の一つがある。意味も価値も分からないのに弘めることはできない。ここに『法華経』の謎があり、また法然らが『法華経』と袂《たもと》を分かった側面があるともいえる。

ただヒントとして、「法師品」に「是の法華経の蔵は深固幽遠《じんごゆうおん》にして能く人の至るなし。今仏菩薩を教化し、成就せんと欲して為に開示す」とある。

また、「如来神力品」に「此の無量無辺百千万億阿僧祇《あそうぎ》の世界を過ぎて国あり。娑婆と名《なづ》く。是の中に仏います。釈迦牟尼と名けたてまつる。今、諸の菩薩摩訶薩《まかさつ》の為に大乗経の妙法蓮華・教菩薩法・仏所護念と名くるを説きたまふ。汝等《なんだちまさ》当に深心に随喜すべし。亦《また》当に釈迦牟尼仏を礼拝《らいはい》し、供養すべし。彼《か》の諸の衆生、虚空《こくう》の中の声を聞き已《おわ》って……」とある。

つまり、『法華経』というものは菩薩に対する法門であり、本来「虚空の声」を聞く法門なのである。もちろん、『法華経』は文字で書かれている。だが、日蓮は遺文のあちこちで釈迦如来の御魂《みたま》が入ると記している。

御魂に入った釈迦如来の声――。これこそが虚空の声であり、これを拠り所として妙法蓮華経の経典を学ぶ以外に術はないのである。「如来寿量品」にも「余国に衆生の恭敬《くぎょう》し信楽する者あれば我復《また》彼の中に於て、為に無上の法を説く」とある。

衆生救済という現場において一心に仏に祈るとき、初めて心の仏性が宇宙法界の仏とつながるのであり、理を追えば『法華経』は難信難解となる。日蓮はたしかに『法華経』を肌で読み、心の耳で聞いたのである。

したがって、日蓮はまずとりあえず『法華経』に帰依させるべく、題目を唱えさせ、のちに出現する四大菩薩に託す以外にはなかったのだと、私は考えている。

さて、文永十年（一二七三）七月八日、日蓮はここ一谷で、「観心本尊抄《かんじんほんぞんしょう》」に説き明かした本尊を、初めて文字曼陀羅《もじまんだら》として顕した。俗に、「十界の曼陀羅」と呼ばれるものである。十界の曼陀羅では、宇宙根本の久遠本仏を表徴する「南無妙法蓮華経」が中央に認《したた》められ、左右上部に釈迦・多宝の二如来、四菩薩を羅列し、迹化《しゃっけ》の菩薩、諸天善神、天照大神、八幡大菩薩、四方の隅には四天王が配置されている。

日蓮にとってこれは洩れなく心に確立すべき本尊であった。のちに五十六歳の時に身延山《みのぶさん》で日女御前《にちあまごぜん》という尼僧に送った消息の中で次のように、曼陀羅について説明している。

此の本尊まったく余所《よそ》に求める事なかれ。只我等衆生の法華経を持ちて南無妙法蓮華経と唱うる胸中の肉団に在すなり。是を九識心王真如《くしきしんのうしんにょ》の都《みやこ》とは申すなり。

九識心王真如の都——。「九識」とは清浄識《しょうじょうしき》と呼ばれるものである。「識」とは「心」と読み変えればよい。ふつう人間は眼、耳、鼻、舌、身、意の六識によって物事を知識するが、唯識思想（法相宗）によると、その六識を動かす潜在的な心があるという。それが第七識の「末那識《まなしき》」

（エゴを起こすもと）と呼ばれるものであり、第八識の「阿頼耶識」と呼ばれるものである。もう少し分かりやすく説明すると、人は物を見、音を聞き、匂いを嗅いだり、好きとか嫌いという感情を起こす。ところが唯識思想ではこうした表層的な働きによって確認される日常世界のすべての存在は実在するのではなく、根源的な心の働きによって「知らされてある」にすぎないという。この深層心を「末那識」、「阿頼耶識」という。特に阿頼耶識は表の六識によって経験したことを種子《しゅうじ》として貯蔵するので「蔵識《ぞうしき》」ともいわれ、無限の過去から未来へと続く自己の主体的な心であり、迷いのもと、輪廻のもとであるともされている。

だが、天台宗ではもっと深い第九識を論じ、煩悩に左右されない仏性の住所たる清浄《しょうじょう》無染《むぜん》という根本識があると説く。真如とは普遍の真理、都とは心の中心地のことである。

したがって、心の中心に本尊を立て、題目を唱えることによって悪邪念が妙法本有《ほんぬ》の光明で浄化されると、心の根本に清浄な世界、つまり「仏国土」ができる。その九識の都に心王（仏）が君臨すると、自ずと真理に即した知識と智慧が発揮され、迷いもなくなれば、輪廻を断つこともできると日蓮は言う。だから「唱えよ」と強調するのである。

ところで、日蓮は『法華経』によって仏性が開かれると説いたが、そのことによって人間生活がどう変わるというのであろうか。そこに「法師功徳品《ほっしくどくほん》」に示されている「六根清浄《ろくこんしょうじょう》」の功徳がある。

爾《そ》の時に仏、常精進《じょうしょうじん》菩薩摩訶薩に告げ給はく。若し、善男子善女人、是の法華経を受持し、若しは読み、若しは誦《じゅ》し、若しは解説《げせつ》し、若しは書写せん。是の人は当に八百の眼の功徳、千二百の耳の功徳、八百の鼻の功徳、千二百の舌の功徳、八百の身の功徳、千二百の意の功徳を得ん。是の功徳を以て六根を荘厳《しょうごん》して皆清浄ならしめん。

つまり『法華経』を受持し、読誦し、解説し、書写すると、九識である清浄無染の根本識が働き、父母からもたらされた肉体のままで眼、耳、鼻、舌、身、意などの機能が鋭利になり、三千大千世界のあらゆるものを見、聞き、感じ取り、心に映すことができるとされている。

この「智慧」について「法師功徳品」からいくつか説明する。

たとえば、「耳」の功徳として、遠く離れた場所にいても「苦しんでいる人の声が聞こえる」。「鼻」の功徳としては、「地中の宝蔵が分かる」とある。これは井戸水が湧き出る場所、ダイヤモンドや金や銀などが存在する場所が感じ取れるということである。また、子宝に恵まれない人の場合、「妊娠するかどうかが分かる」、「生まれ出る子の男女の別が分かる」、「その子の善悪の心が分かる」ともある。さらに「身」の功徳としては、「浄明なる鏡にいろいろな色像を映すように、この世のこと、あの世のことが分かる。ただ自分にだけ見えて他人には見えない」ともある。身が一種のスクリーンになって時空を超越して映ってくるというのである。

建長三年、日蓮三十四歳の時のことであるが、富木常忍に寄せた消息（「一生成仏抄」）の中で仏について次のように示唆している。

　衆生の心けがるれば土もまた汚れ、心清ければ土も清しとして浄土《じょうど》といい、穢土《えど》というも土に二つの隔《へだ》てなし。只《ただ》、我等が善悪によると見えたり。衆生というも、仏というもまた此《かく》の如し。迷う時は衆生と名づけ、悟る時をば仏と名づけたり。たとえば闇鏡も磨けば玉となる。一念無明《いちねんむみょう》の迷心は磨《みが》かざる鏡なり。是を磨けば法性真如《ほっしょうしんにょ》の明鏡となるべし。深く信心を発して日夜朝暮に懈《おこた》らず磨くべし。何様《いかよう》にして磨くべきか、只南無妙法蓮華経と唱え奉るを磨くとはいうなり。

法性真如の明鏡――。つまり、心底から「南無妙法蓮華経」と唱えると、磨かれた鏡のように明確に物事の本質を映し取る。そのような、人生を切り拓く正念、これを「仏」と呼ぶと日蓮は語っているのである。まさに心の仏は霊妙な力を発揮する。言うなれば仏とは智慧《ちえ》であり、力である。智慧とは生活の知恵という次元のものではなく、前後左右、本質、過去、現在、未来を正しく見抜くことである。

　人間は無明という闇の世界にあって手探り状態で今日を生きている。人の心も分からなければ、明日のことも分からず、人間本来のことも見失いがちである。だか、心を静め、落ち着けることによって先験的な観念が排除できるばかりか、浄化された精神が一点に集中される時、心が思わぬ機能を発揮し、物事の本質や未来を知る力となるのである。

ところが、人間凡夫には欲望や煩悩という曇りがあり、それが往々にして邪魔をする。ところが日蓮は、この『法華経』の功徳によって、心の鏡に「自界叛逆《じかいはんぎゃく》の難」を映し、「他国侵逼《たこくしんぴつ》の難」を読み取ったのである。究極の「止観」とはここにあるわけであるが、末法の衆生にはむずかしい。したがって題目を強調したのである。

日蓮は文永九年、佐渡一谷で次のようなことを「祈禱抄」に述べている。

「法華経の行者の祈る祈りは、響《ひびき》の音に応じるように、影が体を離れないように、澄んだ水が月を映すように、水精が水を招き、磁石が鉄を吸うように、琥珀《こはく》が塵を取るように、明鏡が物の色を映すようなものである」

つまり、日蓮にとって、題目を唱えることは心の奥底の仏を浮かび上がらせることであった。心を静め、罪障消滅を祈りながら題目を唱えるうちに、清浄無染の根本識によって明日を読み、正しい状況判断の智慧が六根に起こってくる。それこそが日蓮にとっての一念三千の「宝珠」であり、「九識心王真如《くしきしんのうしんによ》の都《みやこ》」の境地であり、成仏であったのである。成仏とは「仏を成《ひら》く」という意味である。

私の夢枕で「真意が伝わっていないのが無念である」と日蓮が涙した「真意」とは、おそらくここにあるように思う。日蓮の涙は、自らの法華経弘通《ぐつう》に払った苦難の涙だけではなく、現在、ただ唱えるだけの題目、弔祭仏事の手段としての題目になっていることに対する無念の涙なのである。

題目を唱える意味が、こんなにややこしくむずかしい理屈から起こっていたとは、おそらくほとんどの人が知らなかったであろう。しかし、少くとも日蓮はこのような「心理哲学」から題目を抽出したのである。

この頃の著述に「法華《ほっけ》宗内証《しゅうないしょう》仏法《ぶっぽう》血脈《けつみゃく》」というのがある。これは事実上、天台宗からの自立を宣言した書である。読者の中には日蓮はすでに比叡山を下って、清澄の旭ヶ森で立教開宗したはずではないかと言う人もいるだろう。

もちろん、あれは立教開宗にはちがいないが、まだ天台沙門《しゃもん》の身を捨てたわけではなかった。したがってこれまでは、仏法の血脈は印度の釈迦－中国の天台大師－日本の伝教大師という構図の中で解釈し、その下に自分の名前を書き加えていた。

ところが、この佐渡流罪の頃から、それまではるかに仰ぎ見てきた天台・伝教という巨星をはずし、釈迦－上行菩薩－日蓮と改めている。このことは完全に天台と袂を分かったことを意味している。つまり、天台大師・伝教大師の流儀を捨て、独自の法華経観に立ったと断言できよう。

ただこれをもって日蓮自らが上行菩薩再誕を自覚したものと考える学者は多いが、この時はまだ五十二歳である。先述するように、五十七歳の時、身延山で書いた「本尊問答抄」にすら、「未だに出現されてはいない。日蓮はそういう立場にはないが……」と語っていることから、自分を上行菩薩の眷属衆の一人としての「法華経の行者」になぞらえる意識はあったとしても、上行菩薩の再誕そのものという自覚はまだ生まれていなかったと考えられる。

季節は一気に秋へと走る。

点在する家々に灯りがともると侘びしさが漂う。だが一谷の館は本土から渡ってきた弟子の日興に加え、最蓮房《さいれんぼう》、豊後坊《ぶんごぼう》、学乗坊《がくじょうぼう》、山伏坊、阿仏房夫妻、国府入道夫妻、本間重連やその家来の中興入道などでいつしか賑やかになっていた。佐渡での生活は難行苦行の連続であったが、念仏で固まった土地に少しずつ変化が起き始めていた。

佐渡、日蓮行跡図

一谷入道の館跡には現在、「妙照寺」という堂宇が立っている。そこから東南へ約八百メートルほど隔てた所に小高い山がある。日蓮は佐渡流罪中、時々この地を訪れていた。
ここに立つと、木々の間に遠望される国仲平野や小佐渡山脈の眺めがよい。日蓮は、ここから東天に昇る朝日や西に出る夕月を拝みつつ、併せて遠く安房の故郷に思いを馳せて両親を思慕した。

佐渡離別

一谷で説く「立正安国論」の講義は、蒙古襲来が近いという現実と、『法華経』の通りに日蓮が法難を受けたという事実から真剣に受け入れられた。純粋に『法華経』を信じる人々の中に日蓮は身を置いていた。あの佐渡流罪の命を受けた時、鎌倉の多くの信者は害が及ぶことを恐れて信仰を打ち捨てていったが、少なくとも佐渡には法難を恐れない強靱な信者がいた。日蓮にとって心を許し合える人々との交流は、信頼の絆で結ばれた喜びに満ちあふれ、最も充実した日々であったにちがいない。

我、故に汝に語る。無智の人の中にして此経を説くことなかれ。若し利根にして智慧《ちえ》明了《みようりよう》に多聞強識《たもんごうしき》にして仏道を求むる者あらん。是の如きの人に乃《すなわ》ち為に説くべし。（中略）若し、人瞋《しん》なく、質直柔軟《しちじきにゆうなん》にして常に一切を愍《あわれ》み諸仏を恭敬せん。是の如《かく》きの人に乃ち為に説くべし。

法を謗《そし》った人間が堕ちる世界をつぶさに説いている「譬喩品《ひゆ》」の一節には、無智な人間に説いてはならない、素直に信じる者のために説けという意味の教えがある。日蓮は時を知る人間である。かつては邪智《じゃち》謗法《ほうぼう》の人間が多いからこそ折伏《しゃくぶく》攻勢をかけ、そのために幾度となく法難に遭ったが、佐渡にあっては、そのような昂りは次第に息をひそめていた。

日蓮は阿仏房夫妻や国府入道夫妻、そして一谷入道の妻たちが楽しく語り合う姿を見て、信仰の本質は共鳴する者どうしの心のつながりにあることをしみじみ思い知らされていた。

すると、かつて自分があれほどまでに権力に対して反骨心を露《あらわ》にしてきたにもかかわらず、いつの間にか、信念のあまりとはいえ、幕府に近づくはめになってしまったことは一体何だったのかとも思う。いくら、妥協や迎合ではなく、幕府を動かすのだと主張しても、権力と結びつくことに変わりはない。

もし、かりに伝教大師の所説のように「能く言い、能く行う」国宝となり、あるいは国教として『法華経』が認められたとしても、所詮国家権力の庇護の中でしか生きてゆけないのである。

歴史をふり返っても、文武天皇以来歴代天皇の庇護を受けた奈良仏教も衰微し、新しく生まれた真言・天台の二宗も国家鎮護の仏教と称しながら実質的には権門に迎合し、朝廷、貴族に利用されたにすぎない。また、今を謳歌する浄土宗にしても現実の政治から目を背けさせる手段として認められているにすぎず、禅宗でさえも体制を継持する武士の精神修養として利用されているだけの話である。

日蓮は、これ以上幕府説得を続けようとも執権以下幕府高官の心を翻させることはむずかしく、かりにそれができたとしても護国政策の一助として利用される以外の何物ともなり得ないことを気づき始めた。

日蓮は思う。あの比叡の峯を下るときに誓ったように、名もなき民衆に分け入って膝をつき合わせて救済に生きる原点に帰らねばならないと。

日蓮は佐渡以前の発想を百八十度転換する必要を感じていた。すなわち、日蓮はこれまでの自分を殺さねばならなかった。あの龍《たつ》の口《くち》で一度死に、新しい魂魄で佐渡の地で生まれ変わらねばならなかったのである。この佐渡流罪を契機に日蓮は直球勝負型人間から大きく変身してゆくことになる。しかし、幕府説得から身を引くことを決めるのは、もう少し待たねばならない。


さて、その頃、鎌倉の幕府内部では日蓮赦免《しやめん》の論議が起こっていた。禅宗や念仏宗はもとより頼綱の反対は依然として根強かったが、時宗は耳を貸さない。思えば、時宗にとって日蓮が龍の口で斬殺に処されようとしたことなど寝耳に水の話であった。やがてそれは時頼と重時の未亡人が奉行たちに命令したことが判明した。その上、大仏宣時は念仏者や律僧らの訴状を受けて、本間重連宛てに「虚御《にせみ》教書《みようしよ》」を発していた。御教書は執権が発するものであるが、宣時は執権になりすまして私的に発したのである。つまりは「公文書偽造」であった。

> 佐渡の国の流人、僧日蓮、弟子等を引率し悪行を巧《たく》むの由、その聞こえあり。所行の企《くわだ》て以て奇怪なり。今より以後、かの僧に相随《あいしたが》はん輩《やから》においては炳誡《へいかい》を加えしむべし。猶《な》ほ以て違犯《いぼん》せしめば交名《こうめい》を注進せらるべきの由《よし》、候ところなり。仍《よ》つて執達件《しったつくだん》の如し。

もし、日蓮に従えば懲罰を与える、これに違反する者は名前を調べるぞという意味である。だが、時宗には一度もそのような命令をくだした覚えはない。調査すると、これも大仏宣時が発した「脅し」であることが判明した。宣時はあの塚原問答の時、法論に負けた反日蓮の徒から日蓮処罰を懇願されている。

日蓮が佐渡に流された翌月には蒙古の使節、趙良弼《ちょうりょうひつ》が来日し、いよいよ「他国侵逼の難」が間近に迫ろうとしている。加えて、その翌年の二月には時宗の異母兄である北条時輔が反乱を起こし、「自界叛逆の難」も的中している。こうした経緯から時宗は決断し、侍所の所司、頼綱に下命を無視した怒りを放ちながら、きつく申し渡した。

「日蓮を呼び戻し、国難の前途を予言させ、国家安泰《こっかあんたい》の祈禱を命じる。そこもとが私情をはさむことは断じて許さぬ」

おそらく時宗の側近の儒官、大学三郎能本の上申もあったのだろう。文永十一年二月十四日、ついに幕府は日蓮の赦免を決定する。

日蓮法師、御勘気の事、御免許《ごめんきよ》有るの由、仰《おお》せ下さるる所なり。早々に赦免せらるべき由に候なり。仍つて執達件の如し。

これを受けて、土牢に監禁されていた日朗たちがまず解放された。日朗は、かつて日蓮が「籠《ろう》をばし出でさせ給い候わば、疾《と》く疾く来たり給へ。見たてまつり、見えたてまつらん」と、書き送った言葉通り、険しい道をものともせず越後路へ入り、一路寺泊から佐渡へ向かう。

だが、あいにく暴風雨で海が荒れ、舟が流され、佐渡の南端にある小木《おぎ》という場所に漂着した。三月八日夕刻、長い土牢生活での体力の衰えと長旅の疲れに加え、夕暮れの雪道に方角を失い、精も根も尽き果て後山《うしろやま》という坂道で倒れてしまった。声の限りに日蓮の名前を呼び叫んでいると、病身の最蓮房を庵室に送り届け、日蓮の元へ戻ろうとした日興が日朗を発見したとも伝えられている。

日蓮と日朗。二人の再会がどのようなものであったかは、察するにあまりある。弟子となって十九年。日蓮のために生き、日蓮のために励み、日蓮のために死ぬことさえ厭わない弟子であった。だが、日朗が持ってきた赦免状を見た日蓮はあまり表情を変えなかった。

国を憂うるあまりの説得の報いは、法難と流刑である。日蓮も齢五十三歳、これ以上流刑を繰り返すことはできない。だが、鎌倉に帰っても今までのような折伏もできない。日興と日朗は嬉しそうに帰り支度をするが、日蓮にとっては気が進まなかった。

赦免のことが佐渡全体の僧侶たちに知れ渡ると、「これほどの阿弥陀仏の御敵、善導和尚、法然上人をののしるほどの者がたまたま御勘気を蒙りてこの島に放たれたるを、御赦免あるとて生きて帰さんは心憂きことなりといふてやうやうの支度《したく》ありし」の状態であったと、日蓮はのちに遺文に残している。

つまり、日蓮が赦免されるのを見逃すことはできない、「生きて帰すものか」という怨念で念仏門徒たちは襲撃の準備をしていたようである。日蓮にとっては、身の危険が迫る中での物々しい出立であった。だが、その不安よりもなお佐渡の信者との別れが切ない。

　　つらかりし国なれども、そりたる髪をうしろに引かれ、すすむ足もかえりぞかし

剃った頭であるが、後ろ髪を引かれる思いで、進むべき足も後ろ下がりそうなほどの寂しさだった。

だが、仕方なく一谷の配所を出て小佐渡山脈を越えると、真野の塩屋ケ崎（現・思案ケ崎）の渡船場に着いた。赦免船は松ケ崎から船出したという説もある。これは、おそらく不意の襲撃を

避けるための航路変更だったのだろう。この間、佐渡の反日蓮の僧侶たちは最後の迫害を試みたが、越後の警護の武士が多数付き添っていたので大事には至らなかったようである。

「大切な御身、くれぐれもご自愛くだされませ……」

日蓮は阿仏房夫妻の肩に手をやると、はらはらと感謝の涙を流して別れを惜しんだ。日蓮の苦難を救ってくれた大恩人との別れであった。

「佐渡の寒さは聞きしに勝るものでござった。しかし人目を忍び、日蓮のもとに食事を運んでくださったその温かいぬくもりに包まれて春のような思いで暮らすことができ申した。本当にかたじけなかった。このあとは離れ離れになるが、はるか本土よりお二人の健康と長寿をお祈り申し上げる。いつかふたたび、お目文字することもあろう。どうかお二人いつまでも仲むつまじく信仰に御精進くだされよ」

国府入道夫妻にも声をかける。

「愛別離苦は世の習いじゃが、まことに辛い。だが、また会いましょうぞ。阿仏房御夫妻が所払いになった時、そなたたち夫妻の給仕に救われましたぞ」

あとは言葉が続かない。それ以上言えば涙になる。

（幕府の修羅たちを相手にするより、佐渡の小仏たちと共に暮らす方が幸せじゃ……）

そう心に呟くと日蓮は寂しそうに笑った。渡し場には国府入道夫妻や阿仏房夫妻のほかに一谷入道の妻、中興入道一門の家来、それに本間重連など十数名が集まっていた。ゆっくりと一人ひとりに声をかけたいが、それぞれの思い出が涙とともに込み上げてくる。

日蓮は涙を堪え、心の中で礼を言うのが精一杯であった。船は静かに磯辺を離れてゆく。「佐渡の慈母たち」も袖で涙を拭っている。

（皆共に仏道を成ぜん！）

日蓮は見送りの姿が見えなくなるまで合掌して、見送る人々に朗々と感謝の経を読んだ。浜千鳥の鳴き声が一層悲しさを募らせる。

第十章　身延入山

鎌倉出離

日蓮の帰還を許さじと襲撃を目論む者は佐渡の僧ばかりではなかった。あの塚原問答で敗れた僧侶たちが結託し、越後、信濃などの通過地点で待ち受けていた。特に、信濃に建つ浄土宗の善《ぜん》光寺《こうじ》には阿弥陀仏が祀られている。その前を通すことは、「聖地を汚す」として、彼らにとっては絶対に容認できないことだった。

しかし、「越後の国府《こくふ》より兵者《つわもの》どもあまた日蓮に添《そ》ひて善光寺を通りしかば力及ばず」と、日蓮が語っているように、厳重な警護のために襲撃はできなかったようである。

こうして文永十一年（一二七四）三月二十六日、日蓮は二年半で流罪先の佐渡から解き放たれ鎌倉の土を踏んだ。あの順徳上皇が京都帰還を許されず、佐渡の露と消えたことを思えば、よくよくの幸運であった。

蒙古襲来の不安のためか、どことなく民衆の表情は暗い。松葉ケ谷の草庵はすでに取り壊されていたので、日蓮は草庵の前方、川向こうの場所に立つ夷堂《えびすどう》にひとまず滞在した。日蓮が赦免されたという情報を聞いて、それまで出入りを中止していた信者たちが日蓮のもとを訪ねてくる。

この頃、大学三郎能本は比企ケ谷の屋敷を寺院に改造し、剃髪して日学と名乗り、「妙本寺」を開創し、初代住職に日朗を招いている。一方、「立正安国論」を時頼に渡し、日蓮佐渡流罪中には日朗初めとする五人を自宅に幽閉した宿屋光則も、邸内に「光則寺」という一宇を建立し、同じく日朗を開山としている。


四月六日、平頼綱は日蓮を評定所に招いた。

彼はこの流罪で日蓮も少しは反省しているものと思い込み、四度にわたって拒否した蒙古の報復に戦々兢々として、その攻撃を祈禱によって防ぎたいと考えている。一方、日蓮は三度目の諫言を決意して、板敷の上に従容と座る。左右には武者が居並び、中央には頼綱が直垂《ひたたれ》姿で烏帽子《えぼし》をかぶって座った。

頼綱が口調穏やかに口火を切った。

「御坊は蒙古の襲来をいつと見られるか?」

未だかって頼綱は「御坊」という呼び方をしたことがないが、手柄を立てるためには、どうしても日蓮の気持ちを懐柔することが必要だった。攻撃の時期が分からなければ、軍勢の召集や兵糧調達の時期も定まらない。霜月騒動の同士討ちも言い当て、今また他国侵逼の難も的中しようとしている。頼綱は警察庁長官と防衛庁長官を兼務しているようなものである。

日蓮はしばらく眼を閉じて考えると、静かに答えた。

「経文には時期は示してはござらぬ。だが天の御気色《みけしき》からすると怒りは少なくない。よもや今年を過ぎることはありますまい……」

頼綱は驚いた。

「さっ、されば、執権殿は御坊の法華宗を認めて弘通《ぐつう》を許そうとの仰せじゃ。今、国家の一大事の時、諸宗を折伏する態度を改め、諸宗と共に国家安泰、武運長久《ぶうんちょうきゅう》を祈られてはどうじゃ？　執権殿は一千町歩の田畑を寄進し、執権館の西門外に愛染堂《あいぜんどう》を建立《こんりゅう》し、国家安穏の祈願所となさる御意《ぎょい》である。そして愛染堂の別当を御坊としたいとの仰せじゃぞよ」

頼綱は脂ぎった顔でニンマリと笑いながら誘いをかけた。

「法華経の法敵と同座して、この日蓮に異国降伏を祈れと仰せられるか」

口調は静かだが、声には芯がある。予想に反する態度に頼綱は驚いた。

「いつまで我を張られるや？　国が滅びれば御坊の宗門の発展もあるまいに……」

「もとより国家安穏、万民快楽《けらく》は日蓮の悲願。だが、同座してまで祈禱することはできませぬ。王地に生まれた身であれば身は従っても、心まで従うわけにはまいりませぬ」

王地《おうち》――。これは天皇の領地のことである。だが、日蓮は身はそうであっても心は『法華経』という「大地」の上に座っているので別だと言い放った。

頼綱は懲りない日蓮に呆れ果て、眉をひそめた。

さらに、日蓮は釘を刺した。

「蒙古が攻めて来れば、ひとたまりもありますまい。蒙古襲来は天の怒りの現れであり、その原因は日蓮をお信じ下さらぬからでござる。万一、真言などで蒙古を調伏されるならば、それこそ事態は最悪の結果を招きましょう」

佐渡への往路、帰路略図

真言の祖師、弘法大師は釈尊の前に大日如来を立て、『大日経』の下に『法華経』を置き、爾来、祈禱調伏による鎮護国家の宗教として歴代の権力の威光に守られてきたが、調伏によって国が守られてきた事実はあまりなく、むしろ源平の乱、承久の乱などかえって民衆を戦乱の巷に追いやった経緯がある。

あの承久の乱でも、後鳥羽上皇は叡山、東寺の高僧たちに命じて数年調伏を繰り返した。天台座主の慈円、仁和寺《にんなじ》の御室《みむろ》、三井《みい》の高僧たちは十五壇の法を行ったが、結局三上皇は流罪にされてしまった。それは、『法華経』の怨敵である真言師に頼んだためだと日蓮は一蹴した。

そして今また、真言律宗の極楽寺良観が異国降伏の祈禱に立つと、『法華経』の行者を謗った罪により修法は必ずや逆法となり、日本は津々浦々に至るまで蒙古に殲滅されてしまうという確信がある。

しかし、国難到来の原因は邪法が蔓延し正法が衰退しているためであると宗教的視点から捉える日蓮に対して、防衛体制の中心人物である頼綱はあくまで軍事的、政治的な問題として考えている。また、そこには己の欲もある。互いの話が交わるはずがない。

「もうよい。御坊には頼まぬ！」

顔面を紅潮させて頼綱は立ち上がった。

日蓮にとってはこれが最後の諫言のつもりであったが、ついに頼綱の心を覆すことはできなかった。かすかな期待の糸がぷつりと切れるのを感じた。

「致し方ござりませぬ。これにてお暇を頂戴つかまつる」

日蓮は慇懃《いんぎん》に合掌すると、法衣を翻して早々に立ち去っていった。

（相も変わらぬ強気な姿勢。惜しい男よ……）

頼綱は苦笑しながら日蓮を見送った。

なお、日蓮と頼綱の対面はこれが最後となった。頼綱は永仁元年（一二九三）、日蓮死後の九年後、その専横ぶりゆえに執権貞時の疑惑を買い、殺害されている。

鎌倉に夏が訪れた。目もくらむように激しく白い太陽が燃え、蝉時雨が木々の梢を震わせ、夜空には銀の砂子《すなご》をちりばめたように銀河が輝いている。日蓮は夜空を見上げながら、静かにこれまでの布教のあり方について反省する。

（思えば、釈尊は王位を捨てられた。幕府を相手にしたのがまちがいであったやもしれぬ）

末法の世に呻吟する民衆と打ち続く天変地異、内乱、侵略など国家を憂うがゆえの三度の諌言。しかし、その度に悪口罪と決めつけられ、流罪と赦免を繰り返すのみで、結果として何も事態は変わっていない。言いしれぬ疲労感だけが日蓮の身を包んでいる。

（今ここに釈尊が在ますならば、なんと仰せになるであろう）

涙がはらはらと頬をつたう。日蓮は、信仰の本質は共鳴する者同士の精神的結合にあるのだと痛感した。そう思うと、鎌倉が疎ましく思えてならない。

日蓮は、「三たび国を諌めるに用いられずんば、山林にまじわれ」とある古言に習い、ついに身延《みのぶ》の山中に籠ることを決意する。「三たび」とは、日蓮の場合、「立正安国論」の諌言、佐渡流罪直前の評定所における平頼綱への諌言、そして佐渡赦免後の評定所における頼綱への最後の諌言である。日蓮もすでに齢五十三歳。残された余生は、法門の完成と門下の育成しかなかった。

これはあくまで推測であるが、蒙古の襲来によって日本が潰滅するという信念からして、身延山中に「一仏土」を造る狙いがあったように思う。その時、人々は日蓮のもとに集結するだろう。そして身延山は、「釈尊御領《ごりよう》」の中心地となる。日蓮は、最後の手段としてそれに賭けたのではないか。

文永十一年五月十二日、佐渡赦免後一カ月半後のことであるが、わずかばかりの弟子を引き連れ、鎌倉を出る。思えば、五月十二日という日は初めて清澄に登った日であり、伊豆流罪の日であり、そして今度は鎌倉と訣別する日となった。

文永の役

身延山は南アルプスの麓、富士川の中流にある。このため山は勾配険しく川に迫り、断崖を形成している。当時の道はこの川に沿って走る、ごく細いものであったろう。

日蓮が身延山麓の波木井郷《はきいごう》に着いたのは五月十七日。篤信の信者、波木井実長《さねなが》は一族と共に出迎え、手厚くもてなした。日蓮が住んだのは西谷の沢の横、鷹取山の北麓で日当たりの悪い場所。そこに建てられた三間四方の草庵が住居となった。

せせらぎの音、鳥のさえずりを聞き、時おり吹き抜ける朝夕の涼しい風を受けながら、身延の夏を過ごし、秋には紅葉に身を染めた。少なくとも入山後しばらくの期間は、今まで味わったことのない人間らしい生活であった。日蓮は身延山をして「天竺《てんじく》の霊鷲山《りようじゆせん》にも勝れ、日域《にちいき》の比叡山にも勝れ……」と語っている。天竺とはインド、日域とは日本のことである。

そうした文永十一年十月、ついに蒙古（一二七一年に元と改称）が襲来した。北条時頼に「立正安国論」を提出してから十四年目、日蓮が評定所で頼綱に明言してから半年が経過している。「よもや、今年を過ぎることはありますまい」と語った通りになった。

元は文永三年から五度にわたって日本へ朝貢を求める使者を派遣したが、外交交渉は決裂したと判断して、ついに武力行使に踏み切ったのである。

十月五日、元軍は約三万五千（元・宋の連合軍約二万、高麗軍は約一万五千人）の兵隊と九百艘の軍船で壱岐、対馬に進攻上陸し、一帯の民家を焼き尽くし、暴行殺戮の限りを尽くした。宗《そう》氏一族は宗助国を初めとしてことごとく戦死した。その急報を受けた大宰府は、九州各地の守護・地頭に出陣を命じる。

そこで筑前より少弐、豊後より大友、肥後より菊池、赤星、竹崎、肥前から龍造寺、大村、有馬、松浦、薩摩から島津一族郎党が武具に身を包み、ものものしい出立ちで博多に緊急集結する。しかし総数わずかに四千騎。博多方面の総大将は大宰少弐・武藤景資《むとうかげすけ》である。

一方、元軍は対馬に一週間滞在したのち、壱岐を襲撃した。壱岐の守護、平景隆は百余騎で海岸に駆けつけ、弓矢で必死に防戦したが、城に追い込まれて結局自害した。対馬、壱岐の島民たちのほとんどは殺され、女性たちは手に穴をあけられ縄を通されて船に結わえつけられたという。

さらに元軍は十月十六日、肥前平戸、鷹島に入ってここでも住民に暴行の限りを尽くしたのち、十月十九日から二十日未明にかけて、筑前今津に上陸すると同時に博多の長浜、箱崎に上陸。二十日は百道原《ももちばる》から箱崎、赤坂、麁原《そはら》一帯は死力戦の舞台となる。戦いは元軍の方が圧倒的に有利だった。元軍は、「鉄炮《てつはう》」と呼ばれる当時のハイテク兵器を巧みに使った。直径十五センチぐらいの鉄製の容器に火薬を詰め込み、これに着火させて矢を放つ。いうなれば手榴弾のようなもので、着弾すると炸裂する仕掛けになっている。その時に発する大きな音と光のために馬が暴れる。その上、元軍は毒矢、石弓を使う。石弓とは投石機であるが、その威力は船や馬を砕くほどであった。

それに元軍の戦法は一対一ではない。一人に数人が当たってこれを殲滅する。重い甲冑に身を包み、礼儀作法よろしく「やあやあ、我こそは……」と名乗りを上げているうちに、数人に囲まれて斬り殺される。元軍の集団戦法に対して日本側の一騎打ち戦法などまったく通じない。

二十日未明から続いた戦いは、いつ果てるとも知らなかった。博多方面の被害は甚大で、筥崎《はこざき》八幡宮は焼失し、村にも火が放たれた。箱崎方面の防備は豊後の守護代、大友頼泰《おおともよりやす》の軍勢であったが、筥崎八幡宮を消失させたばかりか、弱腰になって退却したということで大衆の非難を浴びる。

あの「二月騒動」と呼ばれる内乱の時、名越氏の所領のうち筑後を譲り受けたのも、幕府が蒙古襲来を防御する活躍を期待してのことだったが、それに応えられなかったために、大友頼泰は幕府から訓戒の処置を取られる。

幕府軍は惨敗の様相を呈し、じりじりと現在の大野城市周辺まで後退を余儀なくされていたが、日本軍も相当に手強く立ち向かった。元軍の総司令官、忻都《きんと》がその奮戦ぶりに感歎したほどである。

ところがその日の深夜、信じられないことが起こった。たまたま吹き荒れた暴風雨が九百艘の敵軍艦を次々に転覆させ、溺死者は一万人に及んだ。ともかく幕府軍は思いの外、奇跡的な勝利を得た。幕府軍が勝利した理由は三つある。

第一に突如として暴風雨が起こったこと（この暴風雨は、太陽暦では十一月二十六日に当たるから台風ではない）。

第二には、たまたま元軍が日本軍を深追いせず軍船へと引き上げていたこと。

第三には、彼らが乗って来た高麗製の軍船の鉄船に極めて粗悪な鉄が用いられていたからである。

この文永の役が日蓮の耳に伝えられたのは十一月十一日であった。元軍が海の藻屑《もくず》と消えた日から身延に情報が伝わるまで、約二十日間かかっていることになる。

ただ、日蓮にとっては元軍が一夜の嵐で壊滅したという出来事はまったく予想だにしないことであった。幕府が『法華経』に帰依しなければ魔の術中にはまって他国に侵略され、日本は消滅するとまで断言した日蓮にとって幕府軍の勝利は手放しで喜べるものではない。当然、蒙古調伏の祈禱を命じられていた真言宗などの株が上がる。結果的に「他国侵逼の難」は、真言の祈禱によって払いのけられたことになった。

日蓮は呟いた。

（このままで引き下がる蒙古ではない。いずれ日本全土が壱岐、対馬の二の舞になろう）佐渡流罪以前の日蓮なら即刻鎌倉へ上り、幕府を諫言したであろう。だが、日蓮がそうしなかったのは、すでに幕府に対する不信とあきらめがあったからにちがいない。

邂逅と別離

身延に隠棲した日蓮のもとへは各地から、さまざまな食糧が届けられている。列挙してみると当時の食文化を知る上で興味深い。麦、白米、芋、こんにゃく、串柿、栗、竹の子、河のり、塩、油、わさび、餅、酒、大根、山芋、生姜、豆、飴、牛蒡《ごぼう》、若布《わかめ》などである。

文永十二年二月、故郷小湊から「あまのり」が届けられた。一袋は領家の大尼《おおあま》（もと領家の尼）から、もう一袋は嫁の新尼《しんあま》からであった。

包みを開くと、新尼の手紙が添えられてあり、姑が曼陀羅を授けてほしいと望んでいる旨の文面が添えられていた。領家の尼は幼少の時から父母共に日蓮が何かと世話になった恩人であった。新尼自身は日蓮への帰依を貫いていたが、姑の領家の尼は日蓮の佐渡流罪が決定した時、所領没収を怖れて信仰を離れていった一人である。おそらく、領家の尼は日蓮が赦免されたので、もう一度よりを戻したいと考えたのであろう。

だが、一時にせよ領家の大尼は『法華経』を捨てた人である。強盛な信者でなければ曼陀羅を渡すことはできない。日蓮は人情と信仰のはざまで悩んだあげく、十界の曼陀羅は新尼に授与することにした。共に一つ屋根の下で仲良く拝むことができるし、信仰の筋も通ると考えたのだ。

翌月には、阿仏房と国府入道が身延を訪ねて来た。阿仏房はすでに八十七歳の高齢であったが、老体に鞭打って海苔《のり》、若布、干飯《ほしいい》など供養の品を抱えて国府入道と共にやって来た。

「お久しぶりでござりまする。お目文字したくまかり越しました……」弟子から連絡を受けると日蓮はすぐさま玄関に飛び出し、阿仏房と国府入道の手を取ると、感極まって涙を流した。

「今日はなんという良き日じゃ、夢ではなかろうか。夢ではないと言ってくれい」

涙ぐみながら、弟子に尋ねる。

阿仏房は笑いながら泣く。国府入道も目頭を押さえている。あまりの嬉しさで、いつになく日蓮の言葉は軽い。日蓮はかわるがわる二人の顔を眺めて語りかける。

「よくぞ遠路の旅、お疲れであろう。さあ、さあ、手を上げ、お上がりくだされ。妻女たちは達者かのう?」

「法華経のお蔭でござりまする。だが、達者すぎて困っておりまする」

阿仏房は冗談を言って、海の幸を差し出した。

「やあ、これは有り難い。身延は山なれば海の幸は宝じゃ。阿仏房殿も、そして国府入道殿も人の目を忍んで櫃《ひつ》を運び、給仕してくださったが、今、また、このように供養の品々をいただき、かたじけない。まことに変化《へんげ》の人じゃ」

日蓮はそう言いながら、これも釈尊のお蔭じゃと合掌して題目を唱えた。五十路に入ってからの日蓮は涙もろくなっていた。今を生きることすべてに感謝の気持ちが込み上げてくる。温かい言葉に、二人も涙を流し、手を合わせて日蓮を拝んだ。

建治二年（一二七六）四月、清澄の師であった道善房の訃報が届いた。結果的に袂を分けた師ではあったが、旧恩を思うと目頭が潤んだ。

（幽冥《ゆうみよう》を異にしたとはいえ、もう一度、心情を伝えたい……）

そう考えると、早速弟子に命じて筆と硯を用意させた。そうして書いたものが「報恩抄」という三カ月をかけて仕上げた道善房への手紙で、今では貴重な遺文になっている。手紙といっても、すでに「受取人」は亡くなっているが、道善房の墓前に捧げるために認《したた》めたのであった。亡くなった人に手紙を出す——。日蓮は霊魂の実在を信じている。「薬王菩薩本事品」に、「生死《しようじ》の縛《ばく》を解《と》かしめ給ふ」とあるように肉体を超越した考え方を持っていた。

思えば、日蓮は佐渡流罪の折も、身延に入ってからも、道善房に伝言や消息を記して、『法華経』への帰依を勧めてきた。いろいろと考え方での対立はあっても、仏弟子となれたのも道善房、鎌倉、叡山への遊学が叶ったのも道善房であり、その存在なくして人生の出発点は語れない。

だが、『法華経』の正縁を断っただけに、今頃闇の世界を当てもなくさ迷ったあげく、無間地獄に堕ちているのではないかと思うと後生が案じられてならず、もう一度、『法華経』に引導しなければならないという焦燥にかられた。

「報恩抄《ほうおんしょう》」の中で日蓮は、自分が清澄を出た真意を詳しく述べ、『法華経』を悟った功徳は、すべて道善房の聖霊に集まるべきだと述べている。七月には早速弟子の日向《にこう》を差し向けて、墓前でこれを読ませている。懇切丁寧な長文である。

日蓮は日向を見送ると、庭から遠く東の彼方の清澄寺に向かって、空が炭火のように燃えるまで旧師道善房を追慕した。日蓮は決して恩を忘れない心の持ち主であった。


吹く風、立つ雲までも東の方と申せば、庵を出でて身にふれ、庭に立ちて見るなり。


だが、五十六歳を迎えた建治四年（一二七八）の正月頃から日蓮の体調は崩れる。下痢が続いて食欲は落ち、身体はやせ衰え、顔色の冴えも失われ、珍しく弟子にきつさを訴えるようになる。

建治は二月に改元されたが、同じ年の弘安元年六月には一時重体となった。それを聞いて四条金吾が薬草を持って病気見舞いにやって来た。

金吾は医薬にも通じていた。

「御身《おんみ》いかがであろうかとご案じ申し上げておりました。師の御坊は我々にとって主であり、師であり、親でもありまする。かけがえのない御身、決してご無理をなされますな」

「そなたのお顔を見たら急に元気が出たようじゃ。金吾殿は相変わらず若いのう」

「滅相もございませぬ。ご縁を結んで早二十四年になりまする。師の御坊を念仏の敵と見なし、松葉ケ谷の草庵で刃にかけようとしましたが、その時の威風に打たれて以来のご縁でありまする」

「おお、あれからもうそんなになるかのう。そなたは龍の口の法難の時、わしが首斬らるるならば、自分も腹を切ると覚悟を披瀝された。あの時、そなたたち夫妻には月満御前《つきまろごぜん》がお生まれになったばかりじゃった。それでもこの日蓮と共に死ぬと申してくださったのう……」

日蓮が衣の袖で潤む涙をぬぐうと、金吾も涙を振り払うように力を込めて言う。

「拙者はこれからも生涯かけて法華経弘通を貫く覚悟にござりまする。どうか師の御坊も病塵を払って御弟子の育成に勇猛邁進くだされ」

法華経弘通という言葉を聞いて日蓮は笑顔でうなずいた。

身延山の好季は短い。夏はすごしやすいが、冬は特別に難儀であった。

弘安元年の十一月、日蓮は池上宗長に対して、「寒さで酒や油が凍り、粗末な庵は風雪も凌げず、髭は凍って瓔珞《ようらく》のように垂れ下がった」と窮状を訴えている。

草庵には、日蓮の徳を慕って各地から僧侶が集まって来る。兄だ、弟だと導いて来る者も多かった。弘安二年八月付の遺文には「今年一百余人の人を山中に養う」とある。宿泊のこと、食料のこと、指導上の煩雑さなどから、集まって来る人々にどう対応すればよいかが新しい悩みの種となったであろうが、日蓮は温かくこれを受け入れた。

隠棲のつもりで入った身延であったから、現実の生活は決して快適ではなかったにちがいないが、日蓮はそれでもこの身延の山が好きだった。一歩も山から出ることなく、せっせと著述に励み、弟子や信者たちに対しても実にしみじみとした文面の手紙を送っている。

前後するが、弘安二年三月、阿仏房が佐渡で九十一歳の生涯を閉じている。それまで高齢を顧みず三度、身延を訪ねている。最期は天寿を全うした安らかな死であった。阿仏房の子、藤九郎は父の遺骨を首にかけ、遺言通り身延へ納めに行った。日蓮は阿仏房の遺骨を見ると目頭を押さえた。そして、一人になった千日尼の寂しさを思いやり、励ましの手紙を書いた。

身延山草庵跡

散る花も翌年は咲く。落ちる木の実も次年には成る。春は春、秋は秋、去年と少しも変わりがない。月は入ってもまた出る、雲は消えてもまたやってくる。だが、阿仏房はもう戻らない、無情だ。もし阿仏房を仏にできないならば、仏も地獄に堕ちるであろう。

第十一章　西山の残照

慚愧《ざんき》の涙

結果的には日蓮の筋書きは外れたものの、「他国侵逼の難」が的中したせいか、身延山の日蓮のもとを訪れる者も次第に増えてきた。身延ばかりではなく、各地に建てた弟子たちの寺の門を叩く者も多くなった。

こうなると、あちこちで幕府との軋轢《あつれき》が表面化する機会が増えていく。そこで、そのつめ腹を負わせるために、日蓮に三度目の流罪が行われるとの噂が身延にも聞こえていた。弘安二年（一二七九）九月、こうした中で富士郡熱原にある瀧泉寺《りゅうせんじ》で「熱原《あつはら》の法難」と呼ばれる事件が起こった。

当時、日蓮は甲州の出身である弟子の日興《にっこう》を、布教伝道の司令官格として駿河に遣わしていた。佐渡から鎌倉へ随行した日興は、日向と共にそのまま駿河開教の衝に当たっていた。その日興が天台宗に属する瀧泉寺の三人の僧侶たちを折伏して改宗させたことが事件の発端であった。

当然、住職の行智《ぎょうち》はこれに怒り、即座に寺から改宗した僧侶たちを追放しようとした。ところが、逆に行智の方が追い出されたために、とうとう大挙して弓馬をもって改宗信者たち二十名を縛り、政所へと突き出したのである。

急を聞いた日興は「瀧泉寺《りゅうせんじ》申状」と記した書状を認め、行智の破戒乱行《らんぎょう》の事実を述べて、改宗した弟子たちを通して幕府へ訴えさせた。日蓮もまた、弁明書や激励書を作ってこれを支援した。

ところが、この訴訟を担当したのがあの平頼綱であった。頼綱は数十人の部下を引き連れて駿河に急行し、改宗した三人の僧侶を捕らえて法衣をはぎ取り、『法華経』を捨て、念仏を称えるなら許すと迫る。だが、二十名の信者たちは誰一人としてこれに従わない。そのために頼綱は烈火のごとく怒り、彼らを獄中に投じて、まず三名を斬罪に処した。

特に、熱原神四郎に対しては熾烈を極めた。神四郎を松の大木に縛りつけ部下に弓を引かせ「念仏を称えよ」と迫る。しかし神四郎はそれでも題目を唱えた。そのために七本の矢が放たれて神四郎は絶命した。また、その弟である弥五郎、弥六郎も斬り殺され、残る十七名も牢に入れられて虐待にさらされた。日蓮の生存中、信者に対する迫害としてはこれが最大であった。

この法難は日蓮を深い悲しみへと追いやった。思えば、小松原の法難では鏡忍、工藤吉隆を初めとする犠牲者を出し、今また熱原では三人の命が奪われた。殉教という言葉には一見美しい響きがある。

しかし、日蓮は『法華経』の行者は霊山浄土《りようぜんじようど》へ往生できると信者に勇気を鼓舞する一方で、その轍《てつ》を未来の弟子、信者に踏ませることが果たして正しいことかどうかを迷った。その頃には、池上宗仲兄弟とその父康光の対立、四条金吾と主君江馬光時の問題など、法華経信仰を巡るさまざまな摩擦も起こっている。

信仰と主君のはざま――。そうしたことを思うと、法のためには止むなしと簡単には割り切れないものがある。このまま進めば、この先もっと多くの犠牲者が出るやもしれない。

外には粉雪が舞っている。身延はすでに冬を迎えた。燭台に火を点じ、日蓮は『法華経』を繙きながら解説に没念する。そこには、これまでの「折伏」について、かつてない深い自己反省があった。

『法華経』の「信解品《しんげほん》第四」によると、布教の方法は二種類あった。この「信解品」という経文には、「長者と窮子《ぐうじ》の喩え」というのがある。

経文を意訳して、内容の概略を綴ってみよう。

五十年前、親の元を去った男が、たまたま流浪の果てに衣食を乞うために、ある長者の館にたどりつく。しかし、あまりにも立派すぎて恵みを乞うところではないと断念し、ふたたび流浪の旅に出ようとする。その男は長者が自分の父であることを知らないでいる。一方、歳をとり、余命幾ばくもない長者は財産の散失を悩んでいた時に、我が子を発見したので、なんとか連れ戻そうと思い、まず強硬手段で引き戻そうとする。だが、男はその態度に恐怖を感じて気絶する。そこで、その強硬な方法を用いる使者をやめさせ、穏やかな方法を用いる使者を派遣する。その使者は長者の館に雇い入れる方向で乞食の男を導いた結果、男は給料を与えられ仕事を覚える。長者も立派な衣服を脱ぎ捨て、その男の兄貴分になって仕事を教える。やがて長者の臨終の時、親戚、知人を集めて、その男が自分の子供であると打ち明け、その息子にすべての財産を相続させる。

この物語は、釈迦の弟子の四大声聞が『法華経』を聞いて、それまでの四十余年間の自分たちの修行が智慧の長者たる釈尊の心から離れた「流浪する乞食」であったことを懺悔した文である。

ここで釈尊の「使者」には、「折伏《しゃくぶく》」を用いる使者と「摂受《しょうじゅ》」を用いる使者の二つがあることが分かる。釈迦もこの二つの方法を適宜用いられたようである。

折伏とは「強牽将還《ごうけんしょうかん》」の使者に当たり、相手の思想を折って信伏させるという強硬な手段である。一方、摂受は「徐語窮子《じょごぐうじ》」の使者であり、穏やかな方法をもって大衆を導くことである。日蓮は思った。自分は「強牽将還」の使者の方法である折伏を用い、「勧持品」の菩薩の道を選択したのであると。

「勧持品」の菩薩の誓願——。これは釈迦が「見宝塔品《けんほうとうほん》」において「誰か、末法の娑婆世界で妙法華経を説く者はいないか。説きたいと願う者は誓願を説け」という言葉をかけられた時、仏前で真っ先に広宣流布の名乗りを挙げた菩薩衆である。はなはだ読みづらく、むずかしいが、ここはしっかり押さえておかねばならないので、『法華経』の原文のまま、その誓願部分を抜粋してみる。

唯《ただ》願はくは世尊　以て慮《うらおも》ひしたまふべからず　我等《われら》仏《ほとけ》の滅後《めつご》に於て当《まさ》に此の経典を奉持《ぶじ》し読誦《どくじゅ》し説きたてまつるべし　後《のち》の悪世《あくせ》の衆生《しゅじょう》は善根《ぜんこん》転《うた》た少くして増上慢《ぞうじょうまん》多く　利供養《りくよう》を貪《むさぼ》り　不善根を増し　解脱《げだつ》を遠離《おんり》せん　教化《きょうけ》すべきこと難しと雖《いえど》も　我等当に大忍力を起して此の経を読誦し持説し書写し　種々に供養して身命を惜まざるべし（中略）仏の滅度の後恐怖《くふ》悪世の中に於て　我等当に広く説くべし　諸の無智の人　悪口罵詈等《あっくめりとう》し及び刀杖《とうじょう》を加ふる者あらん　我等皆当に忍ぶべし　悪世の中の比丘は　邪智《じゃち》にして心諂曲《てんごく》に　未だ得ざるを為《こ》れ得たりと謂《おも》ひ　我慢《がまん》の心充満せん　或は阿練若《あれんにゃ》に　納衣《のうえ》にして空閑《くうげん》に在《あ》つて　自ら真の道を行ずと謂《おも》うて　人間を軽賤《きょうせん》する者あらん　利養に貪著するが故に　白衣《びゃくえ》のために法を説いて　世に恭敬《くぎょう》せらるゝこと　六通の羅漢《らかん》の如くならん　是の人悪心を懐き　常に世俗の事《じ》を念《おも》ひ　名を阿練若に仮《か》つて　好んで我等が過《とが》を出さん（中略）

常に大衆の中に在つて　我等を毀《そし》らんと欲するが故に　国王大臣　婆羅門居士《ばらもんこじ》　及び余の比丘衆に向つて　誹謗《ひぼう》して我が悪を説いて　是れ邪見《じゃけん》の人　外道《げどう》の論議を説くと謂《い》はん　我等仏を敬《うやま》ふが故に　悉く是の諸悪を忍ばん　斯《こ》れに軽《かろ》しめて　汝等は皆是れ仏なりと謂はれ

ん　此の如き軽慢《きょうまん》の言を　皆当に忍んで之を受くべし
濁劫《じゃっこう》悪世の中には　多く諸の恐怖《くふ》あらん　悪鬼《あっき》其の身に入つて　我を罵詈毀辱《めりきにく》せん　我等仏を敬信して　当に忍辱《にんにく》の鎧《よろい》を著《き》るべし　是の経を説かんが為の故に　此の諸の難事を忍ばん　我身命《しんみょう》を愛せず　但《ただ》無上道を惜む　我等来世に於て　仏の所嘱《しょぞく》を護持せん　世尊自《みずか》ら当に知《しろ》しめすべし　濁世の悪比丘は　仏の方便　随宜所説《ずいぎしょせつ》の法を知らず　悪口《あっく》して顰蹙《びんじゅく》し数々《しばしば》擯出《ひんずい》せられ　塔寺を遠離《おんり》せん　是《かく》の如き等の衆悪をも　仏の告勅《ごうちょく》を念《おも》ふが故に　皆当に是の事を忍ぶべし

濁った悪世の中にはさまざまな恐怖がある。悪鬼が心の中に入ってきて、我々を罵《ののし》ったり、謗《そし》ったり、辱《はずかし》めることもあるだろう。しかし、我々は仏を信じて忍辱の鎧を着て忍ぶのだ。もとより命などは惜しまない。ただ、仏の無上の教えに触れない人々を口惜しく思う。濁悪末法の悪僧は、仏が相手に応じてさまざまな方便を使って説かれた教えの意味を知らず、悪口を言ったり、刀杖を加えたり、排斥したりすることもあるだろう。しかし、そのような苦難も仏の命令と思って、すべて耐え忍ぶのだ。

あの東条景信から刀で眉間を斬られたり、少輔房《しょうゆうぼう》から経巻という「杖」で叩かれたり、流罪という排斥にも遭ってきた。それもこれもすべて釈尊の教勅にしたがって『法華経』を弘めるためであった。

日蓮は「上行菩薩」の魁《さきがけ》としての信念から、たしかにこの菩薩衆の誓願通りのことをやってのけた。このことは見方によっては『法華経』そのものの正しさの有力な証明となるのかもしれない。現に古今東西の人々はすべてここに「法華経の行者」としての日蓮を確信している。

だが、それは「強牽将還《ごうけんしょうかん》」の使者に当たり、少なくとも地涌の菩薩が踏むべき『法華経』の精神には反している。「勧持品《かんじほん》」の次の「安楽行品《あんらくぎょうほん》」では、釈迦は文殊師利菩薩の質問に応えて、「末法悪世に弘める場合は、争いの中に身を置いてはならない」とされている。以下、「安楽行品」から、それに関連するところを追ってみよう。

　爾《そ》の時に文殊師利法王子菩薩摩訶薩《ぼさつまかさつ》　仏に白《まを》して言《まを》さく　世尊　是の諸の菩薩は甚だ為《こ》れ有り難し　仏に敬順したてまつるが故に大誓願を発《おこ》す　後の悪世に於て是の法華経を護持し読誦し説かん　世尊　菩薩摩訶薩後《のち》の悪世に於て云何してか能く是の経を説かん（中略）
　若し菩薩あつて　後の悪世に於て　無怖畏《むふい》の心をもつて　此の経を説かんと欲せば　行処《ぎょうしょ》及び親近処《しんごんしょ》に入るべし　常に国王《こくおう》及び国王子《こくおうじ》　大臣官長《だいじんかんちょう》　凶険《くけん》の戯者《けしゃ》　及び旃陀羅《せんだら》外道梵志《げどうぼんじ》を離れ　亦増上慢《またぞうじょうまん》の人　小乗に貪著《とんぢゃく》する三蔵の学者に親近《しんごん》せざれ（中略）
　又文殊師利　如来の滅後に末法の中に於て是の経を説かんと欲せば、安楽行《あんらくぎょう》に住すべし　若《も》しは口に宣説《せんぜつ》し若しは経を読まん時　楽《ねが》つて人及び経典の過《とが》を説かざれ　亦諸余《またしょよ》の法師を

軽慢《きょうまん》せざれ　佗人の好悪長短《こうあくちょうたん》を説かざれ　声聞《しょうもん》の人に於て亦《また》名を称《しょう》して其の過悪《かあく》を説かざれ　亦名を称して其の美《よ》きを讃歎《さんたん》せざれ　又亦怨嫌《おんけん》の心を生ぜざれ　善く是の如き安楽の心を修するが故に　諸の聴くことあらん者其の意《こころ》に逆はじ　（中略）我が滅度の後に　若し比丘《びく》あつて　能く斯《こ》の妙法華経を演説せば　心に嫉恚《しっち》　諸悩障礙《しょのうしょうげ》なく　亦憂愁《うしゅう》　及び罵詈《めり》する者なく　又怖畏《ふい》し　刀杖《とうじょう》を加へらる丶等なく　亦擯出《ひんずい》せらる丶ことなけん

国王、王子、大臣、行政の役人などに近づいてはならない。危険な、感心できない戯《ざ》れ言に従う者や、殺生を仕事とする者に親しんだり、他の宗教家、修行者、悟りもせずに悟ったつもりの慢心の人、小乗の教えにとらわれている学者などに親しんではならない。（中略）また、末法の中で是の経を説こうとするならば、安楽行に入らなければならない。口で法を説く時も、書物に書かれた教えを読む時も、好んで人の欠点を掘り出したり、経典のあら探しをするようなことがあってはならない。また、教えを説く人たちを軽蔑する気持ちを持ってもならない。他人の善し悪し、長所、短所などを挙げて批判することも避けなければならない。このように安らかな心で法を説く道を身につけておれば、その教えを聞くすべての人びとは、反抗の気持ちを起こさず素直に聞くであろう。（中略）わが入滅ののちも、このような心がけを守っていくならば嫉み、怒りなど諸の障りがなく、憂いも悲しみもなく、他人から悪罵・皮肉を浴びることもなく、刀や杖で排斥・追放されるような憂き目を見ることもないであろう。

この「安楽行品」からすると、これまで日蓮が選択した「勧持品」の精神とは明らかに矛盾していることが分かる。次の「従地涌出品《じゆうじゆしゆつほん》」で、真っ先に広宣流布の名乗りを上げた「勧持品」の菩薩衆に対して釈尊は、「止《や》みね善男子、汝等が此経を護持《ごじ》することを須《もち》いじ」と、彼らによる流布を拒絶されているのである。

止《や》みね善男子　汝等が此経を護持せんことを須いじ　所以《ゆえ》は何《いか》ん　我が娑婆《しゃば》世界に自ら六万恒河沙《ごうがしゃ》等の菩薩摩訶薩あり（中略）是の諸人等　能《よ》く我が滅後《めつご》に於て護持し　読誦し　広《ひろ》く此経を説かん

「六万恒河沙の菩薩摩訶薩」とは上行、無辺行、浄行、安立行を初めとする眷属衆であり、彼らこそ末法の広宣流布を委任された者たちであった。彼らは、いずれも「静かな場所を求め、騒々しいものを捨て、所説多いことを願わない者たち」である。

つまり、日蓮は「勧持品」の他土の菩薩衆の誓願通りのことはやったが、本化地涌の菩薩が踏むべき「安楽行品」の姿勢ではなかった。諸宗批判の態度、それから政治への接近などすべてを『法華経』において釈迦は否定されているからである。

そうすると、少なくとも佐渡に流されるまでの日蓮の折伏行動とはまったく合致していない。したがって日蓮は、末法に出現する「法華経の行者」であったのかという疑問さえ生まれる。

もう一度、ポイントを整理すると、釈迦は「国王及び国王子、大臣官長（中略）に親近せざれ」と戒められている。その一方で、日蓮は、「守護国家論」の中で、次のように書いている。

「仁王経《にんのうきょう》の文《もん》の如くならば、仏法を以て先ず国王に付嘱し、次に四衆に及ぼす。王位に存る君、国を治むる臣は仏法を以て先と為して国を治むべき也」

『法華経』では「政治に近づくな」、『仁王経』では「政治に働きかけよ」というのは、どう考えても矛盾がある。どちらを採るかというのなら、『仁王経』は「四十余年未顕真実《みけんしんじつ》」の法門の一つに外ならないから、『法華経』を挙げるべきことはいうまでもない。

日蓮はこのことについて「開目抄」の中でずいぶん自問自答している。「無智《むち》・悪人《あくにん》の国土に充満の時は摂受《しょうじゅ》を前とす。安楽行品のごとし。邪智《じゃち》・謗法《ぼうほう》の者の多き時は折伏を前とす。常不軽品《じょうふきょうぼん》のごとし」と言い、「摂受折伏は時機を鑑《かんが》みて実践すべきである」と語っている。

「常不軽品」とは、『法華経』の第二十番目の経文であり、そこには常不軽という菩薩が人々から杖で叩かれ石を投げつけられながらも、その人々の心の仏性を礼拝し、法を説いてついに仏となったという物語である。だが明らかに常不軽菩薩は、折伏は用いていない。それにもかかわらず、ともかく日蓮自身は、当時を「邪智・謗法の者の多き時」と判断した。そして、『法華経』の「安楽行品」に反して、政治に近づき、折伏を選択したわけである。

ところで、日蓮は「撰時抄《せんじしょう》」という著述の中で、「余に三度の高名《こうみょう》あり」と言っている。

第一に、文応元年（一二六〇）七月十六日、宿屋光則に対して「禅宗と念仏宗をなくすべし。

そうでなければ北条一門より問題が起こって他国に攻められる」と言ったこと。

第二に、文永八年（一二七一）九月十二日、平頼綱に対して「日蓮は日本国の棟梁である。日蓮を失うことは日本国の柱を倒すことである。今にも自界叛逆の難、他国侵逼の難が起こるから、急いで由比ヶ浜で念仏僧たちの首を斬れ」と言ったこと。

第三には、文永十一年（一二七四）四月八日、平頼綱に対して「王地に生まれた身であれば身はしたがっているが、心までしたがうわけにはいかぬ。蒙古が攻めて来ればひとたまりもない。蒙古襲来は天の怒りの表れであり、万一、真言などで蒙古を調伏されるならば、それこそ事態は最悪の結果を招くであろう」と言ったこと。


そして、これについて、「この三つの大事は、日蓮が言ったのではない。ただ偏《ひとえ》に釈迦如来の御神《みたま》、我が身に入って仰せられたことであり、その喜びは身にある。一念三千と申す大事の法門とはこれである」と語っている。

つまり、日蓮は「折伏」を用いた理由を釈迦の命令としているが、それでは、釈迦の考え方と、『法華経』の整合性は失われてしまう。むしろ、釈迦は皇位を捨てられた人である。当時ひしめいていたバラモン教は神の名のもとに傲慢な方法で、人々をカースト制度の「獄」に投じていた。それでも釈迦がバラモン教を折伏して政治に仏教を強要した経緯はない。

むろん、法然や親鸞のように来世選択の宗教ではなく、あくまで現実を考え、そこに浄土を打ち立てようとした気持ちは評価されるし、既成宗教の牙城を打ち破る有効な手段としては、当時は折伏しかなかったのかもしれない。

まず『法華経』ありきとする思想を遠心的に外の現実に向かわせ、そこに起こる抵抗によって、日に日に新しく使命感を生み出した気持ちや、信念を曲げることなく権力を怖れず立ち向かう勇気は超人的であり、脱帽の外はない。

この「撰時抄」は五十四歳の時の著述であるが、少くともこの頃までは、日蓮の強硬姿勢の残照が見られる。熱原の法難はそれから四年後のことになるが、私はその四、五年の間に日蓮が折伏から摂受の姿勢へと大きく転心していったものと考えている。

もしかりに法難がなかったなら日蓮はもっと法華経の行者らしいことをやっていたはずである。日蓮は因果論者である。因果論というのは、過去の因縁と現在の結果を結びつけて考える思想である。法難も過去の因縁によると述べているし、常不軽菩薩を自分になぞらえるのも因果論、「妙法蓮華経」を付嘱した上行菩薩が末法に再誕出現するというのも因果論である。

この因果論に立つと、「妙法蓮華経」を付嘱したのは上行菩薩だけではない。「序品」には、釈迦の前世である日月灯明仏《にちがつとうみょうぶつ》という仏が妙光菩薩に対して「妙法蓮華経」を付嘱している。妙光菩薩というのは、「妙なる光」、つまり霊能力を有する菩薩であることを意味している。そして、その妙光菩薩は生まれ変わって文殊師利菩薩になっている。そうなると、もし日蓮が上行菩薩として釈尊から「妙法蓮華経」を付嘱したとするのなら、さらに延長して文殊師利同道の行果を生み出さねばならないことになる。それもまた因果論であると、私は考える。

では、文殊師利菩薩はいったいどのような修行をしたのだろうか。文殊師利菩薩についてふれている経文の箇所を調べてみると、「安楽行品」と「提婆達多品」の二品である。

まず「安楽行品」を見ると、先述するように「身の安楽」、「口の安楽」、「意の安楽」が教えられたあとで、「転輪聖王《てんりんじょうおう》の譬説《ひせつ》」が示され、『法華経』に害をなす「悪魔魔民断絶」の所行に徹するよう教えられている。「断絶」といえば、折伏のように考えられるが、もちろん攝受という智慧による教化である。そして魔軍との戦いに勲功ある如来賢聖軍に対して、如来は「髻中《けいちゅう》の明珠《みょうじゅ》」というものを与えることになっている。この「明珠」とは、妙光菩薩の「妙なる光」に裏打ちされた霊妙な智慧の珠であり、先述する意根清浄の功徳としての一念の法力といってよい。

日蓮がそうした霊妙な力によって「他国侵逼の難」と「自界叛逆の難」を予言して、法華経信仰への帰依を勧めたのは、折伏を用いたとしても、まさに『法華経』への不審と反感を抱く「悪魔魔民断絶」につながっていると言えよう。「自界叛逆の難」は的中したし、「他国侵逼の難」もいずれは的中するはずのものである。

したがって、他宗の悪口を言わず、予言したまま静かにその時期を待てば日蓮の人生は大きく変わっていたにちがいない。おそらく『法華経』に仇を為す、いわゆる極楽寺良観や平頼綱など日蓮にとっての「悪魔魔民たち」も法難の憂き目に遭わせることはなかったであろうし、かえって国家存亡の危機を予言する高僧として幕臣たちから畏敬の念で迎えられ、『法華経』の流布はやりやすかったはずだと、私は思うのである。

　しかし、少なくとも日蓮は毒鼓を撃つ方法を選択し、折伏行動を示した。それが幼いときから培われた反骨精神から出た行動であるとしても、結果的には文殊師利菩薩が踏むべき安楽行とは若干ちがってしまったことは否めない。ただ大局的にいうと、用いた手法は行きすぎであったと

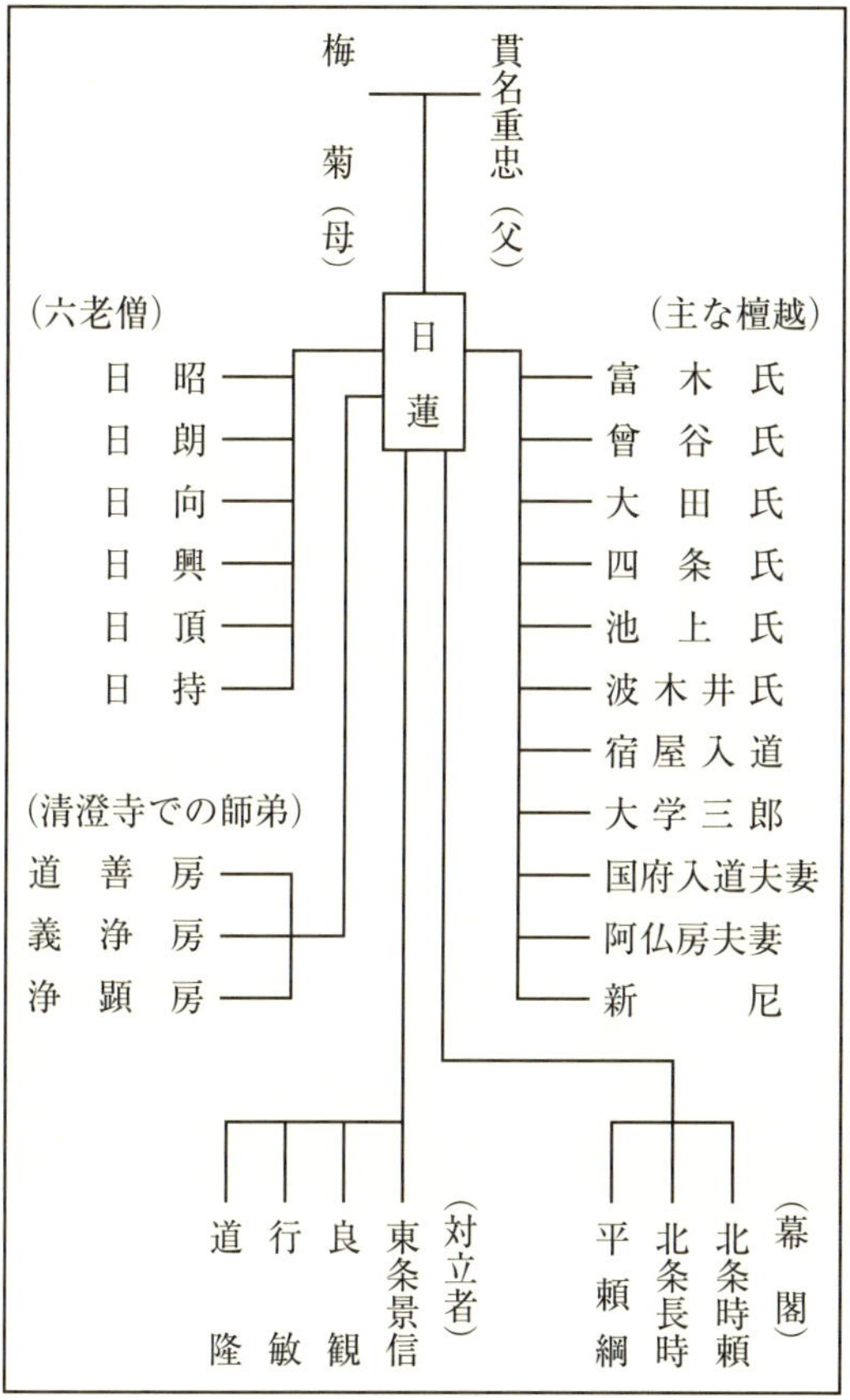

日蓮関連人物図

しても、目的が「悪魔魔民断絶」にあったという観点から見ると、その行為は経文と符合していると言えなくもない。

もう一つ、文殊師利菩薩は「提婆達多品」の中で海中にあって八歳の龍女を成仏させている。あの有名な「女人成仏」の段である。

海中とは心の深層世界であり、文殊師利菩薩はそこに入って女性を業障の鎖から解き放つ教えを説いている。つまり、「罪福の相」という心に起こる悪法と善法をつまびらかにすることによって畜生の龍女を成仏させたのである。成仏した龍女は、その後、「南方無垢世界に往いて、宝蓮華に坐して等正覚《とうしょうかく》を成じ、三十二相、八十種好《しゅごう》あって、普く十方の一切衆生の為に妙法を演説する」ことになる（傍点は著者）。

ここでおわかりであろうか。「南方無垢世界」の「南無」、「妙法を演説する」の「妙法」、「宝蓮華に座して」の「蓮華」。つまり、釈尊は上行菩薩たる日蓮に対して文殊師利同道の法門に入らしめ、女人成仏の行果を満足させて、その功徳を有する「妙法蓮華経」に一切衆生を「南無」させんと考えられていたことになる。

もう少し分かりやすく言えば、日蓮は女性信者一人ひとりの内面に入って、罪障消滅の道を説き、八歳の龍女と同じような即身成仏へと導き、その実証をもって「法華経の行者」としての自己を確立しなければならなかったことになる。

ただ、先にもふれたように文永二年には「女人成仏抄」を説き、佐渡においても千日尼を教化し、身延において女性たちのために膨大な教化の足跡を書状に残している。「大田殿女房御返事」、「兵衛志《ひょうえさかん》殿女房御返事」、「四条金吾殿女房御返事」、「妙一尼殿御返事」など膨大な手紙が残されているが、そこには女性たちに対する優しい励ましと説得に満ちあふれた姿がある。

日蓮は特に女性の労をねぎらっている。女性は夫を支え、子供を育てながら人生の苦難に耐え抜かねばならない。家族のある女性には夫婦愛、親子愛を説き、内助の功を称え、夫や子供を失い、悲しみの底に沈む女性には強く生き抜くよう哀愍の涙を以て慰めている。また、心得違いを起こした女性には、その心の業障を厳しく諭している。

日蓮の厳しい一面を表すエピソードがある。

あるとき内房尼《うつぶさのあま》という女性が身延の日蓮のもとを訪ねてきた。

「氏神への参拝の帰りにまかり越しました」

そう言うと、弟子に取り次ぎを頼んだ。内房尼は思慕を募らせ、久しぶりに対面できることを楽しみにして立ち寄った。女性がはるばる険路をたどってきたのである。だが、日蓮は対面を拒否した。

後に、駿河の三沢小次郎に宛てた手紙の中で「仏弟子が神を先にし、仏を後にするのは非礼である。しかも、ついで参りという行為は仏僧への儀礼を欠く行為であることを内房尼に伝えてほしい」と、誤解を解く配慮をしている。

このように日蓮は、海の底なき底を見つめるように心の作動するところに起こる善と悪を見究めつつ、絶対の信仰に導き入れるために、あるときは怒り、あるときは共に喜び、またあるときは共に泣いた。その振幅の大きさは日蓮ならではのものがある。だが、総じて身延に入った日蓮には、佐渡以前の炎のような「法華経の行者」の面影はなく、水のように淡々とした中での宗教的円熟味だけが増していた。

日蓮は、「龍女ひとりの成仏ではない。法華経を信じる者はすべて今日の龍女であると信じなければならない」と、語っている。そういう意味では、すべての女性を成仏させんとする文殊師利菩薩の因縁を胸に秘めていたということになる。

以上述べた、「安楽行品」、「提婆達多品」の二点から、日蓮は期せずして「やや文殊師利」(文殊師利のレベルに近いという意味)の因行を具足したと思われる。したがって私は、あの佐渡以前の炎のような不惜身命の姿に「法華経の行者」を見出すことができないのである。むしろ幕府説得から身を引いて静かな教化活動に移行した時点で、その資格が与えられ、再誕の上行菩薩として生まれ変わったのであると確信している。

かつて、座像の日蓮が枕元まで降りて来て、『法華経』の経巻を畳の上に転がし、私に経文を指さしながら「自分は上行菩薩である」と説明したのは、そうした意味ではなかったのだろうか。

法難ばかりで少しも心が休まる時がなかったが、残されたわずかな時間の中で、期せずして文殊師利菩薩の行果、つまり『法華経』の経文に符合する「法華経の行者」となった。これは、きっと日蓮自身が思ったのではなく、釈迦が日蓮の心に宿って思わされたにちがいない。再誕の上行菩薩はここに完成する。

釈迦の魂が日蓮の心に宿る――。この奇蹟は日蓮も自ら遺文の中に語っている。

「法華経を見まいらせ候へば、釈迦仏の其の人の御身に入らせ給ひてかかる心はつくべしと説かれて候」

弘安元年九月六日（「妙法比丘尼御返事」）

「かかる、いと心細き幽窟《ゆうくつ》なれども教主釈尊の一大事の秘法を霊鷲山にして相伝《そうでん》し、日蓮が肉団の胸中に秘して隠し持てり。されば日蓮が胸の間は諸仏入定《にゅうじょう》の処なり」

弘安四年九月一日（「南条殿御返事」）

入寂の地

先の文永の役で約一万五千六百人にも及ぶ犠牲者を出して敗走した元軍であったが、フビライはまたも使者を派遣していた。すでに文永十二年は四月に改元され「建治」となったが、その建治元年（一二七五）四月、長門国についた元の使者、杜世忠《とせいちゅう》たち五人は一旦大宰府に連行され、八月になって鎌倉に護送された。その鎌倉で問題が起こった。執権時宗は断固たる決意のもとに五人を斬首の刑に処した。そして即座に九州探題を設置した。また、四年後の弘安二年にも元使を博多で斬り捨てている。

フビライにとって、その仕打ちは恨み骨髄に達するものがあった。弘安四年（一二八一）、ふたたび蒙古の大軍が九州を襲った。世にいう「弘安の役《こうあんのえき》」である。兵力総数約十四万余の大艦隊。「文永の役」と比べれば約四倍という大軍の襲来であった。これは東路軍と江南軍に分かれている。

五月二十一から二十二日にかけて、先発の東路軍はまたもや対馬、壱岐を血祭りにあげた。島民たちは逃げ惑う。赤子の泣き声が敵に知れるのを恐れて、我が子を刺殺する者が相次いだ。余談になるが、青森県内にある「津島」という名字は「対馬」から由来しているらしい。元軍の襲来を避けた村民が日本海を対馬海流に乗って北進し漂着した、その末裔だというから、元軍襲来に対する恐怖のほどがうかがい知れる。

さて、東路軍は江南軍の到着を待って伊万里で合流し、博多湾に入ったが、幕府が再襲来に備えて九州の武士たちに造らせていた防塁《ぼうるい》が効を奏し、元軍は志賀島《しかのしま》、長門《ながと》と攻撃地点を変更しなければならなかった。その間、幕府軍は小船を繰り出して元船を急襲するというゲリラ戦法を取った。

ところが、総攻撃体制に入った七月三十日の夜半から風が強くなり、またもや暴風雨が二日間にかけて博多湾を襲い、軍船の大半が海の藻屑《もくず》となった。もちろん、沈没しなかった元船もあったが、元軍の司令官の范文虎《はんぶんこ》らは部下を見捨てて引き上げていった。指揮官に見放され、置き去りにされた兵士たちは使える船を選び、修理して帰還準備に入ったが、幕府軍がふたたび急襲したために千人が討たれ、捕虜となった兵士は二、三万を数えたが、ほとんどが処刑された。

高麗の記録では、出兵した兵士九千九百六十人、その他一万七千二十九人で、そのうち帰還した者は一万九千三百九十七名であったと記されている。これは高麗軍のみの数であろう。七月三十日というのは、太陽暦でいえば八月二十二日に当たるから、あるいは台風だったのかもしれない。しかし、ともかくも文永の役と合わせて二度に及ぶ「奇跡」から後世の人々は「神風《かみかぜ》」という呼称をつけた。

さて、「今一度、大蒙古国より押し寄せる」という日蓮の予測は、たしかに当たった。ただ、都や鎌倉はまったく無傷のままであった。今回も敵が退散することまで日蓮は予言していない。幕府に対して幾度となく言い放った「法華経に帰依せねば日本は滅ぶ」という予言は、結果として当たらなかったことになる。

また、この元襲来に備えて全国の神社仏閣で異国降伏の祈禱が行われているが、特に亀山上皇が叡尊《えいそん》以下六百人の僧を集めて三日間の敵国降伏の祈禱をさせたので、叡尊の法力は日蓮に勝るという噂が広まった。叡尊という僧は極楽寺良観の師匠でもあったから 当然、日蓮にとっては喜べるものではなかった。他国侵逼の難は、結果として半ば的中し、半ばはずれたことになる。

ところで日蓮は、幼少の頃から日本の神々に対して無条件に全幅の信頼を置いていた。だが、鎌倉に入って数々の受難、特に佐渡流罪に及んでからは、「法華経守護」のためだけの存在として捉え直すことになる。「正直者の頭に神宿る」というが、先の文永の役で筥崎八幡宮が焼失したのは幕府が「正直者ではない」からだと考える。その点『法華経』と「法華経の行者」たる自分は正直者であるから、一度焼失して昇天した八幡菩薩は決意を新にして『法華経』を守るために降下してくるのだと考えていた。

その八幡大菩薩の前で真言律宗の叡尊が敵国降伏の祈禱を密教によって行い「神風」が吹いて元軍を壊滅の状態に追い込んだことは日蓮にとって信じられないくらいショックな出来事であった。

さて前後するが、弘安三年十二月から改造されていた草庵は、波木井実長の寄進により翌四年十一月二十四日に完成し、十間四面の大本堂と生まれ変わり、「身延山《みのぶさん》久遠寺《くおんじ》」と名づけられた。それは鎌倉の大寺院と比べても遜色のないものだった。その落慶法要のために各地から信者が集まって来た。

建治四年の正月から下痢気味だったが、この年の春以来症状はひどくなり、冬に入って一段と厳しい冷えと下痢の慢性化のために体力は極度に衰えていた。それにもかかわらず日蓮は病躯に鞭打って高座に昇る。儀式の緊張感が緩むと大きなため息をつき、柱にもたれかかった。弟子たちは日蓮の身体を抱きかかえるようにして静かに床に就かせた。

日蓮は文永十一年に身延山へ入山して以来、手紙の他に弘安四年までの八年の間、たくさんの書を著している。「法華取要《しゆよう》抄」、「顕立正意《げんりゆうしようい》抄」、「教行証《きようぎようしよう》御書」、「撰時《せんじ》抄」、「報恩抄」、「本尊問答抄」など枚挙にいとまがないが、病状が快復しない四月、日蓮は「三大秘法稟承事《ぼんじようじ》」という著述の筆を執った。これは檀越《だんおつ》太田金吾への手紙とされている。ただ、日蓮自身のものではなく、偽書ではないかという説もあるようである。

興味深い問題だから、話を進めてみよう。

仮想の法論者を立てた問答形式になっているが、その三大秘法とは「本門の本尊《ほんぞん》」、「本門の題目《だいもく》」、「本門の戒壇《かいだん》」であるとし、その本尊については、「寿量品」の「此土有縁深厚本有無作《しどうえんじんこうほんぬむさ》三身《じん》の教主釈尊」と定めている。

また題目については、正法・像法と末法の二つがあるとしている。つまり正法には、天親《てんじん》菩薩・龍樹《りゆうじゆ》菩薩が題目を唱え、像法には南岳《なんかく》大師・天台《てんだい》大師が「南無妙法蓮華経」と唱えたが、それは自分の修行のためであった。しかし、末法に入って自分が唱える題目は自分のため、人のために唱える「南無妙法蓮華経」であると言っている。

さらに、戒壇については「王法・仏法に冥《みよう》じ、仏法・王法に合《ごう》して王臣一同に本門の三秘密の法を持《たも》ちて有徳《うとく》王・覚徳《かくとく》比丘の其《そ》の乃往《むかし》を末法濁悪の未来に移さん時、勅宣《ちよくせん》並びに御教書《みきようしよ》を申し下して、霊山浄土に似たらん最勝の地を訪ねて戒壇《かいだん》を建立すべきものか。時を待つべきのみ」と記している。

戒壇というのは、つまり授戒の場である。奈良の東大寺、下野の薬師寺、筑紫の観世音寺、近江の比叡山延暦寺にあるように、釈迦が在《まし》ます霊山浄土のような景勝の場所を探して、いつか必ず『法華経』による戒法の場を建立するように、という意味であるが、「王法・仏法に冥じ、仏法・王法に合して王臣一同に本門の三秘密の法を持ちて……」という一節が実は王仏冥合《おうぶつみようごう》・政教一致の問題点となっている。

さらに、「勅宣《ちょくせん》並びに御教書《みきょうしょ》を下して、霊山浄土に似たらん最勝の地を訪ねて戒壇を建立すべきものか」という点が今、「国立《こくりつ》戒壇」問題となって現れている。

勅宣とは天皇の命令、御教書とは幕府将軍、あるいは執権の命令のことである。つまり、今でいうなら、天皇あるいは内閣総理大臣の命令によって、戒壇（総本山）を建立せよということになる。ただ、先に述べたようにこの遺文の成立に関しては真偽の論が多く、なお深く検討されなければならない。もし、それが真筆ならば「国立戒壇」といった考え方が出てくることになるが、実践は現実的ではないし、私自身は疑問を感じる。

そして、末尾を「此の三大秘法は、二千余年の当初《そのかみ》、地涌千界の上首として、日蓮慥《たし》かに教主大覚世尊より口決相承《くけつそうじょう》せしなり」と、締め括っている。

この三大秘法については、地涌千界の上首上行菩薩として二千余年前、たしかに教主釈尊より自分が受け継いだものであると、日蓮は語っている。この他に自らを「上行菩薩」と宣言した遺文はない。

次にもう一つ日蓮宗が分派した原因でもあるが、日蓮宗では昔から本尊論議が盛んであった。ある者は「法」が本尊であるといい、ある者は「仏」が本尊であると主張する。そこに「法本尊《ほうほんぞん》」、「人本尊《にんほんぞん》」という言葉が生まれた。ただし、日蓮は「法本尊」、「人本尊」という言葉は使っていいない。

『本尊問答抄《ほんぞんもんどうしょう》』という著述がある。日蓮の遺文は後世に焼失していて真筆でないものもあるが、一定の写本もある。この「本尊問答抄」も写本ではあるが、確実に日蓮の真意であると思われる。この中で日蓮は、「本尊は優れたるを用ふべし」として、「人」よりも「法」が優れていると主張している。つまり、仏は法によって生まれたものであり、法は仏を生む力を持つものであるから、法の方が優位であると論断している。

ところが「報恩抄」では、「釈尊を本尊とすべし」と言っているし、この「三大秘法禀承事」でも「教主釈尊」と言っている。いったい、どっちが正しいのかということになる。だがこの説明はごく簡単である。人は相手によって言葉を使い分ける。病気の人には「健康が第一」を言い、健康な人には「心が第一」と言うであろう。これと同じように阿弥陀を拝む者には「釈迦」を拝めといい、真偽を明確にする時には「法」を尊重せよと言ったのである。

ここに、そもそも日蓮宗（身延派）と日蓮正宗（富士派）の対立の原点がある。派閥に分かれたのは、日蓮滅後まもなくのことである。日昭、日朗などの身延派は、いうなれば釈迦像を立てて「人《にん》本尊」を選択し、日興が建立した富士大石寺派は曼陀羅を重視して「法本尊」の絶対性を主張した。

しかし、私から言わせてもらうなら、釈迦の心に法があるわけだから、肉体と心、つまり「人」と「法」を離すことはできないはずなのである。そして、もう一つは「観心本尊抄」にあるように、心に立てるべき本尊がある。つまり、釈迦という「人」と、『法華経』という「法」、そして題目を唱える「自分」が一つになれと、日蓮は語っているのではないだろうか。

なかには、日蓮が上行菩薩であるならば、なぜ釈迦の仏所である多宝仏塔を本尊としなかったのかと疑問に思う人もいる。たしかに、多宝仏塔が釈迦の仏所であることは『法華経』に明白である。しかし、それは未来諸仏が出現した時に限られている。であるから、「南無妙法蓮華経」の七字を以て、七宝妙塔、つまり多宝仏塔になぞらえたのであろう。


かんざしのような曼珠沙華《まんじゅしゃげ》が赤く華麗な花びらを押し広げ、秋の日差しを浴びていた。秋が過ぎると曼殊沙華が枯れるように、老骨の身を石のように凍らせる寒い冬がまた到来する。自らの体力の衰えとともに日蓮の心は洗い清められ、浄土へ旅立つ準備を始めていた。

弘安五年の中秋、日蓮の病状に好転の兆しは見られそうになかった。病床にありながら、「法華証明抄《ほっけしょうみょうしょう》」と「治病大小権実違目《ちびょうだいしょうごんじついもく》」に黙々と筆を進めるものの、誰の目から見ても、この冬を越すことはできないのは明らかだった。慢性化している下痢の上に、厳しい冷えが加わると衰弱のスピードは速くなる。そこで波木井実長《はきいさねなが》は静養を勧めた。

「身延はまた厳しい冬を迎えます。ひとまず寒さから逃れて長年の疲労を除かれてはいかがでしょうか?」

冬には一丈を超える雪が積もる寒冷地である。腹の冷えは辛い。

日蓮はその言葉を受け入れて、常陸《ひたち》の地（現・水戸市加倉井）へ湯治に出かけることを決意した。この湯は胃腸病によく効く鉱泉で、波木井実長の三男、弥三郎の所領であった。身延の近くにも温泉はあったが、身の安全や充分な世話をする必要もあったから常陸を選んだのである。身延へ入山して九年目のことであった。

日蓮は散る紅葉を見てポツリとつぶやいた。

「これが名残りになるやも知れぬ……」

「何を仰せられますか。そんな心細いことを……」

日興は日蓮の顔を見つめる。眉や髭は白み、顔色も悪い。すでに日蓮の身体からは往年の精彩は消え失せていた。

九月八日、実長が贈った栗毛の愛馬にまたがった日蓮は、日興以下の弟子数人と実長の一族や家臣数名に付き添われ、紅葉に染まった身延の山を静かに下った。

馬に揺られながら、日蓮の心は九年間慣れ親しんだ身延と別れる寂しさに彩られていた。自分の人生はいったいなんであったか、命を惜しまず身を尽くしてもなお、さしたる結果を出していないように思うと無念の涙が馬の鬣《たてがみ》を濡らす。

涙というものは不思議なものである。嬉しいにつけ、悲しいにつけ、生命の極に達した時、どこからともなく込み上げてくる。日蓮は『法華経』の奥義を究めるために、厳しく、そして精一杯に生き抜こうとした。まさに生命の極から発した使命感にあふれた生涯であった。

そこには釈迦への感謝の涙、父母への孝養の涙があり、また既成宗派や幕府に対する悲憤の涙、失意の涙、信仰における歓喜や慚愧の涙、そして強烈な自己反省の涙がある。私は日本の名僧の中で日蓮ほど涙した宗教家を見出せない。

『法華経』を自らに引きつけ、その主体的な眼によって読み直し、そこから新しい解釈を立てて実践し、巨大な氷壁のように立ちはだかる時の権力者や既成宗教に敢然と立ち向かい、あらゆる弾圧にも屈しなかった日蓮の涙の味は、命をかけて生きる者にしか分からない。ぬるま湯に浸っている者には、涙は一生無縁のものかもしれない。

「死は多く、生は希《まれ》なり」といわれた佐渡から弟子へ宛てた便りの中で、「末法に生まれて法華経を弘める行者は流罪や死罪の難を受けるが、それに耐える者を釈尊は必ず衣で覆《おお》い護られることを信ぜよ。そう思うと流人の身であっても喜びは計り知れず、嬉しきにも涙、辛きにも涙が落ちる」と記している。

あの悲惨きわまりない塚原三昧堂の極寒の中で、食べるものすらなく、簑《みの》を着て『法華経』を読み、筆を執りつつ、ただひたすら来る春を待ち侘びていた時、阿仏房夫妻が幕府の禁を破って、雪原の一里の道を遠しとせず、人目を忍んで日蓮のもとに食事を運んでくれた。阿仏房夫妻が所払いの身の上になった時は、国府入道夫妻が給仕に努めてくれた。一方においては鏡忍房、工藤吉隆、熱原三兄弟など、その法難ゆえに失った犠牲の大きさも日蓮に痛恨の涙を誘った。

『法華経』を信じる人の中には、火のように信じる人もあれば、水のように信じる人もあった。聴聞する時は燃え立つばかりと思えるが、遠ざかれば捨てる人もいた。水のように信じるとは肩の力を抜き、いつも退せず信じることである。水の信仰が尊いのだと、日蓮は檀越の南条七郎に伝えている。たしかに身延に入った日蓮からは、かつての燃えたぎるような力みは失せていた。しかし、それが本来の日蓮であったのかもしれない。

日蓮には厳しさと優しさの二面が備わっている。真実の前には権力はおろか刃すらも恐れない大胆さがあるかと思えば、礼儀正しく思いやりに満ちた緻密な側面がある。その気配りの部分を抜き出すと優しさが見えてくる。優しいからこそ矛盾を許せず、困難に挑戦する勇気が湧いたのであろう。

しかし、二度の流罪を含む受難の連続、孤立無援の日々の中でも、己の信念を貫き通す勇気はいったいどこから起こったのであろうか。「長いものには巻かれる」という無難な人生を捨て、一個の人間としての独立心と独創性を発揮させた内在力。それは神と通じ、仏と感応する霊妙な体験を通して培った、宗教信念によるものであった。我が心を知る者は釈迦のみ――。日蓮にとってはそれだけで十分だった。それは日蓮にとって、主・師・親の釈迦であったからである。

日蓮は晩秋の空を見上げながら思った。この世に浄土を築こうとした試みがたとえ志半ばで終わろうとも、無気力な末法社会を目覚めさせようとした心だけは、弟子たちに受け継がれるだろうと。ただ無念だったことは、法難ゆえに檀越の心にもっと深く踏み込んで内省へ導く機会が充分でなかったことであった。

人は死を目前にすれば自分の過去を見つめる。それはすべての人間に仕組まれた浄土への旅立ちの準備なのである。天から生まれ、天に帰る時、人は自己の人生に点をつけざるを得ない。涙なしに帰ることは許されないのかもしれない。

一行は、「釈尊御領」の身延を下って富士山の北回り甲斐路を選んだ。南の駿河路を避け、わざわざ難路を選んだのは北条一門の領地を避けるためであろうか。曽根村、河口、平塚を抜け、九月十八日昼頃、武蔵国池上《いけがみ》（現・東京都大田区）の郷主、池上宗仲の館に無事到着する。「師の御坊来らる」の知らせを受けて、宗仲は家来と共に門の外まで出迎えた。玄関には打ち水がなされ、庭は塵一つないよう美しく掃き清められていた。

「師の御坊、ようこそお出でくださいました。長旅さぞかしお疲れのことでございましょう」

宗仲が合掌して慇懃に挨拶すると、日蓮は微笑を浮かべながら宗仲に言った。

「お久しぶりに存ずる。このたびは我ら一行お世話になり申す」

「まずは、ごゆるりとお身体をお休めくだされ」

宗仲は早速、日蓮のために準備した部屋に案内しようとした。

日蓮は抱きかかえられるようにして馬から下りたが、すでに自力では歩けなかった。旅の途中も下痢が続き、身体は憔悴しきっていた。そのまま床へうち伏すと、昏々と深い眠りにつく。

翌朝、日蓮はまず波木井実長に宛てて手紙を書く。ひとまず池上に着いたことを報告し、長年の厚誼《こうぎ》に感謝して、死後のことを託する内容であった。

「何所《いずこ》にて死に候《そうろう》とも、墓をば身延の沢に立てさせ候べく候」

常陸の湯までは行けないと確信した日蓮は、ひとまず九カ年のお礼を込めて波木井氏に礼状を認めた。この中で日蓮は、乗ってきた馬を一時、「藻原《もばら》殿」に預け、馬の世話をしてくれるよう依頼している。我が身のことで余裕すらないはずなのに馬を気遣う日蓮であった。この手紙は日蓮の最後の手紙となったが、代筆させてなお、最後の「日蓮」という署名ができないほどであった。

しかし、九月二十三日には邸内に建てられた法華堂の中心を飾る本尊として、宗仲に大曼陀羅を書き与えている。宗仲は大いに喜び、日蓮の枕辺で寺名を乞い願った。「長栄山大国院」という名前が与えられている。

波木井氏に送った書状の碑

池上宗仲は、若い頃から純粋に日蓮を信じ通してきた信者である。開堂式となれば身を厭うわけにもいかない。そば付きの弟子たちは身を案じるが、苦しい顔も見せず立ち上がると高座に昇り、弟子信者と共に経を誦した。だが、九月二十五日には驚くほどの回復ぶりで、各地から病状を案じて集まってきた人々に「立正安国論」の講義をしている。

しかし宗仲は、日蓮の病状がもはや尋常ではないと判断し、すぐさま各地に使者を遣わす。この連絡を受けて各地から弟子や信者たちが続々と館に集まって来た。俗界の汚れを隠すように、本堂の屋根にはうっすらと雪が積もり、館には張りつめた空気が漂っていた。

遷《せん》化《げ》

弘安五年（一二八二）十月八日、門弟たちが枕辺に集められた。日蓮は弟子たち一人ひとりの顔を見回したあと、おもむろに口を開いた。

「ずっと長い夢を見ていたような気がする。釈尊の御魂《みたま》の中に生まれ、いつか善日麿という肉体に宿り、それが薬王磨、蓮長、日蓮となり、ふたたび釈尊の霊山浄土へ帰る時がめぐってきた。度重なる法難は辛かったが、それによってさまざまな悟りも開けた。それを心の宝として凱旋《がいせん》しよう。ここらが潮時というものじゃろう……」

日蓮は安らかな微笑さえ浮かべている。

日朗がこらえ切れず泣き出すと、あちこちからすすり泣きが聞こえ始めた。残される者の悲しみと不安が心を埋め尽くす。

日蓮は目を細めて、一人ひとりの弟子の顔を見渡しながら遺言を伝えた。

「まだまだ生きて法華経流布に立ちたいが、そろそろお迎えが参ったようじゃ。我が亡きあとは日昭、日朗、日興、日向、日持、日頂の六人を法門の上首《じょうしゅ》と定める。汝ら六人は水と魚のごとく心を一つにして法華経を弘めよ。その他の者はこの六人を日蓮と思って仕えよ。皆、異体同心《いたいどうしん》、水魚《すいぎょ》の交わりで法灯を護持するのじゃ……」

そう言うと、日蓮の眼はしだいに閉じられていった。張りつめた館に一瞬沈黙の時が流れると、木枯らしに散る木の葉がカサカサと地をはった。

「なお……」

声は、すでにか細くなっていたが、芯があった。

「余は釈尊如来第一の使者として題目下種の教勅を全うした。次には第二の使者無辺行が現れて『仏知見』の妙法を無辺に宣布せられるはずじゃ。その時必ずその導師に従いなされ。古きを守る姿勢ばかりではならぬ。人を救い、世を救うためには、時機を踏まえねばならぬ。伝教大師と弘法大師は過去の奈良仏教を破られた。わしもまた諸宗の教えを破ったのじゃ。時代は変わる。日蓮を乗り越える弟子が出てくれるなら冥利に尽きるわ」

すすり泣く声は邸内に響く。

「皆の衆、お別れでござる。亡きあとも釈尊と共に宝塔《ほうとう》の中から皆を見守ろうぞ……」

十月十二日酉《とり》の刻、いよいよ臨終の近いことを悟った日蓮は北に向かって座り、弟子に命じて正面に曼陀羅をかけさせ、その傍らにはいつも身体から離さなかった立像の釈迦を安置して声なき経を誦した。そして、その時を境にこんこんと眠り続け、弘安五年（一二八二）十月十三日辰の刻（午前八時）、静かに息を引き取る。かくして波瀾万丈に富んだ六十一歳の生涯に幕を下ろした。

どこからともなく響き渡る淪滅《りんめつ》の鐘――。

宝瓶《ほうべい》に納められた遺骨が池上から身延山へ到着したのは十月二十五日であった。「何所《いずこ》にて死に候とも、墓をば身延の沢に……」との遺言通り、遺骨は身延の草庵横の高台に納められた。

主を失った身延の山は一切の不浄を消すかのように白雪で埋め尽くされ、樹氷の華が日蓮の眼を楽しませるかのように折からの朝日に映えていた。

そして日蓮滅後七百二十年目を迎えようとする現在、その横には、今なお日蓮を見守るように、ひっそりと阿仏房の墓が建っている。

■日蓮関連年表

西暦	年号	日蓮聖人事項	他宗・国内社会	年齢
一二二一	承久三年		承久の乱勃発。幕府三上皇を配流（5月）	
一二二二	承久四年	安房国東条郷小湊（現千葉県安房郡）に漁師の子として生まれる。〈父、貫名次郎重忠。母、梅菊。日蓮聖人の幼名は善日麿〉（2月16日）		一歳
一二二四	元仁元年		親鸞、浄土真宗開宗。（1月）北条義時死去。泰時が執権職に就く。（6月）	三歳
一二二七	安禎三年		道元、曹洞宗開宗。	六歳
一二三二	貞永元年		泰時、「御成敗式目」を定める。	十一歳
一二三三	天福元年	清澄寺に入山。道善房に師事。名を薬王麿とする。（5月12日）		十二歳

西暦	年号	日蓮聖人事項	他宗・国内社会	年齢
一二三七	嘉禎三年	道善房のもとで得度。名を是聖房蓮長とする。（10月8日）		十六歳
一二三八	暦仁元年	蓮長、道善房に対し下山の意。遊学の身となる。（秋頃）	鎌倉大仏造営開始。（3月）	十七歳
一二三九	延応元年		後鳥羽法皇が隠岐にて崩御。（2月）	十八歳
一二四一	仁治二年		この年2月、4月に鎌倉に大地震。京都大洪水。（6月）	二十歳
一二四二	三年	蓮長、「戒体即身成仏義」を著す。		二十一歳
一二四三	寛元元年	蓮長、比叡山入山。	鎌倉大仏御供養。（6月）	二十二歳
一二四六	四年	蓮長、円爾のもとで臨済禅を学ぶ。	北条時頼、執権職に就く。（3月）	二十五歳
一二四八	宝治二年	このころ奈良、高野山などを訪ね、諸宗・諸学の研鑚に努める。		二十七歳
一二五三	建長五年	遊学を終え、安房に帰郷。清澄寺において「南無妙法蓮華経」と唱え、事実上の立教開宗。日蓮と改名する。（4月28日）		三十二歳

		このとき他宗を激しく非難したために、地頭東条景信によって故郷を追われ（4月29日）、鎌倉松葉谷に居を移し、法華経流布を始める。		
一二五六	八年		建長寺焼失。（7月）時頼、執権を退く。（11月）	三十五歳
一二五七	正嘉元年		鎌倉で三度の大地震。鎌倉大洪水。（9月）	三十六歳
一二五八	二年	日蓮、駿河国にある岩本実相寺の経蔵を訪ねる。（1月6日）父、逝去。（2月14日）	寿福寺焼失。	三十七歳
一二五九	正元元年	度重なる天変地異への疑問から「守護国家論」を著す。		三十八歳
一二六〇	文応元年	「立正安国論」を著し、念仏宗などを強く否定。後に前執権北条時頼に献呈する。（7月16日）念仏宗信者に、松葉谷の草庵が焼き討ちされる。〈松葉谷法難〉（8月26日）		三十九歳

西暦	年号	日蓮聖人事項	他宗・国内社会	年齢
一二六一	弘長元年	日蓮、伊豆流罪となるも船守弥三郎に助けられる。〈伊豆法難〉（5月12日）		四十歳
一二六二	二年	「四恩抄」、「教機時国抄」、「顕謗法抄」著す。	親鸞、逝去。（11月）	四十一歳
一二六三	三年	日蓮、赦免され、松葉谷に戻る。（2月22日）	北条時頼、死去。（11月）	四十二歳
一二六四	文永元年	日蓮、故郷小湊に帰り、母の治病を祈願する。その後、鎌倉への帰途、小松原において、地頭東条景信らに襲撃される。このとき弟子一名を殺され、自らも頭に傷を負う。〈小松原法難〉（11月11日）	大彗星現る。（7月）	四十三歳
一二六五	二年	常総地方で布教を行う。		四十四歳
一二六七	四年	母、逝去。	良観、極楽寺に入る。（8月）	四十六歳
一二七一	八年	鎌倉降雨祈願に際し、極楽寺良観と法戦。（6月）		五十歳

		行敏が法戦に関し日蓮を訴え、逮捕、尋問される。後に佐渡配流が決まる。相模国依知に向かう途中の龍の口で斬首されかかる。〈龍の口法難〉（9月13日） 日朗らが投獄される。日蓮「土龍御書」を著す。（10月9日） 越後・寺泊を経由して佐渡に着く。（10月28日） 日蓮、塚原の草庵に住む。（11月1日）		
一二七二	九年	日蓮、念仏者などの僧を論破する。〈塚原問答〉（1月） 『生死一大事血脈抄』、『開目抄』を著す。 塚原から一谷に戻される。（4月7日）		五十一歳
一二七三	十年	『観心本尊抄』を著す。（4月25日）		五十二歳
一二七四	十一年	日蓮、赦免され鎌倉に戻る。（3月26日） 幕府に蒙古襲来を諫言するが聞き入れられず、ついに鎌倉を発ち、身延に入る。（5月12日）	蒙古襲来、壱岐・対馬を侵略〈文永の役〉（10月） 一遍、時宗開宗。	五十三歳

西暦	年号	日蓮聖人事項	他宗・国内社会	年齢
一二七五	建治元年	『撰時抄』を著す。（6月）		五十四歳
一二七六	二年	道善房の逝去を受け、『報恩抄』を著す。（7月21日）		五十五歳
一二七九	弘安二年	駿河国熱原にて、日蓮の弟子日興らに迫害の手がおよび、三人が打ち首、十七名が投獄される。〈熱原法難〉（9月）		五十八歳
一二八〇	三年	「諫暁八幡抄」を著す。（12月）		五十九歳
一二八一	四年	身延の草庵を改築。このころから体調の悪化が進む。（11月）	再度、蒙古襲来。〈弘安の役〉（6月）	六十歳
一二八二	五年	湯治のため身延を下り、常陸に向かう。（9月8日） 武蔵の国、池上宗仲邸にて休息。（9月18日） 直弟子六人を集め、後を託す。（10月8日） 池上邸にて遷化。（10月13日）		六十一歳

あとがき

『法華経』はサンスクリット語で「サッダルマ・プンダリーカ・スートラ」という。サッダルマとは「妙法」、プンダリーカとは「白蓮華」、スートラとは「経典」という意味に漢訳されるが、古来「諸経の王」と呼ばれてきたように数多い大乗経典の中でも最高のものであるとされてきた。『法華経』は、漢訳の他にチベット語訳、ウイグル語訳、西夏《せいか》語訳、蒙古語訳、ハングル語訳などがあり、アジア各地に広く流布していたことを証明している。文献は、ネパール系・カシュミール系（ギルギット写本）・中央アジア系などに分類されるが、いずれもサンスクリット語の写本ばかりで、肝心の原本はまだ発見されていない。

現在の仏教学界では、「大乗非仏説《だいじょうひぶっせつ》」という考え方が支配的である。仏説を正しく伝えているのは小乗経典であり、大乗経典は改竄《かいざん》された可能性があるといわれている。『法華経』も大乗経典を代表する経典である以上、その誹りを免れ得ないが、『法華経』が真に釈迦の仏説、あるいは本懐経であるかどうか、証明の方法として文献学を基本とする仏教学界であれば仕方がないのだが、私にはもどかしさとやるせなさが残る。

そうした『法華経』であるが、ともかく日蓮上人はこれを仏説と信じて実践された。ただ、実践といっても理を学んだあとで行動を起こされたのではない。

一般的に人は仏教を学ぶとき、まず理を追うが、日蓮上人は行が先にあり、それが期せずして経文と符合することを確信されたのである。つまり、『法華経』を体で読み、涙で悟る。これが日蓮上人をして『法華経』を「未来記」と語らしめ、自らを「法華経の行者」と称せしめる所以である。

私の師は無辺行である。師もまた『法華経』を肌で悟られた。

一九六〇年四月三日、御宝前を背にして数人の信者を前にして説法をされているとき、日蓮上人が御宝前の方から降りて来られ、「無辺行大菩薩、ただ今あなたに決定致しました。今後はこの日蓮に成り代って、よろしくお頼み申し上げます」と、深々と挨拶をされた。そして、錦綴れのぼろぼろになった赤い経巻を差し出された。師はその経巻をごく自然に左手で受け、右手に持ち直しながら、「よくぞ、こんなになるまで『法華経』を勉強されたものだ」と感銘されたが、その瞬間、「何かの間違いだろう」と、即座に経巻を返され、幾たびか日蓮上人と辞退をめぐる押し問答を繰り返された。

やがて師の魂は、抜かれるように虚空《こくう》に浮かぶ塔の中に吸い上げられた。そこは聖堂のような場所で、ちょうど学校の卒業式のような厳粛な儀式が行われていた。一段高い正面中央には釈尊の尊い姿があり、その正面に向かって四列縦隊に眷属《けんぞく》衆が整列し、師は正面に向かって右から二列目の先頭に立っておられた。そのうちに釈尊が何かを授与されることになり、師の右側に立つ方が右代表として登壇され、恭しく経巻を受け取って降壇されて来た。その顔を一瞥《いちべつ》すると先ほどの日蓮上人であった。そして、釈尊から授与された経巻は、錦綴れの赤い経巻であり、まぎれもなく先ほどの経巻と同じものであった。違うのはそれが真新しい経巻であったことである。

つまり、『従《じゅう》地《じ》涌《ゆ》出品《しゅっぽん》』の砌《みぎり》、菩薩摩訶薩として釈尊の心に宿っていたときの「妙法華経付嘱」の時点では新しい経巻であったものが、肉体を得て大菩薩として出現された日蓮上人が研鑚《けんさん》に研鑚を積み重ねられたためにボロボロになっていたのである。この経巻は「法華三部十巻三十二品」であり、聖堂とは虚空の多宝仏塔であった。

以上は師から伝え聞いた話を忠実に書き綴ったものである。そうした霊感の世界における神秘体験から、師は日蓮上人から経巻を受け取ったときを「従地涌出品」に示す「上《じょう》首《しゅ》唱《しょう》導《どう》之《の》師《し》」の継承式、後述の儀式は日蓮上人と同じく法華経流布の宿命を持って生まれた無辺行としての過去世の因縁を知らされたものであると考えられた。

こうして恐懼して仏勅を受けられた師は、新しく釈迦仏教の流れに沿う本宗を立宗開教された。先述した霊妙な体験からして、無辺行は上行日蓮上人の残務を継承し、如来聖業の仏命にしたがって行動しなければならないわけであるが、それはともかくとして、こうした一連の体験も期せずして起こった『法華経』の経文との符合であり、ここに『法華経』の神秘性をうかがい知るものがある。また、私自身の種々の体験からも『法華経』は仏説に間違いないことを固く信じている。仏説でなければ書けないし、あり得ない「未来記」なのである。

そうは言っても、時代は一教団の正当性、格式などを要求しているわけではない。物質文明、経済至上主義の現代にあって、人間の理性と本能が分断され、狂わしい思考と行動が社会の闇を一層濃くしている現状である。そこに『法華経』がどのような方向で衆生救済に向けての活動をしていくかということ、まさにそのことが宗教の意義、価値として問われるべきなのである。

話は変わるが、『法華経』には「如来寿量品」に「良医と狂子《おうじ》の喩《たと》え」という譬説がある。良医の子供たちが父親の留守中に勝手に薬を飲み、七転八倒の苦しみに喘ぐ。そこに良医の使者が現れ、良薬を与える。薬を服した子供たちは、すべて正気に戻ったという一節である。

ここに私は、心の病魔に冒された現代の苦の衆生の実態と、良薬的宗教を与えるべき使者の使命があることを痛感する。その使者とは医師が診察によって診断を下したあとで病に応じて薬を与えるように、それぞれの精神内面の実相を神通によって観知し、適切な教えの良薬を服せしめて、心の発展と向上へと導かねばならない。それが地涌の菩薩の責務であり、説きとどめられた『法華経』の目的であると考えている。

そして、まさにそのことによってようやく日蓮上人の苦修練行《くしゅうれんぎょう》は実り、『法華経』の功徳が証明され、衆生救済という釈尊の悲願も達成されるのである。ただ、それは我々僧侶側の問題であり、被救済者には関係はない。

我が国には法華経信仰者は多い。そうした人々に敢えて言うなら、決して燃え立つように題目を唱える必要はないのである。静かにゆっくり、己の心に向かって唱えればいい。唱えながら、日々の反省、感謝、決意、誓願が起こるような祈りであるべきである。そして、仏と感応するようになれば信仰の冥利はここに極まり、「一念三千の宝珠」は自ずと掌中におさまる。

繰り返すが、日蓮上人は建治四年二月二十五日、五十七歳の時、身延から南条七郎に寄せて書状を送っている。

「法華経を信じる人の中には、火の如く信じる人もあれば、水の如く信じる人もいる。説法を聴聞している時は燃え立つばかりの人が、一旦遠ざかれば法華経を捨てることがある。水の如く信じるとは、常に退せず信じることである。水の信仰が大切である」

強靱な炎の信仰から、身延に入山して以来淡々とした水の信仰に変わった日蓮上人の姿を私はここに発見している。後半は、日蓮上人を検証するため、むずかしいことを述べたが、これで言い尽くした感がする。

なお末筆ながら、本書発刊に際し、ご多用の中にもかかわらず冒頭を飾っていただいた吉永正春先生、また、快く出版の承諾をいただいた海鳥社の西俊明氏、そして協力してくださったスタッフ各位に対し深くお礼を申し上げ、筆を置きたい。

平成十三年三月一日

牛尾日秀

参考文献

『法華三部十巻三十二品』法華経普及会編　平楽寺書店
『日本国史事典』国史大辞典編集委員会編　吉川弘文館
『鎌倉時代政治史研究』上横手雅敬著　吉川弘文館
『国釋大蔵経日蓮宗聖典』国釋大蔵経編集部編　東方書院
『憑霊信仰論』小松和彦著　講談社学術文庫
『逆説の日本史5　中世動乱編』伊沢元彦著　小学館文庫
『逆説の日本史6　鎌倉仏教と元寇の謎』伊沢元彦著　小学館文庫
『日蓮の法華経観』茂田井教亨著　佼成出版社
『蒙古襲来と北条氏の戦略』花田雅春編　美堂出版
『図説日本仏教の世界3「法華経の真理」』宮次男著　集英社
『最澄と天台仏教』杉林昇編　読売新聞社
『空海の風景』司馬遼太郎著　中央文庫
『歴史読本　特集・日蓮　炎の生涯』田中義満編　新人物往来社
『釈迦仏教へ帰れ・輝ける遺使の道』牛尾日秀著　正法事門法華宗
『日蓮聖人全集』日蓮聖人全集刊行会編　日蓮聖人全集刊行会

牛尾日秀（うしお・にっしゅう）

1951（昭和26）年12月、佐賀県に生まれる。12歳で、無辺行日勇師のもとで出家得度。

1977年に正法事門法華宗副管長に就任。

1988年、正法事門法華宗管長に就任。

1990年５月、スリランカのヴェサック祭で説法。

現在、講演、執筆活動などに活躍中。

著書に『釈迦仏教に帰れ』上巻・中巻の上（妙法寺刊)、「心の宅急便シリーズ」全７巻、『聖者の大地』、『家族が幸せになる処方せん』（いずれも、みずすまし舎刊）などがある。

連絡先＝正法事門法華宗　獅子王山妙法寺
佐賀県東松浦郡厳木町大字岩屋530番４番

日蓮《にちれん》の涙《なみだ》
その思想と実践

■

2001年６月５日　第１刷発行

■

著者　牛尾日秀
企画　みずすまし舎
発行者　西　俊明
発行所　有限会社海鳥社
〒810-0074　福岡市中央区大手門３丁目６番13号
電話092(771)0132　FAX092(771)2546
印刷・製本　有限会社九州コンピュータ印刷
ISBN4-8745-351-8
［定価は表紙カバーに表示］
http://www.kaichosha-f.co.jp